Evelyne Maaß & Karsten Ritschl

Teamgeist

Spiele und Übungen für die Teamentwicklung

Evelyne Maaß & Karsten Ritschl

Teamgeist

Spiele und Übungen für die Teamentwicklung

Junfermann Verlag · Paderborn

2. Auflage 1998
3. Auflage 2000
Text-Illustrationen: Martina Kohl
Das Symbol auf dem Frontcover ist ein eingetragenes Warenzeichen von Spectrum KommunikationsTraining.

Satz: adrupa Paderborn
Druck: PDC – Paderborner Druck Centrum

Die Deutsche Bibliothek – CIP-Einheitsaufnahme
Maaß, Evelyne:
Teamgeist: Spiele und Übungen für die Teamentwicklung / Evelyne Maaß, Karsten Ritschl.
– Paderborn: Junfermann, 1997
ISBN 3-87387-319-2

NE: Ritschl, Karsten:; GT

ISBN 3-87387-319-2

Inhalt

Widmung

Unsere Familien haben uns die ersten Erfahrungen zu Teamarbeit und gemeinsamem Wachsen ermöglicht.

Wir bedanken uns bei Erna, Walter und Peter Ptacek und bei Christel Hinz und Ferdinand Ritschl.

Dankeschön

Wir danken unseren Freunden und Kollegen für das Feedback, an dem wir wachsen und uns weiterentwickeln konnten.

Unsere Arbeit ist grundlegend beeinflußt worden von unseren Lehrern, bei denen wir gelernt haben; sie ist zu dem geworden, was sie heute ist, im spielerischen Ausprobieren mit unserem Seminarteilnehmern.

Wir danken Herrn Dr. Martini und Herrn Probst vom Junfermann Verlag, daß sie diesem Buch einen ansprechenden Rahmen bieten.

Martina Kohl, unsere Zeichnerin, begleitet uns schon im dritten Buch - diesmal sind ihre Zeichnungen noch ausdrucksstärker und kreativer geworden.

Britta Metzing hat unsere Gedanken ins Schriftliche gebracht.

Kater Rufus hat für erholsame Pausen gesorgt.

„Es gibt wortwörtlich Millionen von Menschen,
die Ihnen helfen können, Ihre Träume in Wirklichkeiten zu verwandeln.
Niemand auf dieser Erde erreicht irgend etwas allein aus eigener Kraft.
Wir leihen uns gegenseitig Ideen, Zeit und Energie,
und diese gegenseitige Hilfe gehört zu unserer menschlichen Rolle."

Michael LeBoef

1. Einladung

In einer Zeit, in der immer mehr Gruppenarbeit in Organisationen eingeführt wird, halten wir es für wünschenswert und wichtig, einen Werkzeugkatalog, ein Spectrum an Möglichkeiten zu bieten, um den Aufbau eines Teams zu erleichtern.

In vielen Fällen wird Gruppenarbeit oder Teambildung von oben verordnet.

Dabei wird die Bedeutung der zwischenmenschlichen Beziehung vergessen. Bei einer solchen verordneten Zusammenarbeit fehlt die Freiwilligkeit und damit oft die Lust, gemeinsam Neues zu entdecken. Die Art und Weise, wie die Teammitglieder in Beziehung stehen, beeinflußt die inhaltliche Zusammenarbeit; macht sie in vielen Fällen erst möglich. Es gilt, eine tragfähige Beziehung zu schaffen, in der zielorientiert gearbeitet werden kann.

Vom Sie zum Du – Vom Ich zum Wir

Teamentwicklung heißt für uns: gemeinsam wachsen, gemeinsam lernen, sich auf Nähe und Offenheit einlassen, miteinander in Resonanz kommen, um ein Stück des Weges gemeinsam zu gehen.

Um vom *Ich* zum *Wir* zu kommen, wollen wir Dir an dieser Stelle das *Du* anbieten. Dies bezieht sich nur auf unsere gemeinsame Zusammenarbeit in diesem Buch, um den Rahmen für Vertrautes und eine Möglichkeit der Berührung zu geben. In Deinem Team, in Deiner Gruppe kannst Du selbstverständlich entscheiden, ob Du beim Sie bleibst oder beim Du.

Wir haben um der leichteren Lesbarkeit willen auf die man/frau-Unterscheidung verzichtet. Und wir haben auch kein /in oder /innen hinter jeden Mitspieler oder Mitarbeiter gesetzt, um es dem Leser/der Leserin zu ermöglichen, den Text leicht und gängig zu lesen. Wir laden alle Frauen dazu ein, sich als Mitspieler, als Partner, als Mitglied, als Gruppenmitglied oder Teammitglied mit angesprochen zu fühlen und innerlich das /in oder /innen für sich in der Phantasie hinzuzugeben.

Teamentwicklung = Beziehungsentwicklung

Teamentwicklung verstehen wir als eine Beziehungsentwicklung, die das Ausschöpfen der Ressourcen innerhalb eines Teams erst möglich macht. Wenn keine tragfähige Beziehung entwickelt worden ist, dann ist die Offenheit, die zu einer guten Kooperation notwendig ist, nicht gegeben.

In einem Team werden Fähigkeiten in der Kommunikation von uns verlangt, die uns in der Regel nirgendwo gelehrt worden sind. Wenn wir uns daran erinnern, was wir in der Schule gelernt haben, dann hat „gute Zusammenarbeit" ganz sicher nicht zu unseren Lernfächern gezählt. Ganz im Gegenteil, es wurde isoliertes Einzellernen und Konkurrenz gefördert. Auch im Studium oder in der Lehre sind in der Regel Kommunikation und Kooperation keine tragenden Fächer gewesen. Das heißt, wir haben es nicht gelernt, genau diese Fähigkeiten einzusetzen, die für eine gute Teamarbeit, ein „Hand in Hand arbeiten", ein „aufeinander abgestimmt sein" und „in Resonanz sein" erforderlich sind. Wir sind heute dazu aufgerufen, diese Fähigkeiten nachzulernen, diese Fertigkeiten zu entwickeln, um damit das Konzept der Teamarbeit umzusetzen und mit Leben zu füllen.

Dies ist um so wichtiger, da man in der Arbeitswelt zu Zwangsgemeinschaften zusammengeschlossen ist. Wir haben uns unsere Mitarbeiter und Kollegen nicht ausgesucht, wie z.B. unsere Freunde. Das heißt, es bedarf hier einer hohen Professionalität und einer besonderen Achtsamkeit, um Kommunikation in diesem Kontext zu einem Erfolg zu führen. Wenn Teams aus fachlichen Erwägungen zusammengestellt werden, dann bedarf es des Wunsches und des Einsatzes aller, um aus einem „zusammengewürfelten Haufen" ein Team zu machen. Dies können heute die wenigsten ohne eine Vorbereitung und ohne Unterstützung.

Wenn wir gesamtgesellschaftlich den Wert von Teamarbeit anerkennen und wertschätzen lernen, dann wird es sich empfehlen, die wichtigen Fähigkeiten für Zusammenarbeit bereits in der Schule zu stärken. Obwohl alle Übungen und Spiele, die wir in diesem Buch gesammelt haben, für den Einsatz im Arbeitsbereich gedacht sind, können sie jedoch auch schon in der Schule oder Universität eingesetzt werden. Je früher wir damit beginnen, diese Basisfertigkeiten zu schulen, desto größer ist die Chance, daß sie uns schnell so selbstverständlich werden, daß wir sie automatisch anwenden.

Schöpferische Einzigartigkeit

Dieses Buch möchte Fragen anregen und keine fertigen Antworten oder Maßanleitungen geben. Vorgegebene Anleitungen (Marke: Die zwanzig Stufen zum Spitzenteam) lassen die Vielfalt und Einzigartigkeit der Menschen außer acht.

Gerade die Einführung von Teamarbeit hat uns erlaubt, menschlichere Arbeitsbedingungen zu schaffen und wieder auf die Einzigartigkeit des Menschen einzugehen. Teamarbeit führt weg von dem mechanistischen Weltbild, in dem eine Organisation als eine Maschine betrachtet wird und der Mensch als ein kleines Rädchen innerhalb dieser Maschine zu funktionieren hat. Sie führt hin zu der Vorstellung, daß eine Organisation ein lebender Organismus ist, in dem alle Teile zum Wohle des Ganzen arbeiten. Wo jeder seinen Part mit einbringen kann und durch seine persönliche Bestleistung und das gemeinsame Zusammenarbeiten die Gesundheit und das Wohlergehen des gesamten Organismus gewährleistet. Hierbei ist die Einzigartigkeit und die Nichtaustauschbarkeit des Menschen zu berücksichtigen. Man kann nicht einfach ein Organ herausnehmen und ein anderes einsetzen (zumindest nicht ohne Gefährdung für den gesamten Organismus), im Gegensatz zu einem Schräubchen, was man jederzeit austauschen kann.

In der Teamarbeit findet die Einzigartigkeit jedes Menschen ihren Platz. Sie bietet die Möglichkeit, die eigenen Ressourcen zu leben und lustvoll seinen Beitrag zu leisten. Eine Gruppe setzt sich aus einzelnen Individuen zusammen. Dieser Vielfalt in der Zusammensetzung einer Gruppe wollen wir begegnen, indem wir eine Vielzahl an unterschiedlichen Übungen und Spielen zur Verfügung stellen. Dieses Angebot kann dann auf das eigene Team passend zugeschnitten werden. Erst das Eingehen auf die unterschiedlichen Individualitäten führt dazu, zu einem Team zusammenzuwachsen und zu etwas ganz Einzigartigem und Besonderem zu werden.

Teamarbeit ist kein statischer Zustand, kein Ding oder fertiges Ergebnis, sondern ein Prozeß, der immer wieder neu erobert werden will. Teamarbeit ist etwas Lebendiges, das immer wieder neu kreiert wird und im Zusammenspiel aller besteht. Aus diesem Grund ist es unmöglich, ein Rezept zu bieten, das dann am Ende einen „Teamkuchen" ergibt. Es gilt vielmehr, das Prozeßhafte zu unterstützen und das lebendige Miteinander zu fördern.

Ein bunter Strauß Methoden

Da wir seit vielen Jahren in den Bereichen Kommunikation und Kooperation überwiegend mit NLP arbeiten, ist ein großer Teil dieser Übungen auch aus dem NLP-Bereich. Wir haben NLP als ein effektives Spectrum an Werkzeugen erlebt, um die Kommunikation mit sich selbst und mit anderen zu verbessern. Unser Ansatz, mit Menschen zu arbeiten, ist spielerisch und erfahrungs- oder erlebnisorientiert. Dieser Ansatz schafft eine Atmosphäre, in der Lernen Spaß macht, in der neue Fähigkeiten und Fertigkeiten entwickelt werden und Lernen über das Anhäufen von Wissen hinausgeht. In der freien Atmosphäre des Spiels ist es möglich, neue Lösungen zu erproben, neue Wege zu finden, Zugang zu den eigenen Ressourcen zu finden, im Dialog mit anderen neue Ideen zu kreieren und Lösungsansätze von anderen weiterzuentwickeln. Hier ist es möglich, sich zu öffnen, die eigene Kreativität fließen zu lassen und zu potenzieren. In einer solchen Atmosphäre fällt es leicht, sich neues Wissen anzueignen und Fähigkeiten und Fertigkeiten zu erweitern. Im Spiel lernt der Körper das Muster für die Tat und damit die Möglichkeit, dies im Alltag automatisch anzuwenden. Es fällt leichter, das Gelernte als bekannt zu erleben und als bereits erprobt mit in den Alltag zu integrieren. Das Spielen in einem vertrauten Rahmen bietet die Möglichkeit, einen Transfer zu leisten, so daß das Gelernte im Alltag mit Lust und mit Freude eingesetzt wird.

In einer spielerischen Lernatmosphäre werden die alten starren Bewertungsmaßstäbe aufgehoben. Es geht nicht mehr um richtig oder falsch, sondern darum, eine Erfahrung zu machen, die allen ein gemeinsames Erlebnis verschafft. Damit werden Türen aufgemacht, um bereits eingefahrene Muster zu verändern, um Denkgewohnheiten aufzulockern und neue Bewertungskriterien zu entwickeln. Wenn Menschen sich über eine gemeinsam gemachte Erfahrung austauschen, dann entsteht bereits ein Wir-Gefühl. Dann werden Mitarbeiter oder Teammitglieder zu Mitspielern.

Dieses Buch ist für alle Gruppen, die zu Teams werden wollen und die Lust haben, die Basisfähigkeiten und Fertigkeiten gemeinsam zu entwickeln. Es bietet Teamentwicklern oder Teamcoaches eine Vielzahl an Anregungen, um eine gemeinsame Zeit im Team auch zu einem gemeinsamen Erlebnis werden zu lassen. Viele Übungen und Spiele gehen bereits über die Basisfertigkeiten hinaus. Sie bieten einen lösungsorientierten Ansatz, um inhaltlich zu arbeiten, um Ziele zu entwickeln, Aufgaben zu erkennen, zu strukturieren usw.

Auch Teams ohne Gruppenleiter können eigenverantwortlich mit diesem Buch arbeiten. Sie können für sich die ausgewogene Mischung an Spielen und Übungen herstellen, die es ihnen ermöglicht, genau die Fähigkeiten und Fertigkeiten weiterzuentwickeln, die sie stärken wollen.

Hierzu wird unser Fragebogen sehr hilfreich sein, der die Stärken und Schwächen eines Teams deutlich macht. Aus den Ergebnissen des Fragebogens läßt sich leicht ableiten, auf welcher Ebene gespielt und geübt werden kann, um den Teamgeist gezielt zu verbessern.

Ein Team zu sein oder sich zu einem Team zu entwickeln ist nicht nur auf das Verhalten der einzelnen Mitglieder beschränkt. Bei der Teambildung sind mehrere Einflußgrößen beteiligt. Wir haben das Persönlichkeitsmodell von Robert Dilts als Grundlage dafür genommen, um Team-Prozesse verständlicher zu machen. Dieses Modell wird unserer Meinung nach der Vielschichtigkeit und Vielfältigkeit des Menschen und anderer Systeme gerecht. Es betrachtet den Menschen als ein kybernetisches System, das sich durch mehrere Ebenen auszeichnet.

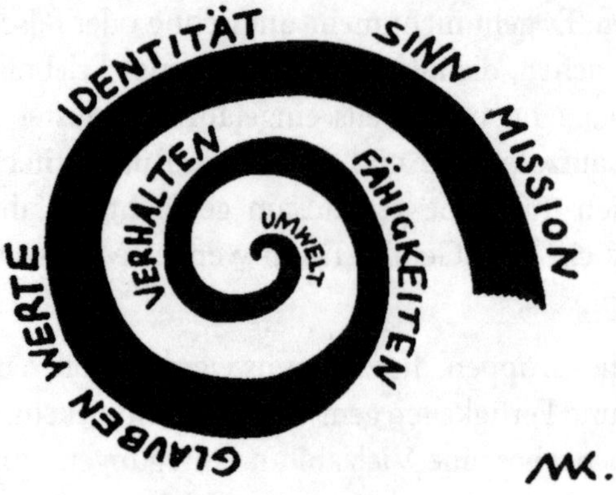

1. Ebene: Umwelt, 2. Ebene: Verhalten, 3. Ebene: Fähigkeiten, 4. Ebene: Glauben, Werte, 5. Ebene: Identität, 6. Ebene: Sinn

Wir als Menschen leben nicht im luftleeren Raum, sondern sind immer eingebettet in einen Kontext, in eine Umgebung, in eine Umwelt. Wir sind in Wechselwirkung mit unserer **Umwelt**, wir bewegen uns in ihr und sie ist ein Teil von uns. Zu uns gehört auch ein großes Repertoire an **Verhalten**, ein Spectrum an Ausdrucks- und Handlungsmöglichkeiten. Über dieses Verhalten hinaus haben wir einen Pool an **Fähigkeiten**, an Ressourcen, an Talenten, Möglichkeiten, die die Grundlage bilden, daß wir uns verhalten können, wie wir es wollen. Die nächste Ebene sind die **Werte- und Glaubenssysteme**. Jeder Mensch hat eine eigene für sich entwickelte Wertehierarchie, die ihn motiviert, etwas zu tun, die ihn bewegt, in dieser Welt aktiv zu werden. Glaubenssysteme sind Überzeugungen über die Welt und die Mitmenschen. Die Erweiterung davon ist die Ebene der **Identität**, d.h. all die Dinge, die ein Mensch über sich selbst glaubt: was er ist, wer er ist und wie er ist. Die höchste Ebene ist die des **Sinns** und der Missionen. Das ist das Gefühl, in einem größeren Zusammenhang zu stehen und über die eigene Entwicklung hinaus einen Beitrag zu etwas Größerem leisten zu können.

Dieses Persönlichkeitsmodell von Robert Dilts läßt sich nicht nur auf das Einzelindividuum anwenden, sondern ist selbstverständlich auch für Teams ganz wunderbar geeignet, um wahrzunehmen, auf welchen Ebenen es Probleme oder Schwächen gibt oder wo die Zusammenarbeit gestützt und gefördert werden sollte. So kann man z.B. schauen, welche Rahmenbedingungen und welche Einbettung eines Teams innerhalb einer Organisation notwendig sind, um ein Team arbeitsfähig zu machen und Resultate zu erwirken. Oder: Welches Verhalten fördert gute Zusammenarbeit und Kooperation? Welches Verhalten ist notwendig, damit es zu einer Teamarbeit kommt? Welche Zusammensetzung an Fähigkeiten ermöglicht eine optimale Nutzung oder Weiterentwicklung vorhandener Ressourcen? Welche Werte sind günstig und stützen das Zusammenwachsen einer Gruppe zu einem Team? Welche Glaubenssätze, welche mentalen Programme sind förderlich, daß es zu einem tragfähigen Netz von Beziehungen kommt und zu einem offenen Austausch, einer Atmosphäre von Vertrauen? Welche Glaubenssätze über sich selbst, welche Vorstellungen von der eigenen Rolle, von der eigenen Position im Team stärken die Möglichkeit, zu einem Wir-Gefühl zu gelangen und zu einer Gruppenidentität zusammenzuwachsen? Welche Glaubenssätze können ein *„Wir sind"* weiterentwickeln, das sich von sich selbst, von innen heraus zusammenhält? Welche übergeordneten Ziele und Visionen verhelfen Gruppen dazu, zu einem Spitzenteam zusammenzuwachsen und über sich selbst hinauszuwachsen? Welche verbindende Vision bringt die notwendige Energie, Beharrlichkeit und das Durchhaltevermögen in schwierigen Situationen oder in Krisen?

Wir haben dieses Persönlichkeitsmodell als Ordnungskriterium für unser Buch genommen, weil es unseres Erachtens eine ganzheitliche Sicht des Menschen erlaubt und auch eine ganzheitliche Sicht des Lernens.

Gebrauchsanweisung oder wie Du dieses Buch für Dich nutzen kannst

Wenn Du Lust hast, kannst Du für Dich und Dein Team den Fragebogen nutzen, um herauszufinden, welche Übungen und Spiele für Euch den größten Gewinn bringen werden. Dadurch könnt Ihr gezielt genau das üben, was wirklich einen Unterschied machen wird in Eurer Zusammenarbeit. In der Auswertungstabelle findest Du Hinweise, auf welcher Ebene Ihr Eure Brillanzen zur Entfaltung bringen könnt.

Zu jeder Ebene findest Du einen „Wegweiser" der Spiele und Übungen, die auf dieser Ebene als Spectrum angeboten werden – jeweils mit der Seitenzahl versehen, so daß Du schnell und leicht die gewünschte Übung heraussuchen kannst. Alle Übungen und Spiele kannst Du hinten im Index unter der jeweiligen Ebene wiederfinden. Es folgt eine kurze Einstimmung in das Thema, um Dich hineinzudenken und mit den Möglichkeiten auf dieser Ebene vertraut zu machen.

Über den Spielen und Übungen findest Du eine Kopfzeile, die Dir jeweils erleichtert, wahrzunehmen, auf welcher Ebene Du Dich gerade befindest. Darunter findest Du den Titel einer Übung oder eines Spiels oder einer Phantasiereise und dann die Form, in der Übung, Spiel oder Phantasiereise angekreuzt ist. Darunter findest Du oftmals eine Zeichnung und links neben der Zeichnung die Leiste mit dem Ziel.

Verhalten

Name der Übung

Form: **Übung ❐** **Spiel ❐** **Phantasiereise ❐**

Ziel: Hier findest Du Anregungen, welche Resultate, welche Ziele Du mit dieser Übung, mit diesem Spiel erreichen kannst.

Gruppengröße: Hier findest Du die Gruppengröße, die Du selbstverständlich für Dich frei wählen und variieren kannst. Unsere Vorschläge teilen sich in

☺	Einzelübungen,
☺☺	Partnerübungen,
☺☺☺	Dreier- oder
☺☺☺☺	Viererübungen,
☺ in der Gruppe	einzeln im Team.

Dauer: Unter Dauer haben wir Erfahrungswerte angegeben, die wir mit diesen Übungen gemacht haben. Diese Werte sind allerdings abhängig von Gruppengröße, Motivation, Tempo, Temperament der Mitspieler.

Material: Unter dem Stichwort Material findest Du die Angaben, welche Materialien Du benötigst, um dieses Spiel oder diese Übung, so wie wir es vorgeschlagen haben, durchzuführen. Hier sind auch Musikhinweise zu finden.

Ort: Hier haben wir die Erfahrungen angegeben, die wir mit dem jeweiligen Ort gemacht haben, oder wo es sich bewährt hat, diese Übungen durchzuführen.

Anmerkungen: Unter Anmerkungen sind wichtige Hinweise, die zu dieser Idee, zu diesem Vorschlag gehören, die Du entweder Deinen Teammitgliedern vorlesen kannst oder für Dich als Anregung und Unterstützung für Deine Arbeit benutzen kannst.

Anleitung oder Beschreibung: Anleitung bedeutet, daß das Spiel oder die Übung so angeleitet wird, daß Du es, wenn Du es magst, direkt so vorlesen kannst.

Beschreibung: Hier wird das Spiel oder eine Übung umfassend beschrieben, so daß Du diese Beschreibung dazu nutzen kannst, Deine eigene Anleitung zu entwickeln.

Variation: Unter Variation haben wir Spiele und Übungen ähnlicher Art mit gleichen Zielen zusammengefaßt.

Notizen: Wichtige Erfahrungen und Hinweise, die Du mit dieser Übung gemacht hast.

Einige der Übungen und Spiele in unserem Buch sollen nicht nur auf der bewußten, sondern auch auf der unbewußten Ebene ansprechen. So ermöglichen es z.B. Phantasiereisen, Lernprozesse auf einer anderen Ebene in Gang zu setzen und das Unbewußte mit dazu einzuladen, an dieser Entwicklung teilzuhaben. Die Phantasiereisen sind nicht nur dazu gedacht, Entspannung zu erleben, sondern auch Intuition zu ermöglichen, anzuregen, loszulassen und unbewußte Anteile zu aktivieren.

Tips für den Einsatz

Unser Buch bietet Gruppen die Möglichkeit, ihre eigene Komposition an Übungen zusammenzustellen, unabhängig davon, ob die Gruppe mit oder ohne Gruppenleiter arbeitet. Für Gruppen, die dies ohne Anleitung tun, geben wir hier einen kurzen Leitfaden zur Orientierung.

Um ein Treffen vorzubereiten, könnt Ihr vorab Informationen zum Bedarf der Gruppe sammeln. Selbstverständlich könnt Ihr auf bewährte Mittel der Informationssammlung, wie Interview oder Befragung zurückgreifen. Oder Ihr könnt den von uns entwickelten Fragebogen benutzen und auswerten, auf welcher Ebene Ihr miteinander arbeiten wollt. Damit könnt Ihr dann festlegen, was das Ziel Eures Treffens sein soll, und entsprechende Übungen aus diesem Buch zusammenstellen. Bei Eurem Treffen selber denkt daran, daß Ihr erst einmal Nähe und Vertrauen herstellt und die Möglichkeit bietet, überhaupt offen zu sein. Stellt Rapport in der Gruppe her, so daß Ihr respektvoll miteinander umgehen könnt und die Zeit so in Eurem Sinne nutzen könnt, wie Ihr wollt. Achtet darauf, daß Ihr genügend Zeit habt, die Übungen und Spiele in einer ruhigen Atmosphäre zu erleben, und daß Ihr einen entsprechenden Wechsel von Aktivität und Ruhe mit einberechnet, der es ermöglicht, entspannt und leicht zu lernen und auch über längere Zeit hinweg eine gute Konzentration aufrechtzuerhalten. Achtet darauf, daß Ihr Euer Treffen auch in Ruhe ausklingen lassen könnt und entsprechende Verabredungen für ein nächstes Mal treffen könnt. Wenn alle bei einem solchem Treffen Spaß haben und für eine Ausgewogenheit und Balance im Miteinander gesorgt ist, dann wird sich die Lust auf ein nächstes Mal von allein ergeben. Nehmt Euch genügend Zeit, um die Treffen abzuschließen und abzurunden. Vorteilhaft ist es, wenn Ihr die Treffen mit einer Überlegung abschließt, was Ihr mit dem Gelernten, mit den neuen Erlebnissen oder neuen Erfahrungen im Alltag machen könnt.

Wir verstehen dieses Buch als Schatztruhe, aus der man sich genau die Übungen und die Anregungen heraussuchen kann, die einen bereichern und Lust machen, spielend Neues zu lernen. Wie für eine Schatztruhe typisch, befinden sich darin ganz unterschiedliche Schätze. Wir erheben nicht den Anspruch, alle diese Schätze selbst erfunden zu haben. Wir sind Schatzsucher und Finder und haben diese Kostbarkeiten aus vielen unterschiedlichen Bereichen zusammengetragen. Nicht alle Übungen werden für alle Situationen brauchbar und nützlich sein. Es empfielt sich daher, sich vorher mit dem Inhalt und dem Prozeß dieser Übung vertraut zu machen und sie entweder auszuprobieren oder im Geiste durchzuspielen. Wir möchten dazu anregen, neue Wege zu gehen und auch außergewöhnliche Dinge auszuprobieren, selbst wenn sie am Anfang etwas merkwürdig anmuten. Das schafft die Möglichkeit, Muster zu unterbrechen und Raum für Neues zu entdecken. Wenn man immer das tut, was man schon immer getan hat, wird man auch immer wieder nur das erreichen, was man schon immer erreicht hat.

Spielerisches Lernen

Wir wollen dazu einladen, das Spiel in Teamentwicklungsprozesse mit einzubeziehen. Dazu bedarf es des Mutes, des Vertrauens und der Sicherheit, daß es sich lohnt, Spiele einzusetzen, um die Atmosphäre so zu lockern, daß Raum für Kreativität entsteht. Das bedeutet, in sich einen Zustand von Mut herzustellen. Und einen Zustand von Vertrauen gepaart mit der Gewißheit, daß es sich lohnt, auch ungewöhnliche Wege zu gehen und ungewohnte Dinge auszuprobieren, um mit den neuen Erfahrungen auch neue Erlebniswelten zu erschließen.

Spiele fördern die Lebensfreude und die Lebenslust und zeichnen sich dadurch aus, daß sie Energie geben, wie bei gesunden, spielenden Kindern zu beobachten ist. Die meisten Kinder spielen so lange, bis sie abends todmüde ins Bett fallen. Sie haben keine Lust, um Punkt fünf Uhr mit dem Spielen aufzuhören und den Rest des Abends erstmal mit Nichtstun zu verbringen. Es gibt ganz selten Kinder, die das wunderbar finden. So selten, wie Kinder, die es gut finden würden, für sechs Wochen irgendwo hinzufahren und nicht zu spielen oder ein ganzes Wochenende einfach nur rumzuliegen. Das ist undenkbar. Kinder haben noch die Neugierde und Lebensfreude, zu entdecken und die Welt im Spiel zu erobern. Sie wollen mit diesen vielfältigen Erfahrungen voller Lebenslust immer wieder neugierig ihre Grenzen erweitern, die Welt neu begreifen und erobern. Und in diesem lustvollen Tun liegt der Schlüssel zu diesem energetischen Zustand, zu dieser unendlichen Energie, die die Möglichkeit schafft, auch Unmögliches möglich zu machen. In diesem leidenschaftlichen Neugierigsein liegt die Kraft, um unglaubliche Aufgaben zu bewältigen, auch unglaubliche Anstrengungen auf sich zu nehmen, um ein Ergebnis zu erreichen, was man gern erreichen möchte. Im Spielen ergibt sich eine neue Qualität des Erlebens, eine Möglichkeit, Freiräume wieder zu nutzen und die eigenen Fähigkeiten auszuschöpfen. Gerade in unserer kopflastigen Zeit ist es vielen Menschen verlorengegangen, sich an die Unbeschwertheit des Spiels zu erinnern und genauso spielerisch und leicht Lösungen zu finden für ihre Arbeit. Das mutet am Anfang vielleicht etwas ungewohnt an, wird aber in Zukunft sicher mehr und mehr an Stellenwert gewinnen. Wir können es uns nicht leisten, auf so wichtige Ressourcen wie das Spiel zu verzichten, und es erscheint auch vermessen, Lösungen nur mit dem Kopf zu erarbeiten und Fühlen und Intuition nicht im gleichen Maße mit einfließen zu lassen. Inzwischen findet der Wert von Intuition mehr und mehr Anerkennung auch in den Organisationen. Und nachdem man festgestellt hat, daß die meisten Entscheidungen sowieso nach dem Gefühl getroffen werden und dann später erst mit rationalen Überlegungen abgesichert werden, ist es an der Zeit, unsere emotionale Intelligenz zu fördern, zu erweitern und zu nutzen. In einer Zeit, in der wir auf alle Ressourcen angewiesen sind, um wettbewerbsfähig zu sein, können wir es uns nicht mehr leisten, nur rationale Erwägungen, nur die logische Seite und nur die linke Gehirnhälfte zu nutzen. Wir müssen zukünftig ganzheitlich denken, ganzheitlich unsere Ziele angehen und dazu gehört auch, das Fühlen und die Intuition miteinzubeziehen. Auch unser Körper will in diesen ganzheitlichen Prozeß mit einbezogen werden, um genau die Qualität im Leben zu erschaffen, die wir leben wollen. Wer heute noch meint, seinen Körper vernachlässigen zu können, der wird schon bald zum alten Eisen gehören.

Kommunikative Fähigkeiten und emotionale Intelligenz bieten die Grundlage für Erfolg im Arbeits- und Geschäftsleben. Damit stehen eine Vielfalt an Ausdrucksmöglichkeiten, an Lebendigkeit, an Beweglichkeit und nonverbalen Signalen zur Verfügung, um die eigenen Ideen ausdrucksstark im Team präsentieren und anderen mitteilen zu können. Diese Fähigkeiten ermöglichen es uns, genau die Verbindungen herzustellen, die notwendig sind, um in einer vernetzten Welt am Geschehen teilzuhaben und eingebettet zu sein in einem Geflecht von Beziehungen.

Abenteuer Team

Wir schreiben in diesem Buch nicht darüber, was in der Teamentwicklung „schief" gehen kann. Wir analysieren auch nicht, was in Teams nicht funktioniert oder schauen, was als „Feuerwehr" möglich ist, um eine gescheiterte Zusammenarbeit doch noch möglich zu machen.

Wir bieten Anregungen zu schauen, neugierig zu sein, auszuprobieren und mutig zu sein. Wir bieten Möglichkeiten an, um neue Horizonte zu erobern und neue Perspektiven zu eröffnen. Was ist möglich, um Kreativität zu fördern? Was ist es, was Menschen motiviert, daß sie Lust haben, mehr davon zu erleben? Was ist es, was Kooperation zu einen solchen Erlebnis macht, daß Menschen Lust haben, diesen Zustand weiter auszubauen? Was fördert den Mut und die Lust, die Verantwortung für ihr eigenes Leben zu übernehmen und für ihre eigene Arbeit? Wenn wir bedenken, daß wir einen großen Teil unseres Lebens in unserem Beruf verbringen – mit unseren Kollegen und unseren Mitarbeitern – dann erscheint es uns ganz selbstverständlich, daß wir diese Zeit zu einer gelungenen Lebenszeit machen. Daß wir dafür sorgen, daß die Lebensqualität, die wir uns wünschen, auch Wirklichkeit wird. Daß in dieser Zeit, die ungefähr ein Drittel unseres Lebens ausmacht, die Lebensqualität so ist, daß uns das Leben Spaß macht und Energie bringt. Dafür sind wir bereit, Zeit und Energie und Ressourcen miteinzubringen, so daß Arbeit zu einer Möglichkeit wird, sich selbst zu verwirklichen, um mit voller Lust an etwas Größerem mitzuarbeiten.

Wir bieten nicht so sehr Anregungen für eine Organisation, wie sie Teamarbeit verordnen und möglich machen kann, sondern wie Teams eigenverantwortlich selber Wege finden können, ihre Form der Zusammenarbeit zu entwickeln. Ein bunter Strauß an Möglichkeiten soll Teams darin unterstützen, wie sie ihr Miteinander, ihre eigenen Regeln und Werte und Normen entwickeln, die das gewünschte Ergebnis für sie bringen.

Wenn ein Team Lust hat, sich diesem Abenteuer hinzugeben – dieser Entdeckungsfahrt zu sich selbst – kann es das eigene Leben bereichern und zur Quelle der Inspiration werden. Wenn ein Team sich den nötigen Raum und die Zeit gibt und auch den Respekt und die Achtsamkeit, daß so etwas wachsen darf – dann kann Arbeit zu einem Ort werden, an dem man sich selbst verwirklichen und seine eigenen Ziele mit einbringen kann.

Ausblick

Im letzten Kapitel haben wir einen kurzen Ausblick auf das Team von übermorgen gemacht. Es ist unsere Vision, wie wir uns Teamarbeit in der Zukunft vorstellen und zu deren Realisierung wir gerne beitragen möchten.

Wir meinen, daß es sich lohnt, andere Menschen dazu einzuladen, daß sie gern mit uns zusammen sind. Wir glauben auch, daß es sich lohnt, Teamarbeit in den Arbeitsprozeß einzuführen und dafür Zeit und Energie zu nutzen, damit dies zu einem wirklichen Erfolg wird, damit die Fähigkeiten, zueinander zu finden, wiederentdeckt oder vielleicht neu entdeckt werden.

Wenn Menschen „Lernen" nicht als ein Muß verstehen, sondern als eine Chance, lebenslang weiterzuwachsen, dann kann Lernen zu einem Abenteuer und zu einer Entdeckungsreise werden. Wir möchten unseren Beitrag leisten, daß Menschen „Lernen" als ein Potential begreifen, ihre Lebenslust zu erhöhen und ihre Lebendigkeit zu spüren.

Gerade in einer schnell veränderbaren und veränderten Umwelt hat „lernen" einen neuen Stellenwert erhalten. Wir möchten Dich dazu einladen, Lernen als ein Geschenk zu betrachten, das man sich gegenseitig geben kann und das man in einem Team gemeinsam auspacken und gemeinsam genießen kann.

VIEL SPASS!

2. Fragenkatalog

Die nachfolgenden Fragen sind für Teammitglieder gedacht und sollen Dich bei der Auswahl geeigneter Spiele und Übungen unterstützen. Es ist kein Fragebogen, der wissenschaftliche Ergebnisse hervorbringen möchte, sondern er ist als Unterstützung für die Nutzung dieses Buches gedacht. Es sind viele spannende Fragen darunter, die auch als Diskussionsgrundlage für die aktuelle Lage im Team dienen können. Mit den Ergebnissen dieses Fragebogens kannst Du erkennen, auf welchen Ebenen das Team sich noch Anregungen holen kann.

Es ist wohl selbstverständlich, daß das Ausfüllen dieses Fragebogens auf Freiwilligkeit beruht. Wie sonst sollten offene und ehrliche Anworten dabei herauskommen. Und das ist das Ziel des Fragebogens. Falls dieses Ziel durch eine anonyme Befragung unterstützt wird, kannst Du Dir überlegen, ob jedes Teammitglied einen Codenamen auf dem Fragebogen abgibt.

Die Beantwortung der Fragen dauert etwa 15 Minuten. Es sind insgesamt 60 Fragen. Lest die Aussagen sorgfältig durch und kreuzt ein Ja oder ein Nein an, je nachdem, ob Ihr die Aussage für zutreffend oder für eher unzutreffend haltet.

Für die Einschätzung dieser Aussagen nehmt die aktuelle Situation in Eurem Team (max. die letzten drei Monate).

Viel Spaß dabei!

Fragebogen:

1. Unsere Gruppe hat genau die richtige Größe. O Ja O Nein
2. Wir bestärken uns gegenseitig. O Ja O Nein
3. Jeder sagt dem anderen, was er gut findet und was ihn stört. O Ja O Nein
4. Wir kennen unsere Werte und Glaubenssysteme untereinander. O Ja O Nein
5. Unser Wir-Gefühl ist ausgesprochen stark. O Ja O Nein
6. Wir initiieren Entwicklungsprozesse. O Ja O Nein
7. Unser Team hat Einflußmöglichkeiten auch über die Teamgrenzen hinaus. O Ja O Nein
8. Wir visualisieren unsere Meinungen in der Gruppenarbeit. O Ja O Nein
9. Wir unterstützen uns beim Aufspüren hinderlicher Glaubensmuster. O Ja O Nein
10. Wir können uns gut abgrenzen, aber auch miteinander in Resonanz sein. O Ja O Nein
11. Bei uns passen persönliche Ziele und Teamziele gut zusammen. O Ja O Nein
12. Wir erleben gemeinsam Zustände von „Fließen". O Ja O Nein
13. Wir haben Methoden für konstruktive Zusammenarbeit. O Ja O Nein
14. In unserem Team ist Nähe möglich. O Ja O Nein
15. Konflikte lösen wir gemeinsam. O Ja O Nein
16. In der Beziehung zu meinen Gruppenmitgliedern habe ich keine alten Schuldscheine. O Ja O Nein
17. Wir wissen um den Wert unseres Teams und unserer Arbeit. O Ja O Nein
18. Unsere persönlichen Visionen und Team-Visionen stehen im Einklang miteinander. O Ja O Nein
19. Über unseren Stellenwert innerhalb der Organisation sind wir uns im klaren. O Ja O Nein
20. Wir haben klare Regeln für unsere Zusammenarbeit. O Ja O Nein
21. Wir wissen, wie wir unsere Kreativität lockern. O Ja O Nein
22. Die Beziehungsmuster sind uns allen bekannt. O Ja O Nein
23. In unserem Team ist Individualität und Selbstverwirklichung möglich. O Ja O Nein
24. Wir haben unsere Team-Vision mitgeteilt. O Ja O Nein
25. Über die Qualität unserer Beziehungen zu anderen Teams sind wir uns bewußt. O Ja O Nein
26. Wir koordinieren unsere Zusammenarbeit. O Ja O Nein
27. Wir können auch die Standpunkte anderer einnehmen. O Ja O Nein
28. Wir lernen gemeinsam spielerisch. O Ja O Nein
29. Wir haben ein interessantes Team-Profil. O Ja O Nein
30. Wir nutzen unsere Kreativität für übergeordnete Zusammenhänge. O Ja O Nein

31. Den Ist-Zusand akzeptieren wir als Basis für Veränderung. O Ja O Nein
32. Wir lachen oft miteinander. O Ja O Nein
33. Bei uns weiß jeder, wie es den anderen geht. O Ja O Nein
34. Wir sind uns bewußt, daß wir über Meinungen reden und nicht über die Wahrheit. O Ja O Nein
35. Wir teilen das Engagement für unsere Arbeit. O Ja O Nein
36. Wir haben eine attraktive gemeinsame Vision. O Ja O Nein
37. Wir haben ausreichende Präsentationstechnik für unsere Gruppe. O Ja O Nein
38. Wir sorgen selbst dafür, daß wir konzentriert arbeiten können. O Ja O Nein
39. Wir haben Strategien, um Kreativität umzusetzen. O Ja O Nein
40. Wir können uns führen lassen, aber auch führen. O Ja O Nein
41. Bei uns kennt jeder seine Rolle und seinen Status. O Ja O Nein
42. Wenn unsere Arbeit enden würde, wäre es ein Verlust für alle. O Ja O Nein
43. Wir sind bei unseren Gruppensitzungen vollkommen ungestört. O Ja O Nein
44. Wir schaffen Offenheit und Vertrauen. O Ja O Nein
45. Wenn wir es brauchen, wissen wir, wie wir unsere Ressourcen stärken. O Ja O Nein
46. Wir haben eine gute Außendarstellung. O Ja O Nein
47. Wir wertschätzen unterschiedliche Talente und Fähigkeiten. O Ja O Nein
48. Wir haben eine Vision, die Technik und Natur in Einklang bringt. O Ja O Nein
49. Wir haben schöne Räumlichkeiten für unsere Sitzungen. O Ja O Nein
50. Wir gehen ehrlich miteinander um. O Ja O Nein
51. Wir wissen um die Vorteile eines Teams für die Lösungsfindung. O Ja O Nein
52. Glauben und Werte des Unternehmens sind uns bekannt. O Ja O Nein
53. Wir fühlen uns miteinander verbunden. O Ja O Nein
54. Mit unserer Arbeit tragen wir zu Frieden und Fortschritt in der Welt bei. O Ja O Nein
55. Die Anzahl der Termine unserer Gruppentreffen finde ich angemessen. O Ja O Nein
56. Wir loben uns auch manchmal. O Ja O Nein
57. Wir können gut gemeinsame Ziele entwerfen. O Ja O Nein
58. Wir können aus einem Problem leicht die positive Absicht erkennen. O Ja O Nein
59. Wir tolerieren unterschiedliche Wertsysteme. O Ja O Nein
60. Von unserer Zusammenarbeit profitieren viele, auch über unsere Gruppe hinaus. O Ja O Nein

Auswertung

Nachdem Du den Fragebogen ausgefüllt hast, übertrage das Ergebnis jetzt auf dieses Antwortraster. Kreuze hier alle Aussagen an, die Du mit einem Ja beantwortet hast und zähle die *Anzahl der angekreuzten Felder* je Spalte und trage die Summe unten ein. (Pro angekreuzte Antwort ein Punkt.)

	1	2	3	4	5	6
	7	8	9	10	11	12
	13	14	15	16	17	18
	19	20	21	22	23	24
	25	26	27	28	29	30
	31	32	33	34	35	36
	37	38	39	40	41	42
	43	44	45	46	47	48
	49	50	51	52	53	54
	55	56	57	58	59	60
Summe						
Bereich	I	II	III	IV	V	VI

Je geringer die Punktzahl in den einzelnen Bereichen ist, desto eindeutiger weißt Du, auf welcher Ebene Du noch weiter üben kannst. Übertrage jetzt die Punktzahl für die einzelnen Bereiche in die nächste Tabelle und erstelle Deine persönliche Rangfolge. Die niedrigste Punktzahl erhält Platz 1, die zweitniedrigste Platz 2, usw.

Bereich	I	II	III	IV	V	VI
Eigene Punktzahl						
Eigene Rangstufe						
Mittelwert der Gruppe						
Gruppen-Rangstufe						
Ebene	**Umwelt**	**Verhalten**	**Fähigkeiten**	Glauben, Werte	**Identität**	**Sinn**
Übungen, Spiele ab Seite	33	47	83	161	217	253

Wenn Ihr den Fragebogen im Team ausgefüllt habt, findet den Mittelwert heraus, indem Ihr die Werte der einzelnen Teammitglieder addiert und durch die Anzahl der Teammitglieder dividiert. Trage diesen Mittelwert Deines Teams in das Raster ein und auch die Teamrangfolge. Der Vergleich dieser Werte kann Euch Anregungen für Eure Einschätzung der Situation im Team geben – vielleicht sogar Stärken oder Schwächen benennen.

Vielleicht habt Ihr im gesamten Team ähnliche Werte, dann könnt Ihr Euch schon auf Eure Übungen und Spiele freuen. Wenn im Team ganz andere Werte gefunden wurden als bei Dir, kannst Du für Dich allein Übungen herausfinden.

Ganz unten in der Tabelle findest Du die Seitenangabe, ab der Du die passenden Übungen und Spiele findest.

3. Spiele, Übungen und Phantasiereisen

I. Umwelt

Wegweiser

Umwelt

Teams sind nicht losgelöst von ihrer Umgebung, sondern meist eingebettet in eine größere Organisation, in einen größeren Zusammenhang.

Die Organisation stellt die Rahmenbedingungen her, im idealen Fall, Rahmenbedingungen, die es ermöglichen, Teamarbeit ernsthaft und effektiv zu nutzen. Eine Organisation, die Grundlagen dafür schafft, daß Menschen in Teams zusammenarbeiten können, ihre persönliche Entwicklung ernstnehmen und in ihrer Arbeitssituation verwirklichen können, stellt ein bestimmtes Arbeitsklima her. Genauso, wie es Lernzustände gibt, wie entspannt, konzentriert und motiviert, um als Person besser lernen zu können, so stellt auch Lernen im Team, Sich-Weiterentwickeln im Team oder Kreativ-Sein im Team bestimmte Anforderungen an die Lernsituation – an eine Atmosphäre, in der Kreativität möglich wird. In einer Organisation, in der auch Fehler erlaubt sind, weil sie Chancen bieten, Neues zu entdecken, kann innovativ und konstruktiv an Lösungen gearbeitet werden. Für ein Team wird es wichtig sein, herauszufinden, inwieweit in der Organisation oder Institution diese Grundlagen bereits gegeben sind. Gibt es eine entsprechende Atmosphäre, die Kreativität in Teams möglich macht? Und wenn es noch nicht so weit ist, was kann jeder einzelne dazu beitragen, diese Atmosphäre in der eigenen Institution oder Organisation herzustellen?

Es gibt nichts Wichtigeres für ein Team, das sich persönlichem Wachstum verpflichtet fühlt, als eine unterstützende Umwelt.

Wenn sich die Arbeit eines Teams lohnen soll, müssen die Ziele des Teams mit den Zielen der Gesamtorganisation in Einklang stehen; dazu sollten die Unternehmensziele bekannt sein. Eine Organisation sollte beurteilen können, welchen Beitrag das Team zur Gesamtorganisation leistet. Wie paßt das Team in die Organisation, welchen Beitrag leistet es innerhalb des Systems? Es ist wichtig für die Teammitglieder, über den eigenen Beitrag und die Funktion, die sie für ihre Organisation haben, Bescheid zu wissen. Die Kriterien und Wertsysteme, die innerhalb eines Teams entwickelt worden sind, sollten auch zu den Kriterien und Werten der gesamten Organisation passen. Ein Unternehmen ist ein System, seine Leistungsfähigkeit hängt davon ab, wie die einzelnen Teile miteinander in Verbindung stehen. Es ist gut, wenn Klarheit und Absprachen über die Aufgaben des Teams in der Gesamtorganisation bestehen.

Es gilt, Berührungspunkte zu schaffen, um strukturelle Voraussetzungen herzustellen, daß Gruppen, die an ähnlichen Problemen arbeiten oder mit ähnlichen Themen befaßt sind, eine Möglichkeit haben sich zu begegnen. Nur so läßt es sich vermeiden, daß „das Rad" in einem Unternehmen „zweimal erfunden" wird.

Es ist selbstverständlich notwendig, daß eine Gruppe einen Ort hat, wo sie sich treffen kann, daß ein Team einen Zusammenkunftsort hat, wo es sich ganz leicht, zwanglos und ohne größere Umbauten und Schwierigkeiten zusammenfinden und auch zusammen arbeiten kann, ungestört und ruhig. Günstig ist natürlich, daß es immer derselbe Ort ist, damit das Team die Sicherheit entwickeln kann: „Es gibt uns, und es gibt einen Ort, wo wir hingehören. Und wenn wir an diesem Ort sind, dann bedeutet das, daß wir jetzt zusammen arbeiten können."

Es ist sicherlich sinnvoll, ein Klima herzustellen, in dem Teamarbeit als etwas Nützliches, Sinnvolles und Gewünschtes verstanden wird.

Das heißt, es sollte eine Akzeptanz für Teamentscheidungen und für die Vorstellung, daß mit Teamarbeit eine größere Kreativität und mehr Lösungsmöglichkeiten verbunden sind, geschaffen werden. Dazu gehört, daß Ergebnisse und Resultate, die ein Team geschaffen hat, anerkannt, gewertet und genutzt werden, denn das fördert die Akzeptanz innerhalb des gesamten Betriebes.

Das bedeutet auch, daß die Organisation dafür sorgt, daß die Zeit für eine Teamarbeit, neben den Tagesgeschäften, neben der alltäglichen Arbeit realistisch einplanbar und nutzbar ist.

Um ein Klima im Team zu schaffen, das Gruppenarbeit zu einem Erfolg macht, ist Freiwilligkeit zu einer solchen Zusammenarbeit notwendig, und alle beteiligten Teammitglieder sollten sich darüber im klaren sein, daß es Zeit und Energie kostet, die in diese gemeinsame Arbeit fließen soll.

Die Rahmenbedingungen, die die Organisation hergestellt hat, können einem Team die Basis bieten, die Entfaltungsmöglichkeiten innerhalb der Organisation zu nutzen. Aber nicht nur die Organisation stellt Rahmenbedingungen her und gibt einen größeren Zusammenhang, sondern ein Team ist in Wechselwirkung mit seiner Umgebung. Ist ein Team in der Lage, andere Teams, die an ähnlichen Problemen arbeiten, ganz selbstverständlich zu kontaktieren, zu treffen, zu kommunizieren, sich auszutauschen? Sind die Teams innerhalb einer Organisation fähig, die Grenzen zu öffnen für neue Ideen, für andere Impulse, für andere Gruppenmitglieder, aber auch fähig, ihre eigenen Ideen auszutauschen, weiterzugeben oder überwiegt Konkurrenz und damit wieder Einschränkung, eine Unterbindung von Kreativität, Fluß und Kommunikation? Ein Team selber kann sehr wohl durch seine Arbeit und seine Resultate als ein Modell wirken, das andere dazu inspiriert, sich auf neue Art mit Problemen und Lösungen auseinanderzusetzen. Wie ein Team in der Lage ist, seine Ergebnisse zu präsentieren, in einem größeren Zusammenhang mitzuteilen und in Einklang zu bringen mit den Interessen aller anderen in dieser Organisation, wird entscheidend dazu beitragen, ob die Arbeit des Teams anerkannt, bestätigt und unterstützt wird. Nur wenn auch die anderen Menschen in der Organisation die Resultate für wertvoll und wichtig erachten, und zwar für sich selbst, wird die Arbeit des Teams auch berücksichtigt und gesehen werden und entsprechend gewürdigt.

Kreise ziehen

Form: **Übung ☒** **Spiel ☐** **Phantasiereise ☐**

Ziel:
Einflußmöglichkeiten wahrnehmen und erweitern

Gruppengröße: ☺
In der Gruppe

Dauer:
Ca. 1 Stunde

Material:
Großes Metaplanpapier und Stifte

Ort:
Heller, ruhiger, gemütlicher Raum

Beschreibung:
Jeder Teilnehmer hat zehn Minuten Zeit, sich zu überlegen, welches im Moment die anstehenden Probleme sind, diese auf einem Notizzettel festzuhalten und dann die gefundenen Probleme in das große Plakat einzutragen.

Zeichnet auf dem Metaplanpapier einen inneren Kreis und um diesen inneren Kreis herum zwei weitere Ringe. Der innere Kreis steht für Eure Teamsphäre, die beiden äußeren Ringe für die Einflußsphären in Eurer Umgebung.

1. In Eurer Im-Team-Sphäre in der Mitte könnt Ihr all jene Probleme eintragen, die Ihr im Team selber lösen könnt.

2. In den Ring drumherum, also die Umgebungssphäre, sind all die Probleme einzutragen, auf die die Gruppe zwar Einfluß hat, aber die sie nicht allein kontrollieren kann, und

3. in den äußeren Ring, den Ring Umwelt, werden all die Probleme eingetragen, die das Team nicht steuern kann, wo relativ wenig Einfluß auf die Lösungsmöglichkeiten besteht.

Dann hat das Team 40 Minuten Zeit, nach neuen Möglichkeiten zu suchen, wie es die Grenzen erweitern kann, oder wie neue Möglichkeiten der Einflußnahme geschaffen werden können, um auch auf Probleme einwirken zu können, die vorher nicht im eigenen Lösungsbereich lagen.

Notizen

Organigramm

Form: **Übung ☒** **Spiel ❐** **Phantasiereise ❐**

Ziel:
Einordung des Teams innerhalb einer Organisation und Klarheit über die Beziehung zu anderen Gruppen

Gruppengröße: ☺
In der Gruppe

Dauer:
1 Stunde

Material:
Metaplanwand, Metaplanpapier, Stifte

Ort:
Großer, heller Raum

Beschreibung:

1. Das Team benennt alle Gruppen innerhalb der Organisation, zu denen es in irgendeiner Form in Beziehung steht.
2. Es wird ein großes Plakat zur Verfügung gestellt, auf dem sich das Team als Kreis in die Mitte und alle anderen Gruppen um diesen Kreis herum einzeichnet. Für die einzelnen Gruppen der Organisation können Kreise in verschiedenen Farben oder aber witzige Symbole benutzt werden.
3. Nachdem alle Gruppen auf dem Plakat vertreten sind, kann das Team die Kriterien benennen, nach denen eine Beurteilung durchgeführt werden soll. Kriterien können sein z.B.:

- die inhaltlichen Beziehungen des Teams zu den einzelnen Gruppen (Aufgabenbereiche);
- der Kommunikationsfluß;
- die Kontakte.
- Wie zuverlässig arbeiten andere Gruppen dem Team zu oder wie zuverlässig arbeitet das Team anderen Teams innerhalb der Organisation zu?
- Welche Absprachen und Vereinbarungen existieren zu anderen Teams?

- ➤ Welche Ziele wurden vereinbart und wie ist der aktuelle Stand?
- ➤ Zu welchen Teams bestehen gute Kontakte und welche lassen sich noch verbessern?

Wenn die Kriterien feststehen, die beschrieben werden sollen, kann das Team unterschiedliche Farben für die verschiedenen Themen bestimmen und die Verbindungspfeile mit unterschiedlicher Dicke (dicker Strich = starkes positives Kriterium; dünner Strich = schwaches Kriterium) oder aber mit verschiedenen Ziffern versehen (z.B. 1 = sehr gute Beziehung; 5 = gestörte Beziehung).

4. In der Schlußbetrachtung werden Konsequenzen für die Zukunft besprochen: Welche Themen sollen verbessert werden? Welche Ziele ergeben sich aus dem Plakat? Was muß geklärt und offen angesprochen werden? Welche Kontakte sollten aufgenommen, verstärkt oder eingeschränkt werden? Ist die Position innerhalb der Organisation für das Team-Ziel förderlich oder was muß noch verbessert werden?

Notizen

Nähe und Distanz

Form: **Übung ❒** **Spiel ☒** **Phantasiereise ❒**

Ziel:
Abgrenzen und Nähe herstellen,
Signale wahrnehmen

Gruppengröße: ☺☺
In der Gruppe

Dauer:
20 Minuten

Material:
–

Ort:
Im Raum oder in der Natur

Anmerkungen:
In Teams ist eine respektvolle Kommunikation unerläßlich. Respekt beginnt damit, die eigenen und die Grenzen des anderen wahrzunehmen, um sie dann anzuerkennen. Gerade die körperliche Entfernung und die Art, wie wir uns zueinander verhalten, hat einen wesentlichen Einfluß auf das Ergebnis unserer Kommunikation. Jeder hat für sich eine Vorstellung davon, wie weit bestimmte Personen sich annähern dürfen und wieweit nicht. Wenn unterschiedliche Vorstellungen über Nähe bestehen, kann es leicht zu Grenzüberschreitungen kommen, die die Qualität des Gespräches beeinflussen. Wenn wir uns sensibilisieren und aufmerksam die Reaktion des Gesprächspartners wahrnehmen, können wir Nähe herstellen, ohne dem anderen gleich zu nahe zu kommen. Ein Wissen um Nähe und Distanz ist eine wichtige Grundlage, um Settings für Gespräche herzustellen.

Anleitung:
Findet Euch zu zweit zusammen und sucht einen Platz, wo Ihr Euch in ca. fünf Meter Entfernung gegenüberstehen könnt. Stellt Euch so auf, daß Ihr Euch direkt gegenübersteht und dabei ansehen könnt. Einigt Euch darauf, wer sich von Euch beiden jetzt bewegt und wer an seiner Stelle stehenbleibt. Jetzt nehmt beide den Blickkontakt auf. Einer von Euch bewegt sich jetzt langsam, Schritt für Schritt, auf

die andere Person zu und beobachtet dabei ihre Reaktionen. Die andere Person nimmt wahr, bis zu welchem Abstand die Kommunikationssituation noch angenehm ist und signalisiert es.

Es geht darum, ein Gespür für körperliche Nähe und Distanz zu entwickeln, seinen Gefühlen zu vertrauen und sie dem Anderen mitzuteilen. Der passende Abstand ist situations- und personenabhängig. Der angemessene Abstand ist die Grundlage dafür, daß sich die Gesprächspartner sicher, nah und wohl fühlen.

Wenn Ihr den Punkt ausfindig gemacht habt, bis wohin es noch angenehm ist, dann könnt Ihr für diese Übung auch einmal ausprobieren, wie es ist, wenn die Grenze überschritten wird oder wie es sich anfühlt, wenn Ihr noch zu weit voneinander entfernt seid, um wirklich ein Gespräch zu beginnen und weiterzuführen.

Dies könnt Ihr anschließend im Sitzen ausprobieren. Welcher Abstand der Stühle ist für Euch der angenehmste? Bei welcher Entfernung fehlt Euch die Nähe? Bei welchem Abstand ist Eure Grenze bereits überschritten? Wie fühlt es sich an, wenn Ihr Euch direkt gegenübersitzt oder aber seitlich zugewandt seid? Experimentiert mit dem Abstand und sprecht während der Übung möglichst wenig, sondern beobachtet die Reaktion Eures Gegenüber auf Eure Handlungen. Anschließend könnt Ihr Euch über Eure Erfahrungen austauschen und über Eure Gefühle, die die verschiedenen Positionen in Euch ausgelöst haben. Welchen Nutzen hat dieses Wissen für die Kommunikationssituationen im Team? Diskutiert anschließend ganz kurz die Konsequenzen für Kommunikationssituationen im Team.

Notizen

Situationsanalyse

Form: **Übung ☒** **Spiel ❐** **Phantasiereise ❐**

Ziel:
Klarheit über Ist-Zustand, Basis für alle weiteren Überlegungen

Gruppengröße: ☺
In der Gruppe

Dauer:
1,5 Stunden

Material:
Schreibzeug

Ort:
Gemütlicher, ruhiger Platz

Anmerkungen:
Mit der Situationsanalyse könnt Ihr Klarheit über Eure gegenwärtige Situation im Team erhalten. Problembereiche werden etwas deutlicher und Entwicklungsschritte klarer wahrgenommen. Ihr könnt die Situationsanalyse sowohl allein, als auch im Team durchführen.

Beschreibung:
Such Dir einen bequemen Platz und nimm Dir Dein Schreibzeug mit.

1. Beginne damit, daß Du Dich in der Mitte eines Blattes einträgst und alle im Team beteiligten Personen um Dich herum aufschreibst und positionierst. Die Teammitglieder, mit denen Du ein sehr intensives Verhältnis hast, zeichne etwas näher an Deine Position, als diejenigen, denen Du nicht so nahe stehst.

2. Beschreibe die Beziehung der einzelnen Mitglieder zu Dir mit Hilfe von folgenden Pfeilen:

Pfeil mit zwei Plus-Zeichen	=	Sehr positive Beziehung
Pfeil mit einem Plus-Zeichen	=	Positive Beziehung
Pfeil mit einem Minus-Zeichen	=	Negative Beziehung
Pfeil mit zwei Minus-Zeichen	=	Sehr negative Beziehung

3. Beschreibe, welche Erwartungen die Beteiligten aneinander haben.
4. Beschreibe, welche Ziele die Beteiligten miteinander getroffen haben? (Was wollen wir erreichen?)
5. Schreibe auf, welche Vereinbarungen bereits miteinander getroffen wurden und welche Vereinbarungen für die weitere Zusammenarbeit noch nützlich sind? (Wie wollen wir es erreichen?)
6. Beschreibe, was Du Dir für das Team wünschst?

Mach die Liste so vollständig, wie es geht. Nehmt Euch dann in 2er oder 3er Gruppen die Zeit, Euch gegenseitig Eure Einschätzung der gegenwärtigen Situation zu schildern. Stellt einen Rahmen her, in dem Ihr Nähe spürt und wo Ihr auch Lust habt, über Eure Einschätzung zu berichten. Hört aufmerksam zu, wie die anderen die Situation im Team einschätzen.

Unterhaltet Euch über Eure Einschätzung und formuliert Ziele aus den Problemen, die Ihr erkannt habt.

Notizen

Aufbau einer Moderation

Form: **Übung ☒** **Spiel ❐** **Phantasiereise ❐**

Ziel:
Planen einer Gruppenmoderation, Rahmen setzen für konstruktive Zusammenarbeit

Gruppengröße: ☺

Dauer:
Je nach Treffen

Material:
Flipchart, Metaplan-Technik, Stifte und Klebepunkte

Ort:
Großer, heller, ruhiger Raum

Anmerkungen:
Die Moderation dient dazu, Gruppen, die effektiver planen, handeln und kooperieren wollen, zu unterstützen.

Es hat sich bewährt, einen Ablaufplan zu erstellen und vorab ein Treffen zu strukturieren. Auf die Balance von Kopf und Bauch achten.

Beschreibung:

1. In der Einstiegsphase:

Für den Kopf:	Bedürfnisse sichtbar machen – Problembezug herstellen – Ziele der Veranstaltung klären.
Für den Bauch:	Anwärmen – Aufschließen – Ankommen. (Körperübungen, Meditation)
Techniken dabei:	Einpunktfragen – Zuruffragen – Rollenspiel – Meditation – Bewegung. (Siehe Fragetechniken bei der Moderation eines Teams.)

2. Im Mittelteil:

Für den Kopf:	Problembearbeitung – Diskussion – Dialog.
Für den Bauch:	Wünsche und Ängste besprechbar machen.
Techniken:	Stichwortsammlung – Mehrpunktfragen – Kleingruppenarbeit – Plenumsdiskussion – Dialog.

3. Abschlußphase:

Für den Kopf:	Ergebnisorientierung herstellen – Folgeaktivitäten festlegen – Transfer in den Alltag.
Für den Bauch:	Zufriedenheit und Unbehagen erfragen – und klären.
Techniken:	Aufgabenkatalog – Bewertung – Einpunktfragen – Dank und Musik.

Während der Moderation darauf achten, daß alle wichtigen Punkte berührt werden.

Notizen

II. Verhalten

Wegweiser

Verhalten

Mit Verhalten ist hier all das gemeint, was an Handlungen innerhalb eines Teams stattfindet, im wesentlichen jedoch das Verhalten innerhalb der Gruppe und zueinander. Für erfolgreiche Teamarbeit ist es günstig, wenn in einem Team Offenheit herrscht und ein Team bereit ist, Risiken auf sich zu nehmen und Initiativen zu ergreifen. Die Grundlagen für Koordination und Kooperation liegen in einem Hand-in-Hand-Arbeiten, in der Fähigkeit, sich ineinander einzufühlen, sich aufeinander einzustellen und miteinander zu schwingen.

Wesentlich ist der Rapport, d.h. das gemeinsame Schwingen, in Resonanz sein auf nonverbaler Ebene. Dies entsteht von allein, wenn Menschen sich sehr gut verstehen. In einem Team gilt es, das bewußt herzustellen, denn hier geht es um professionelle Kommunikation. Deshalb ist es wichtig, nicht darauf zu warten, daß es von allein geschieht und daß Fähigkeiten wie Offenheit, Nähe und Vertrauen ganz von allein entstehen, sondern daß dies bewußt hergestellt werden kann in einem Team und auch bewußt hergestellt werden muß. Obwohl Offenheit eine Fähigkeit ist, zeigt sie sich doch darin, daß Teammitglieder ihre Stärken und Schwächen zeigen können, den Mut haben, auch ihre Hintergründe offenzulegen, daß sie die innere Freiheit haben, ihre eigene Meinung zu vertreten und zu diskutieren, jedoch auch ihre eigene Meinung in Frage zu stellen, um das Beste für das gemeinsame Ziel zu erwirken.

Es zeigt sich im Verhalten, ob Verbindlichkeit in der Gruppe wirklich vorhanden ist und inwieweit Respekt in der Gruppe gelebt wird und sich in Handlungen und im Miteinander ausdrückt. Alles dies passiert nicht aus Versehen oder, weil es gerade günstig ist, sondern all dies muß sich ein Team aneignen und bewußt herstellen. Es gilt deshalb, Achtsamkeit darauf zu haben und Aufmerksamkeit, wie verhalten wir uns untereinander, wie gehen wir miteinander um?

Miteinander respektvoll und wertschätzend umzugehen, offen und flexibel zu sein, Neugierde und Lust auf Lernen in sich selbst und mit anderen zu kreieren, kontinuierlich nach einer gemeinsamen Bestleistung zu streben, dies alles wird erst durch Verhalten deutlich. Die persönliche Urteilskraft, die Intelligenz und menschliche Einfühlsamkeit zu fördern, Mitarbeiter zu vernetzen und ein Klima zu schaffen, in dem sowohl das Miteinander als auch das Nebeneinander möglich ist, um für wirksame und überzeugende Arbeitsresultate zu sorgen, ist das grundlegend entscheidende Verhalten, das ein Team zu Höchstleistungen befähigt.

Es ist nicht notwendig, daß alle einer Meinung sind, aber es ist notwendig, daß alle Meinungen respektiert werden und daß niemand die Macht hat, aufgrund seiner Position die anderen zu unterdrücken oder zu zwingen. Denn ein Dialog ist spielerisch und durch Offenheit und den Mut, sich zu zeigen, gekennzeichnet. Dazu muß man sich trauen, einfach auch unausgegorene, unausgedachte, nihctzuende gedachte Ideen auszusprechen, um sie gemeinsam weiterzuentwickeln. Diese Möglichkeit, mit Ideen zu spielen, bedarf einer ganz eigenen Lernatmosphäre, die ein Team selber herstellen kann. Wenn diese Art des Miteinanderschwingens entsteht, dann gibt es eine ganz einzigartige, einmalige Beziehung unter den Teammitgliedern.

Arbeit ist keine Erfindung des Kapitalismus, sie ist eine Möglichkeit, um das Selbstvertrauen, das wir in uns selbst setzen, auszudrücken, umzusetzen und damit revolutionär das Leben zu verändern.

Das hängt ganz eng mit Selbstverantwortung zusammen, mit dem Übernehmen der Verantwortung für sich und sein Handeln, für sich und sein Leben. Das ist ein ganz wesentlicher Part, der natürlich auch im Team zum Tragen kommt. Menschen, die daran interessiert sind, sich selbst zu verwirklichen, die ihre eigene Stärke spüren, ihre eigene Kraft, wollen dies in der Regel nicht allein tun. Sie sind daran interessiert, das mit anderen gemeinsam zu tun, das mit anderen Menschen zu teilen.

Wenn auf den Ebenen Sinn, Identität, Werte und Fähigkeiten die Teamfähigkeit gesichert ist, dann zeigt sich dies immer im Verhalten. Dann ist Kooperation und offene Kommunikation keine Forderung, sondern eine selbstverständliche Form der Zusammenarbeit. Wenn die grundlegende Beziehungsebene geklärt ist, dann ist die Energie frei, um sich mit den anstehenden Problemen und deren Lösung zu beschäftigen.

Dann entstehen genau die kreativen Austauschmöglichkeiten, die das Innovationsvermögen und die Beweglichkeit erfolgreicher Teams auszeichnen.

Feedback nehmen und geben

Form: **Übung ☒** **Spiel ❒** **Phantasiereise ❒**

Ziel:
Offenheit und Ehrlichkeit im Team, Transparenz, Lernchancen

Gruppengröße: ☺☺☺
In der Gruppe

Dauer:
1,5 Stunden

Material:
Schreibzeug

Ort:
In einem schönen, gemütlichen Raum

Anmerkungen:
Feedback ist eine Rückmeldung, die Dir anzeigt, wie andere etwas wahrgenommen haben. Es sind Geschenke – und wie bei allen Geschenken entscheidest Du, was Du davon annehmen und behalten möchtest.

Feedback gibt Dir die Möglichkeit zu erfahren, was Du bei anderen Menschen bewirkst. Du kannst dann überprüfen, ob Du das auch bewirken wolltest. Falls nicht, gibt Dir das Feedback die Möglichkeit, zu lernen und Anregungen für neue Verhaltensweisen kennenzulernen.

Wenn Du Feedback erhältst, achte auf folgende Aspekte:

Regeln für den Feedback-Nehmer:

- zuhören (nicht gleich ins Wort fallen und rechtfertigen),
- Verständnisfragen stellen,
- überdenken, was Du davon annehmen kannst und willst,
- innerlich bedanken, daß es Menschen gibt, die Dir Rückmeldungen geben.

Du kannst anderen Personen natürlich auch direkt Rückmeldungen über ihr Verhalten geben. Dabei können Dir folgende Feedbackregeln hilfreich sein:

Regeln für den Feedback-Geber:

- ➤ Klarheit über das Ziel,
- ➤ Kontakt und Nähe herstellen (Rapport),
- ➤ Person und Verhalten trennen (Person an sich ist o.k. – Verhalten war jedoch ...),
- ➤ Verhalten möglichst konkret ansprechen,
- ➤ darüber sprechen, was es bei dir auslöst (Ich-Botschaften),
- ➤ Alternativen, Wünsche, Möglichkeiten, Verbesserungen ansprechen.

Beschreibung:
Für das „Feedback geben" in der Gruppe setzt Euch zu dritt oder zu viert zusammen und nehmt Euch Schreibzeug mit. Vergegenwärtigt Euch noch einmal, mit wem Ihr in der Gruppe seid und erstellt für jede Person ein Blatt, das folgende Informationen enthält:

1. Welche positiven Fortschritte und Entwicklungen hast Du wahrgenommen?
2. Was hast Du vom anderen gelernt? Wofür bist Du dankbar?
3. Was hat Dich am anderen gestört?
4. Welchen Umgang wünschst Du Dir?
5. Welche Qualitäten wünschst Du Dir in der Beziehung zum anderen?
6. Was wünschst Du dem anderen für seine Zukunft?

Beantwortet die Fragen so vollständig wie es geht. Nach ca. 15 Minuten setzt Euch bequem zusammen und gebt Euch gegenseitig Feedback. Eine Person bekommt von allen Gruppenmitgliedern nacheinander Feedback. Achtet darauf, daß Ihr einen angenehmen Rahmen herstellt, in der die Person das Feedback auch annehmen kann. Erinnert Euch vorher nochmal kurz an die Feedbackregeln (s.o.).

Variation: Gutes wahrnehmen (ca. 90 Minuten, je nach Gruppengröße)

Anleitung:
Setzt Euch im Kreis zusammen und schaut Euch um, wer heute alles dabei ist, und laß all die Gedanken kommen, die Dir zu diesen Personen einfallen, zu Deinem Team, zu dieser Runde. Schau Dich nochmal um, was Du mit diesen Personen erlebt hast, was Du mit diesen Menschen schon alles erfahren hast, wo Du Unterstützung erlebt hast und was für Dich wichtig war und wichtig ist in diesem

Kreis. Und es gibt die Möglichkeit zu schauen, was alles gefehlt hat, was alles noch nicht so geklappt hat, was Du alles vermißt hast oder was noch nicht da ist. Du kannst aber auch schauen, was schon alles da ist in Deiner Gruppe, welche Fähigkeiten und Stärken, was an Unterstützung Du von den anderen erfahren hast, was Du von den Einzelnen lernen konntest, was an Ressourcen schon da ist. Laß die Erinnerungen kommen, was Du schon Schönes mit diesen Menschen hier im Raum erlebt hast, was Dich überrascht hat und wo Ihr gemeinsam kreativ wart, in Fluß wart. Erinnere Dich daran, wieviel Ihr schon gemeinsam entwickelt habt, wo Du Veränderungen wahrgenommen hast, wo Du Fortschritte gesehen hast, wo Du Dinge erlebt hast, die früher nicht da waren, die früher nicht möglich waren. Erinnere Dich, was alles schon möglich war in dieser Gruppe oder was Du Dir sogar vorstellen kannst, was hier möglich wäre. Und mit dem Wissen, daß Du während dieses Spiels noch weiter Ideen „entwickeln“ kannst und daß Du daran denkst, daß nur jeder einen kleinen Teil dazu beitragen wird und kein umfassendes Feedback geben kann, kannst Du jetzt die Vorbereitung für Dich abschließen und wir können zu der nächsten Phase dieses Spiels übergehen.

Jetzt kann sich der erste Mitspieler – Du – ein wenig mit dem Stuhl in den Kreis hineinbegeben, so daß klar wird, daß Du jetzt derjenige bist, der Feedback bekommt. Und es geht in dieser Runde um positives Feedback.

Du kannst Dich entscheiden, ob Du gleich die Augen auf- oder zumachen möchtest. Nimm wahr, wie es Dir dabei ergeht, wenn Du diese positiven Rückmeldungen über Dich hörst. Es geht nicht darum, Kommentare abzugeben oder zu sagen: „Ja, das kenn ich doch schon und das ist ja ganz uralt“, sondern anzunehmen, was Du davon annehmen kannst. Betrachte die Rückmeldungen als Geschenke. Du kannst Dir später überlegen, ob sie für Dich zutreffen. Das Team kann Dir jetzt Rückmeldungen geben mit Formulierungen wie: „Das, was ich an Dir besonders mag, ist ...“ oder: „Was ich an Dir sehr schätze, ist, ...“ oder: „Was mir an Dir besonders gut gefällt, ist, ...“ oder: „Was ich an Dir bewundere, ist...“ oder: „Was ich von Dir gelernt habe, ist...“ oder: „Was ich mit Dir als besonders schön erlebt habe, ist...“. Wenn Du im Kreis sitzt, dann laß die Rückmeldungen auf Dich wirken und wenn die letzte Person Dir Feedback gegeben hat, setz Dich wieder in den Kreis zurück und laß das Erlebte einen kleinen Moment nachschwingen. Was hat das Gesagte in Dir ausgelöst? Was hast Du alles gehört? Nimm Dir einen Moment Zeit, während schon der Nächste im Kreis sein Feedback bekommen kann.

Wenn Ihr alle in Eurem Team Euch gegenseitig Feedback gegeben habt, mach es Dir noch einen Moment bequem und spüre nochmal nach, wie es war, diese positiven Rückmeldungen über Dich zu hören. Vielleicht war es Dir vertraut, vielleicht war es Dir auch ganz ungewohnt. Vielleicht waren es Dinge, die Du an Dir selber schätzt und magst, vielleicht aber waren auch Dinge dabei, von denen Du Dir gar nicht bewußt warst, daß andere sie kennen. Wie war das für Dich, auf diese Art gesehen und erlebt zu werden und darüber Rückmeldung zu bekommen? Was war wichtig für Dich, zu hören oder auch zu sagen? Hast Du es genossen, anderen genau das zu sagen, was Du an ihnen schätzt und magst? Ist es Dir leicht gefallen, sie zu loben oder ihnen zu sagen, daß Du ihre Fortschritte wahrgenommen hast? Und hast Du es geschätzt, das von anderen zu hören, was sie an Dir bewundern, schätzen, an Veränderungen und Fortschritten wahrgenommen haben? Was ist Dir leichter gefallen, es anzunehmen oder zu schenken? Wäre es Dir leichter gefallen, kritisches Feedback zu hören als dieses positive? Oder vielleicht kritisches Feedback zu geben im Gegensatz zu diesem positiven? Was ist bei diesem Spiel das Wichtigste für Dich gewesen, was hast Du vielleicht neu entdeckt oder wiederentdeckt und was wird das für Auswirkungen in Deinem Alltag haben? Laß Ideen kommen, wann und wo und mit wem Du vielleicht mehr von dieser Qualität in Deinem Leben erleben möchtest.

Variation: Feedbackbögen (20 Min.)

Wenn Ihr wenig Zeit habt, könnt Ihr vorbereitete Feedbackbögen austeilen, in denen Ihr all die Fragen stellt, deren Antworten Euch von der Gruppe interessieren und die Euch ein Stimmungsbild und Verbesserungsvorschläge geben.

So könnte ein Feedbackbogen z.B. aussehen:

- Was habt Ihr heute persönlich mitgenommen?
- Was hat Euch besonders gut gefallen?
- Was läßt sich Eurer Meinung nach verbessern?
- Wie läßt es sich verbessern?
- Wie schätzt Du die Stimmung im Team ein?

Die Feedbackbögen können als Abschluß eines Tages oder einer Sitzung verwendet werden, und die Ergebnisse sollten beim nächsten Treffen angesprochen und sofort konstruktiv verwertet werden.

Variation: Stimmungsbarometer (10 Min.)

Das Stimmungsbarometer ist die kürzeste Möglichkeit, Feedback zu geben und zu erhalten. Sie richtet sich jedoch nur an einen Aspekt innerhalb der Gruppe: die Gruppenatmosphäre. Die Teilnehmer werden gebeten, auf einer vorbereiteten Skala von 1-10 einen Markierungspunkt anzubringen. Die Zahl 1 beschreibt dabei eine schlechte Stimmung, die Zahl 10 eine sehr gute.

Variation: Klatsch und Tratsch (40 Min.)

Jeweils zwei Personen entscheiden sich, einer Person im Team Feedback zu geben. Beide setzen sich so hin, daß sie einander gut verstehen und sehen können. Der Feedbacknehmer setzt sich so hinter die beiden Feedbackgeber, daß er beide gut verstehen kann. Wenn Du Feedback bekommst, nimm Dir Dein Schreibzeug und mache Dir während des Gespräches Notizen.

Die beiden Feedbackgeber unterhalten sich nun über die dritte Person im Sinne von Klatsch und Tratsch, als wenn diese nicht dabei wäre. Dabei können sowohl positive, als auch negative Aspekte angesprochen werden. Endlich kann man mal bewußt tratschen – etwas fairer als sonst, weil die Person dabei zuhören kann.

Notizen

Fragetechniken bei der Moderation eines Teams

Form: **Übung** ☒ **Spiel** ❐ **Phantasiereise** ❐

Ziel:
Standpunkte und Meinungen visualisieren

Gruppengröße: ☺
In der Gruppe

Dauer:
Je nach Inhalt

Material:
Flipchart, Stifte, Klebepunkte, Metaplankarten, Pinwände

Ort:
Heller, großer Raum

Beschreibung:
Eine Moderation dient dazu, die Informationen und Meinungen in einer Gruppe transparent zu machen, zu vernetzen und zu visualisieren. Beim Einsatz von Fragen und deren bildhafter Darstellung greifen Ziel, Absicht und Inhalt ineinander.

Die Auswahl der Moderationsmethode richtet sich nach Ziel, Zeit, Gruppengröße etc. und ist frei wählbar.

1. Die *Einpunktfrage* – Beantwortung mit einem Klebe-Punkt – eignet sich besonders für das Erfragen von Meinungen, Haltungen, Schätzungen, Erwartungen, Stimmungen. Dauer ca. 5 Minuten.
2. Die offene Beantwortung – also auf eine *Zuruffrage* – eignet sich zum Sammeln von Problemen, Themen, Ideen, Lösungsansätzen, Zielen. Dauer ca. 10 Minuten.
3. Die Beantwortung mit *Karten* eignet sich besonders für ein anonymes Erfragen und Sortieren von Problemen, Themen, Erwartungen, Ideen, Lösungsansätzen. Dauer ca. 30 Minuten. Hierbei werden die Antworten auf Metaplankarten geschrieben.

4. Die Beantwortung mit *mehreren Punkten* ergibt eine *Liste*, ein Raster und eignet sich für das Festlegen von Prioritäten oder Reihenfolgen. Dauer ca. 10 Minuten. Sie eignet sich zum Erfragen von Ausprägungen einzelner Merkmale und gibt eine Möglichkeit, über Polaritäten und Gewichtung zu entscheiden. Je nach erreichter Punktzahl werden die Themen in einen Ideenspeicher eingetragen.

5. Dann die Beantwortung in Klein- oder Kleinstgruppen. *Kleingruppenarbeit* eignet sich besonders zur Sammlung und Bearbeitung von Problemen, Ideen, Lösungen (20–60 Minuten), wobei dann die Ergebnisse der jeweiligen Kleingruppen auf einem *Plakat* vorgestellt werden – mit Problembeschreibung, Lösungsansätzen, Widerständen und offenen Fragen.

Notizen

Brot backen

Form: **Übung ☒** **Spiel ❐** **Phantasiereise ❐**

Ziel:
Nähe, Kontakt, gegenseitige Unterstützung

Gruppengröße: ☺☺

Dauer:
Ca. 25 Min.

Material:
Decken

Ort:
Warmer, ruhiger, gemütlicher Raum

Anleitung:
Such Dir einen Partner, den Du jetzt gerne berühren möchtest, selbstverständlich an sozial akzeptablen Stellen. Nehmt Euch eine Decke und wählt einen Platz am Boden, wo Ihr es Euch ganz bequem machen könnt. Entscheidet, wer von Euch beiden beginnt, und derjenige, der jetzt beginnt, kann sich ganz gemütlich auf die Decke kuscheln, und zwar auf den Bauch, und er ist jetzt der Teig, den es zu bearbeiten gilt, und der Partner ist der Bäcker. Mach es Dir als Bäcker ganz bequem, so bequem, daß Du ganz leicht und einfach an den Rücken Deines Partners, Deines Materials, herankommen kannst. Reibe beide Hände aneinander, damit sie warm sind und gut durchblutet, und nimm dann den Kontakt zu Deinem Teig auf. Spür hinein, wie sich Dein Material anfühlt, was es für eine Konsistenz hat, ob es an manchen Stellen fester ist und an manchen anderen Stellen lockerer, und stell Dir innerlich die Frage: Was könnte jetzt meinem Partner gut tun? Was könnte jetzt eine Unterstützung sein, sich ganz in seinem Körper wohlzufühlen? Was könnte demjenigen jetzt dabei helfen, alles das zu lockern, was er jetzt lockern oder lösen möchte?

Beginne, das Material auf einen Punkt zusammenzubringen, indem Du von allen Seiten aus, vom Kopf und von den Seiten des Rückens, vom unteren und vom oberen Ende, alles in eine Richtung streichst, so als wenn Du es auf Deinem

Backbrett zusammenbringen wolltest – alles in der Mitte. Spür, wie fest Du jetzt zupacken möchtest oder wie sanft Du mit Deinem Material umgehen mußt – wach und mit all Deinen Sinnen, mit der ganzen Aufmerksamkeit bei demjenigen, für den diese Übung jetzt als Geschenk dienen soll. Wenn Du alles auf einen Punkt zusammengebracht hast, dann beginne es sorgfältig durchzukneten, den ganzen Rücken, und nimm wahr, bis wohin für Dich der Rücken reicht, was für Dich alles mit dazugehört, vielleicht der Nacken, vielleicht sogar ein Teil des Hinterkopfs, bis hinunter zu den Hüften, vielleicht ist sogar der untere Teil des Körpers – die Beine – mit dabei. Alles einmal kräftig durchkneten, so daß Du das Gefühl hast, daß das Material sich jetzt vermischen kann, daß alles sich gut durchmischen kann, um dann zu einem wundervollen Ganzen zu werden. Vielleicht kennst Du auch die russische Art des Zupfkuchens. Teste mal, wie es ist, wenn Du das Material hochzupfst, mit beiden Händen, genüßlich, ganz luftig und leicht, und immer wieder hineinspüren und Deine Hände eine Antwort finden lassen, was könnte jetzt Deinem Partner, Deiner Partnerin guttun, was wäre jetzt die angemessene Behandlung für Deinen Teig, damit er leicht und locker wird, damit er zu einem wirklichen Kunstwerk werden kann, damit Du aus diesem vorhandenen Material das Optimale schaffen kannst. Zupfen und dann so ein bißchen Rollen oder Ausstreichen, wieder Glätten und in eine Form bringen. Laß Dir eine Idee kommen, was Du aus diesem Teig machen möchtest, was es ist, was Du heute daraus formen willst. Wird es ein Brötchen oder ein Brot, wird es ein Kuchen, wird es etwas mit viel Verzierungen, wird es etwas ganz Schlichtes? Laß Dich überraschen, was Dir einfällt, und dann beginne Deinem Teig die Form zu geben, entweder ihn auszurollen oder zusammenzubringen, ihn zu formen, vielleicht kleine Vertiefungen hineinzugeben, Verzierungen, und denk daran, die schönsten Brötchen, der beste Kuchen werden mit Liebe gebacken. Laß Dich inspirieren, laß Dich selbst kreativ werden und etwas ganz Wundervolles aus diesem Material formen. Und wenn Du für Dich diesen Prozeß abgeschlossen hast, dann kannst Du vielleicht noch einmal alles mit Licht pudern oder mit Gelasssenheit glasieren, was immer Dir jetzt einfällt als Qualität, was Du noch hinzugeben magst. Vielleicht ist es auch ganz schön, den Teig noch mal gehen zu lassen, indem Du Deine Hände ein bißchen vom Körper abhebst und spürst, wie Dein Teig die Hände nach oben drückt, und dann so ein kleines bißchen oberhalb, ungefähr zehn Zentimeter über dem Rücken, vom Steißbein nach oben zum Kopf streichst, so als wenn Du dem Teig noch ein wenig Luft zufächeln magst.

Und dann schließ es auf Deine Art ab, freu Dich daran, was Du für ein wunderschönes Kunstwerk geschaffen hast, freu Dich daran, daß Du etwas Sinnvolles geschaffen hast, und lock Deinen Teig hierher, damit er Lust hat, jetzt Bäcker zu werden und die andere Position kennenzulernen.

Variation: Zwei Bäcker, ein Teig (ca. 40 Minuten, ☺☺☺)

Interessant ist es, herauszufinden, wenn zwei Bäcker gemeinsam an einem Teig arbeiten, was das gemeinsame Führen und Geführtwerden, was das Hand-in-Hand-Arbeiten erleichtert. Wichtig ist bei interdisziplinären Teams, wenn Abteilungen Hand-in-Hand arbeiten, das gemeinsame Schwingen zu erleben, nonverbal Signale auszutauschen, was aus diesem Teig werden soll, auf welche Art dieser Teig, dieses Material bearbeitet werden soll, nonverbal sich einzuschwingen wie eine Welle, um gemeinsam einen Rhythmus zu finden, der optimale Zusammenarbeit gewährleistet.

Notizen

Sitzkreis

Form: **Übung ☐ Spiel ☒ Phantasiereise ☐**

Ziel:
Koordination und Vertrauen in der Gruppe

Gruppengröße: ☺
In der Gruppe

Dauer:
20 Min.

Material:
–

Ort:
Auf einer Wiese oder in einem großen Raum

Beschreibung:
Stellt Euch so auf, daß Ihr einen Kreis bildet und Eure linke Schulter in die Mitte des Kreises zeigt. Der Abstand zu Eurem Vordermann sollte so gering sein, daß Ihr ihn an den Hüften oder Schultern berühren und im Kontakt mit ihm bleiben könnt. Faßt Euren Vordermann an die Schulter oder Hüfte und geht jetzt gleichzeitig in die Knie. Versucht, Euch auf die Knie Eures Hintermannes zu setzen. Wenn Ihr alle gleichzeitig sitzt, könnt Ihr Eure Hände nach oben strecken, als Zeichen für den erfolgreichen Sitzkreis.

Falls der Sitzkreis an einer oder mehreren Stellen „zusammenbricht", beginnt noch einmal von vorn und achtet dabei besonders auf die Kreisform und die Gleichmäßigkeit beim „in die Knie gehen".

Für Gruppen, die den Sitzkreis schnell und erfolgreich bilden, kann man die Übung noch erweitern, indem sich alle gleichzeitig im Sitzkreis etwas nach innen lehnen und dann das rechte Bein hochheben.

Modellieren

Form: **Übung ❐ Spiel ☒ Phantasiereise ❐**

Ziel:
Wahrnehmung schärfen und Körpersignale erkennen, Ressourcen verstärken

Gruppengröße: ☺☺

Dauer:
Ca. 20 Min.

Material:
–

Ort:
Im Raum oder in der Natur

Beschreibung:
Such Dir einen Partner und modelliert Worte, wie „Vertrauen", „Nähe", „Respekt", „Selbstvertrauen", „Distanz", „Ablehnung" – indem einer der beiden Partner dasteht und sich vom anderen formen läßt. Was bedeutet das Wort als Körperhaltung – in Bewegung – Mimik, Gestik – was als Stimmlage – Tonhöhe – Schnelligkeit – Lautstärke in der Stimme – dazu Angebote in Stimme und Bewegung machen – so genau wie möglich modellieren lassen und einfach nur wahrnehmen – noch keinen Kommentar abgeben – nur wahrnehmen, welche Körperhaltung Du dann einnimmst und wie sich das in Deinem Körper anfühlt. Und dann, wenn Ihr fertig seid, kann derjenige, der modelliert worden ist, Rückmeldung darüber geben, wie ihm das gefallen hat – wie das war – und ob das dem Gefühl entspricht, was der andere modelliert hat – macht das wechselseitig – und laßt Euch überraschen, inwieweit innen und außen übereinstimmen – inwieweit Fremdwahrnehmung und Eigenwahrnehmung miteinander in Einklang sind.

Variationen:
Nehmt die Körperhaltung, die Atmung, die Bewegung von jemandem ein, den Ihr ganz besonders gut findet oder von dem Ihr denkt, daß es demjenigen besonders gut geht – und überprüft, welches Gefühl das in Euch erzeugt. Modelliere jemanden, der ganz besonders cool ist – oder ganz besonders lässig – und laß Dich überraschen, was das bei Dir auslöst.

Skilaufen

Form: **Übung ❐ Spiel ☒ Phantasiereise ❐**

Ziel:
Koordination, Kooperation, Gruppenstrategie

Gruppengröße: ☺☺☺☺☺☺

Dauer:
20 Min.

Material:
Sommerski: 2 Vierkanthölzer à 3,5 Meter, auf jedem Holz sind jeweils sechs Seile (1 Meter lang) befestigt, im Abstand von 60 cm.

Ort:
In der Natur abgesteckte Strecke

Anmerkungen:
Dies ist ein Spiel, das wunderbar in der Teamolympiade eingesetzt werden kann.

An den Seilen können sich die Mitspieler festhalten und mit ihnen haben sie die Möglichkeit, ein klein wenig die Richtung zu korrigieren.

Beschreibung:
Es gibt sechs Personen, die gemeinsam auf lange Hölzer steigen, jeder Fuß auf einem Ski; jeder nimmt auf jeder Seite sein Seil in die Hand und dann kann die Gruppe gemeinsam koordinieren, wie man mit diesen Sommerski gemeinsam eine vorher abgesteckte Strecke in einer bestimmten Zeit oder im Wettbewerb zu einem anderen Team zurücklegen kann. Dies bedarf einer hohen Konzentration und einer guten Koordination der Gruppenmitglieder, und hierbei wird vermutlich auch relativ schnell die Gruppenstrategie deutlich, mit der dieses Team die Aufgabe zu bewältigen sucht.

Diskussion: das Pro- und Kontra-Spiel

Form: **Übung** ❐ **Spiel** ☒ **Phantasiereise** ❐

Ziel:
Meinungen präsentieren und verteidigen

Gruppengröße: ☺☺
In der Gruppe

Dauer:
Ca. 30 Min.

Material:
Schreibzeug, Flipchart

Ort:
Großer Raum, evtl. ein zweiter Raum zur Vorbereitung

Beschreibung:
Thema wählen und gegensätzliche Standpunkte bestimmen. Zu jeder Meinungsseite bildet sich eine Gruppe, die je einen Teilnehmer auswählt. Diese werden von der Gruppe für ihr Thema vorbereitet und mit Argumenten versehen. Wenn sie von ihrer Gruppe ausreichend vorbereitet sind, setzen sie sich gegenüber und tauschen dann in schneller Reihenfolge die Argumente aus, die ihre jeweilige Meinung unterstützen. Dabei sind kurze Beiträge von nicht mehr als 15 Sekunden mit pointierten Aussagen erwünscht. Die übrigen Teilnehmer können ihre Vertreter mit Zurufen unterstützen oder mit schriftlichen Argumenten. Die Gruppenleiter schreiben auf getrennten Tafeln die Pro- und Kontra-Aussagen mit – und nach fünf Minuten tauschen die Kontrahenten ihre Plätze und vertreten nun die gegenteilige Meinung. Auch diese Aussagen werden visualisiert – und wenn alle Argumente genannt sind, kann das Spiel beendet werden. Jeder Teilnehmer erhält nun Klebepunkte und kann die besten Argumente aus der Pro- und Kontraliste bewerten. Die höchstbewerteten Argumente werden zu Themengruppen zusammengefaßt – und in diesen Themengruppen sollten sowohl Pro- als auch Kontra-Argumente enthalten sein. Als Variation können diese Themengruppen in Kleingruppen weiter diskutiert und nach Lösungsmöglichkeiten gesucht werden.

Vereinbarungen

Form: **Übung ☒** **Spiel ☒** **Phantasiereise ☐**

Ziel:
Regeln und Normen für die Zusammenarbeit entwickeln

Gruppengröße: ☺☺☺☺

Dauer:
Ca. 1 Stunde

Material:
Flipchartpapier und Stifte

Ort:
Ruhiger, gemütlicher Raum

Anleitung:
Geht in Gruppen à vier oder fünf Personen; nehmt Euch Flipchartpapier und genügend Stifte mit und setzt Euch mit den Fragen auseinander:

1. Was kann Euer Gruppenleiter tun, damit Ihr überhaupt keine Lust mehr habt, wiederzukommen und weiter zusammenzuarbeiten?

2. Was könnt Ihr tun, damit Euer Gruppenleiter keine Lust mehr hat, wiederzukommen und mit Euch zusammenzuarbeiten?

3. Was könnt Ihr untereinander tun, wie könnt Ihr Euch untereinander verhalten, so daß Ihr keine Lust mehr habt, miteinander weiterzuarbeiten?

Fertigt für jede dieser Fragen ein eigenes Plakat an, indem Ihr all das aufschreibt, was Euch einfällt, und schreibt auch all die Sachen auf, die wirklich gemein sind, die kleinen, fiesen Gemeinheiten des Alltags, all die Sachen, die wirklich kreativ dazu beitragen, eine Gruppe vollständig zu boykottieren und Zusammenarbeit unmöglich zu machen.

Versucht, Euch so kreativ wie möglich in diesen Zustand zu versetzen, und nehmt all die Möglichkeiten wahr, kollektiv Gemeinheiten zu erfinden. Ihr habt eine halbe

Stunde Zeit, und danach werden wir wieder zusammentreffen und die Ergebnisse zusammentragen.

Nach einer halben Stunde beginnt man dann mit der Auswertung der Ergebnisse und kann aus diesen Plakaten, aus diesen erarbeiteten Resultaten Vereinbarungen für die Gruppe entwickeln.

Nach dieser Übung sind die Machtverhältnisse in der Gruppe klar und es wird deutlich, daß jeder dazu beitragen kann, die Zusammenarbeit zu boykottieren, und daß jeder dazu beitragen kann, die Zusammenarbeit möglich zu machen.

Dabei kann der eigene Anteil am Gruppengeschehen ganz deutlich herausgestellt werden. Und auch, daß es auf jeden einzelnen ankommt und daß jeder einzelne seinen Teil dazu beitragen sollte, daß eine Gruppe arbeitsfähig und zu einem Team wird, das Hand in Hand arbeiten kann.

Bitte auf einem gemeinsamen, neu zu erstellenden Flipchart die wichtigsten Vereinbarungen vermerken in kurzem Telegrammstil und diese von allen Anwesenden unterzeichnen lassen. Dies bedarf eines gewissen Fingerspitzengefühls, manchmal genügt es, von allen Beteiligten ein Einverständnis über ein Nicken oder eine verbale Zustimmung zu bekommen, manchmal ist es günstig, diese Vereinbarungen unterschreiben zu lassen.

Notizen

Amöbe

Form: **Übung ❐ Spiel ☒ Phantasiereise ❐**

Ziel:
Kooperation, Koordination

Gruppengröße:
Alle im Team

Dauer:
7-10 Min.

Material:
10 m langes Seil, Augenbinden, Schlüssel

Ort:
In der Natur

Anmerkungen:
Ein schönes Spiel für eine Teamolympiade. Wenn kein Seil und keine Augenbinden zur Hand sind, können die Mitspieler versprechen, die Augen zu schließen und die Amöbe kann durch die Arme der Mitspieler begrenzt werden.

Beschreibung:
Das Team stellt sich ganz nah beieinander auf, und alle Mitspieler bekommen eine Augenbinde, bis auf einen Mitspieler in der Mitte. Dieser ist der Ortssinn der Gruppe, das ist der Mitspieler, der die Amöbe dirigieren wird, damit sie ihr Ziel findet.

Alle Mitspieler werden durch das Seil umwickelt, so daß die Amöbe einen guten Zusammenhalt hat. Möglichst zwei Amöben bemühen sich gleichzeitig darum, eine Strecke zurückzulegen, die vorher abgesteckt wurde, um am Ende einen wichtigen Gegenstand wie z.B. den Schlüssel zum Glück oder einen Schatz für die Teamentwicklung zu finden, indem der Mitspieler in der Mitte die Amöbe dirigiert, so daß sie ihren Weg findet. Da alle anderen Spieler Augenbinden tragen, hält der Ortssinn Ausschau nach dem Schlüssel und dirigiert einen Mitspieler von der Außenhaut, den Schlüssel aufzuheben.

Onkel Willy ist krank

Form: **Übung** ❐ **Spiel** ☒ **Phantasiereise** ❐

Ziel:
Anti-Perfektionismus, Gedächtnistraining, übereinander und miteinander lachen

Gruppengröße: ☺
In der Gruppe

Dauer:
30 Min.

Material:
Streichhölzer

Ort:
Sitzkreis im Raum

Anmerkungen:
Bitte behutsam und umsichtig mit den Hölzchen im Mund umgehen, gerade, wenn es sehr komisch wird.

Dies ist die Möglichkeit für ein Team, um gemeinsam miteinander und übereinander zu lachen.

Beschreibung:
Das Team sitzt im Kreis und jeder Mitspieler erhält ein Streichholz, dessen Kopf er abbrechen kann und das er sich vorn zwischen die Zähne stecken kann, so daß es den Mund offenhält.

Der erste Mitspieler beginnt, seinem Nachbarn mit diesem Handicap ganz klar und deutlich zu sagen: „Onkel Willy ist krank." Der Nachbar fragt darauf zurück: „Ja, mein Gott, was hat er denn?", wieder mit dem Handicap eines Streichholzes im Mund. Daraufhin antwortet der erste Mitspieler, was immer ihm einfällt: „Er hat Kopfschmerzen." Der zweite Mitspieler sagt: „Mein Gott, Kopfschmerzen!" und wendet sich dann an den dritten Mitspieler mit einem Streichholz im Mund. Er sagt dem Mitspieler: „Hast Du schon gehört, Onkel Willy ist krank!" Dieser fragt wiederum zurück: „Mein Gott, was hat er denn?" „Ja, er hat Kopfschmerzen und Bauchschmerzen", oder was auch immer. Der nächste Mitspieler wiederholt es:

„Ach Gott! Kopfschmerzen und Bauchschmerzen!“, wendet sich wiederum an den nächsten, und so geht das Spiel weiter. Dabei ist hohe Konzentration nötig, um sich zu erinnern wie beim „Kofferpacken“ (Ich packe in meinen Koffer...). So muß man sich hier gut erinnern können, was an Schmerzen bereits da war, und gleichzeitig geht es darum, klar und deutlich zu sprechen, so deutlich, wie es mit diesem Handicap möglich ist, und möglichst viel Spaß dabei zu haben.

Notizen

Obstsalat

Form: **Übung ❐** **Spiel ☒** **Phantasiereise ❐**

Ziel:
Konzentration, Wachheit, Respekt

Gruppengröße: ☺
In der Gruppe

Dauer:
10 Min.

Material:
Stühle

Ort:
Sitzkreis im Raum

Anmerkungen:
Das Spiel lebt davon, daß es schnell und zügig gespielt wird, und daß darauf geachtet wird, vorher Vereinbarungen zu treffen, wieweit die Konkurrenz um die Stühle gehen darf. Innerhalb kürzester Zeit sind in der Regel alle Mitspieler wach und gerüstet, um weiterzuarbeiten, und die Energie ist relativ schnell aktiviert.

Beschreibung:
Das Team sitzt im Kreis, und es sollten mindestens acht bis zehn Mitspieler sein. Der Gruppenleiter oder ein Teammitglied schlägt vor, welche Obstsorten am Spiel beteiligt sind. So kann es dann heißen: Banane, Apfel, Kiwi, Orange... – reihum, so daß es immer mindestens zwei Bananen, zwei Orangen, zwei Kiwi, zwei Äpfel gibt und einen Stuhl weniger als Mitspieler. Der Mitspieler in der Mitte ist auch eine Obstsorte. Der Spieler in der Mitte ruft, daß z.B. die Bananen ihren Platz tauschen, was bedeutet, daß alle Bananen aufstehen und einen neuen Platz ergattern müssen, während der Mitspieler in der Mitte sich bemüht, einen der leergewordenen Plätze zu gewinnen.

Es gibt die Varianten: einzelne Obstsorten, zwei oder drei Sorten gemeinsam oder „Obstsalat" zu rufen, was bedeutet, daß alle einen neuen Platz einnehmen müssen.

Dabei bleibt immer ein Mitspieler in der Mitte übrig, der dann entscheiden kann, wer als nächstes die Plätze tauscht.

Variation: Welle

Dieses Spiel läßt sich nur mit Stühlen ohne Seitenlehne spielen. Alle Stühle stehen eng beieinander im Kreis. Für alle Mitspieler ist ein Stuhl vorhanden, d.h. es gibt eine Lücke, weil ein Mitspieler in der Mitte steht. Dieser muß nun versuchen, diese Lücke zu treffen, während die Gruppe sich wie eine Welle jeweils von rechts nach links bewegt und versucht, diesen Stuhl jeweils ganz schnell zu besetzen, so daß der Mitspieler in der Mitte keine Chance hat, sich auf diesen freigewordenen Platz zu werfen. Die einzige Möglichkeit, an dieser Welle etwas zu verändern, besteht darin, daß der Mitspieler in der Mitte in die Hände klatscht, woraufhin sich die Welle in die andere Richtung weiterbewegen muß. Auch dieses Spiel lebt von Schnelligkeit und von der guten Koordination der Gruppe. Wachheit und Konzentration sind dabei Zustände, die ganz von allein entstehen.

Notizen

Das große atmende Tier

Form: **Übung ❐** **Spiel ☒** **Phantasiereise ❐**

Ziel:
Wir-Gefühl entwickeln und dazugehören, eigenen Platz finden

Gruppengröße: ☺
In der Gruppe

Dauer:
20 Min.

Material:
Decken und Kissen

Ort:
Auf dem Boden in einem warmen gemütlichen Raum

Anleitung:
Schafft in der Mitte einen Platz, wo Ihr als Team auf dem Boden liegen könnt, schafft mit Decken und Kissen einen bequemen und weichen Untergrund und schaut, wieviel Platz Ihr brauchen werdet, um Euch als Team so hinzulegen, daß es jeder bequem hat und daß auf jedem Bauch ein Kopf liegt und daß jeder Kopf auf einem Bauch liegt. Sorgt dafür, daß jeder es bequem hat, daß es für alle in der Gruppe stimmt, daß es in diesem Team so etwas wie Gemütlichkeit und Bequemlichkeit gibt, und schaut mal, welches Eure Strategie ist, Euch so anzuordnen, daß auf jedem Bauch ein Kopf liegt und jeder Kopf auf einem Bauch, so daß alle ihren Platz im Team haben, daß jeder miteinbezogen ist und daß es jeder bequem hat.

Wenn Ihr das jetzt erreicht habt, dann spür hinein, wie es ist, wenn Du merkst, daß Du es bequem hast, wenn Du weißt, daß Du Teil des Ganzen bist, daß Du dazu gehörst und daß, wenn Du jetzt aufstehst, alle anderen sich noch mal neu arrangieren müssen, daß, wenn Du weggehst, der Kreis nicht mehr der gleiche ist, daß, wenn Du Dich bewegst, alle anderen mit in Bewegung kommen, daß, wenn Du etwas veränderst, alle anderen sich mit verändern, daß, wenn Du etwas mit hineingibst in dieses Team, es in diesem Team für alle etwas bewirken wird. Und nimm einmal wahr, wie der Atemrhythmus des Bauches ist, auf dem Du jetzt gerade liegst. Spür hinein, wie es ist, ob das ein Atemrhythmus ist, dem Du Dich anpassen kannst, der Dir angenehm ist, oder ob Du eine dazu passende Variation findest, so daß Ihr miteinander schwingen könnt, daß Ihr in Einklang kommen könnt, in Resonanz, daß Ihr miteinander schwingen könnt wie eine Welle. Und dann nimm wahr, daß Du über diese Berührung in diesem Miteinander mit allen anderen verbunden bist, und was das für Dich bedeutet dazuzugehören, Deinen Platz zu haben, zu wissen, daß Du wichtig bist, zu wissen, daß Du Du bist und Deine Eigenständigkeit gewahrt bleibt. Und verabschiede Dich nun von dem Bauch, auf dem Du warst, und beginne Dich behutsam aus dieser Stellung, aus dieser Position zu lösen, und kommt wieder als Kreis zusammen, als Kreis, wo jeder jeden sieht und jeder wichtig ist. Wo Du wichtig bist und jeder andere auch wichtig ist, weil sonst der Kreis nicht derselbe wäre. Schließt das auf Eure Art miteinander ab.

Notizen

Wippe

Form: **Übung** ☐ **Spiel** ☒ **Phantasiereise** ☐

Ziel:
Flexibilität, Nähe, Balance herstellen

Gruppengröße: ☺
Alle im Team

Dauer:
20 Min.

Material:
Wippe oder Balken

Ort:
In der Natur

Anmerkungen:
Dazu wird ein ca. zehn Meter langer Baumstamm benötigt, der in der Mitte auf einem Sockel liegt, so daß er wie eine Wippe befestigt ist und entsprechend auf und ab wippen und in Balance gehalten werden kann.

Wenn kein Baumstamm hergerichtet werden kann, kann man dieses Spiel auch auf einem schmalen Balken durchführen.

Beschreibung:
Die Mitglieder eines Teams sind nun dazu aufgefordert, diese Wippe in ein Gleichgewicht, in eine Balance zu bringen, indem sie sich alle gemeinsam auf dieser Wippe so verteilen, daß ein Gleichgewicht hergestellt ist. Wenn alle ihre Positionen erreicht haben, bittet der Spielleiter die Mitspieler, sich – ohne die Wippe aus der Balance zu bringen und ohne abzusteigen – innerhalb des Teams so neu zu ordnen, daß die Vornamen der Mitspieler alphabetisch geordnet sind. Links mit A beginnend, rechts dann mit dem letzten Buchstaben aufhörend. Oder neu zu ordnen nach Körpergröße oder nach Geburtsdatum, wobei es dann interressant wird, die neu gefundenen Strategien zu ergründen, die eine solche Umstrukturierung möglich machen, die einen Platzwechsel, eine Ortsänderung, eine Veränderung innerhalb des Teams erleichtern.

Ja, aber-Spiel

Form: **Übung ☒** **Spiel ❐** **Phantasiereise ❐**

Ziel:
Eleganter Umgang mit Widerspruch, eigene Meinung diplomatisch vertreten

Gruppengröße: ☺☺

Dauer:
35 Min.

Material:
–

Ort:
Großer Raum mit der Möglichkeit, sich in kleinen Gruppen zu verteilen

Beschreibung:
Entscheidet in einer Zweiergruppe, wer A und wer B ist. A beginnt mit einem kurzen Statement, mit einer Aussage, mit einer Meinung zu einem bestimmten Ereignis oder Thema (z.B.: „Ich möchte heute eine Stunde früher Schluß machen.“).

B findet zu diesem Ereignis, zu dieser Meinung, zu dieser Aussage Gegenargumente (z.B.: „Nein, ich will auf jeden Fall, daß wir die Inhalte zu Ende besprechen.“). Auf jede Aussage, die A bringt, kann B widersprechen, Gegenargumente finden und anderer Meinung sein.

Nach ca. drei bis vier Minuten geht das Spiel in eine andere Phase über: A bringt wiederum Meinungen, Argumente zu einem bestimmten Ereignis (z.B.: „Ich möchte heute eine Stunde früher Schluß machen.“), B kann das Gehörte bejahen und dann mit einem „aber“ wiederum Gegenargumente, sozusagen durch die Hintertür, mit hineinbringen (z.B.: „Ja, aber nur, wenn wir inhaltlich alles geklärt haben.“), „dennoch“ oder „nur“ sind ebenso erlaubt. Zu jedem Argument, zu jeder Aussage, zu jeder Meinung über ein bestimmtes Thema wird B mit „Ja, aber...“ ein Gegenargument verknüpfen.

Nach ungefähr vier bis fünf Minuten könnt Ihr diesen Teil wieder abschließen und nun zum dritten Teil dieses Spiels übergehen; indem B das Gehörte durch ein „Ja, und“ verstärkt, den gemeinsamen Teil der Aussage hervorhebt, um dann seine eigenen Argumente mit einem „deswegen“ oder „deshalb“ oder „gerade deswegen“ als Ergänzung oder als Erweiterung oder Erläuterung von A's Meinung darzustellen (z.B.: „Ja, und es wäre schön, wenn wir dann inhaltlich klar wären. Deshalb sollten wir die Zeit auch effektiv nutzen.“).

Schließt das nach fünf Minuten für Euch ab und tauscht Euch darüber aus, was leicht war, was nicht so leicht war, was Euch Spaß gemacht hat oder was Euch sehr vertraut war oder was Euch sehr ungewohnt war. Nehmt wahr, was sich gefühlsmäßig verändert hat von „Ja, aber“ zu „Ja, und“.

Notizen

Verzaubern

Form: **Übung ❐** **Spiel ☒** **Phantasiereise ❐**

Ziel:
Macht und Ohnmacht spüren, Verfeinerung der Ausdrucksmöglichkeit

Gruppengröße: ☺
In der Gruppe

Dauer:
45 Min.

Material:
–

Ort:
Im Raum oder auf einer Wiese

Anmerkungen:
Es ist wichtig, daß der Zauberer verzaubern und erlösen kann und daß jeder sowohl die Rolle des Opfers als auch die Rolle des Zauberers und Erlösers erlebt hat.

Beschreibung:
Die Hälfte der Teilnehmer sind Opfer und die andere Hälfte sind Zauberer. Die Zauberer bewegen sich zehn Minuten lang durch den Raum und verzaubern die Opfer. Sie geben sich alle Mühe, sie erstarren zu lassen und können all ihre Fähigkeiten testen, zu verzaubern – was bedeutet, mit den Augen zu funkeln, mit den Armen zu gestikulieren und die Opfer zu verzaubern, mit Gesängen, Formeln und Zaubersprüchen, all dem, was Dir jetzt einfällt. Wenn die Opfer verzaubert sind, dürfen sie sich nicht mehr bewegen, nicht mehr rühren und müssen spüren, was es bedeutet, verzaubert zu sein, erstarrt zu sein, sich nicht bewegen zu können, Opfer zu sein. Dann probieren die Zauberer zehn Minuten lang all ihre Kräfte aus, um zu erlösen, indem sie durch den Raum gehen und alle diese Opfer wieder erwecken – erlösen – lockern – in Bewegung versetzen – dazu locken, sich selbst

zu bewegen – das Leben zu erkunden – neugierig zu sein – ihre Lebendigkeit zu spüren. Wenn alle wieder wach und beweglich sind, wird gewechselt.

Tauscht Euch dann in kleinen Gruppen dazu aus, was Ihr erlebt habt – was Euch am leichtesten gefallen ist – was nicht leicht war – was ungewöhnlich war – oder was Euch sehr vertraut war.

Notizen

Rapport: klassisch

Form: **Übung ☒ Spiel ❐ Phantasiereise ❐**

Ziel:
Nähe, Vertrauen, Offenheit, Basis für Zusammenarbeit schaffen

Gruppengröße: ☺☺☺

Dauer:
25 Min.

Material:
–

Ort:
Großer, gemütlicher Raum mit genug Platz für Kleingruppen

Anleitung:
Findet Euch zu Dreiergruppen zusammen und sucht Euch einen Platz, wo Ihr Euch als Gruppe gemütlich hinsetzen könnt, so daß Ihr Euch gut verstehen könnt und Ruhe habt. Setzt Euch so zurecht, wie Euch die Nähe und Sitzposition angenehm ist. Wählt dann einen aus der Gruppe aus (A), der Euch später etwas Angenehmes erzählen wird, entweder, was sein Hobby ist oder was er im Urlaub gemacht hat. Derjenige geht dann vor die Tür und wird dort instruiert, daß er lediglich seine Geschichte erzählen soll, wie sie ihm einfällt. Die anderen werden keine Fragen stellen, höchstens „ja" oder „mh" sagen. Er soll nur darauf achten, wie es ihm selber geht während dieser Übung und all das tun, was er normalerweise auch tun würde – also sich so weit wie möglich auf diese Übung einlassen. Versuchen, einfach nur zu erzählen, als wenn er in einem normalen Zusammenhang jemandem erzählen würde, was er im Urlaub gemacht hat oder was sein Hobby ist.

Die Gruppe drinnen erhält die Instruktion, daß einer – nämlich B – die Körperhaltung des Erzählers (A) spiegeln wird, den Rapport aufnehmen, also den Blickkontakt halten, ab und zu an völlig unwesentlichen Stellen nicken und möglichst unauffällig elegant genau die gleiche Körperhaltung einnehmen soll – ähnlich atmen oder Bewegungen machen soll wie derjenige, der die Geschichte erzählt.

C wird jeweils eine andere Körperhaltung einnehmen, den Blickkontakt unterbrechen und auch jeweils eine gegenläufige Bewegung machen – also den Rapport brechen.

Dann A hereinholen und kurz die Geschichte erzählen lassen. Auswertung in der großen Gruppe – erst erzählen die A's jeweils, wie es ihnen ergangen ist, wie sie sich gefühlt und was sie gemacht haben. Hier wird oftmals schon der Unterschied deutlich zwischen Wahrnehmung und Interpretation. Dann wird den A's die Instruktion für die im Raum Befindlichen gesagt, so daß sie wissen, daß sie sowohl gespiegelt als auch nicht gespiegelt wurden, damit sie raten können, wer von beiden in ihrer Gruppe sie gespiegelt hat. Dann die Befragung der C's, ob es ihnen leicht gefallen ist, den Rapport zu brechen und der B's, ob es ihnen leicht gefallen ist, den Rapport zu halten. Danach können noch weitere Auswertungen stattfinden über die Muster, die bei dieser Übung oft deutlich werden.

Variation: Gemeinsam atmen (8-12 Min.; Stühle)

Such Dir einen Platz gemeinsam mit einem Partner, wo Ihr in Ruhe zehn Minuten sitzen bleiben könnt. Stellt Eure Stühle so weit auseinander, wie es Euch angenehm ist oder so nah zusammen, wie es Euch recht ist. Während der Übung dürft Ihr lachen, gähnen, Eure Stühle auseinanderstellen und die Körperhaltung ändern. Ansonsten verläuft diese Übung nonverbal. Einigt Euch wer beginnt. Wenn Du anfängst, kannst Du Dich zurücklehnen und einfach nur Deinen eigenen Atemrhythmus atmen. Als Partner wirst Du versuchen, diesen Rhythmus wahrzunehmen – wo Du ihn am leichtesten entdecken kannst. Achte auf die Schultern, den Bauch, die Brust, die Nasenflügel, und ob Du ihn hören kannst und nimm den Atemrhythmus auf und atme mit Deinem Partner mit. Ganz einfühlen in den Rhythmus und mitatmen. Ihr könnt Euch defocussiert anschauen oder, wenn Du magst, kannst Du Deinen Partner anschauen und den Atemrhythmus defocussiert wahrnehmen. Laß Dich für einige Minuten auf den Atemrhythmus Deines Partners ein. Dann wechselt. Es fängt dann der, der eben den Rhythmus des anderen mitgeatmet hat, an, sich in seinen eigenen Rhythmus einzufühlen – einfach so zu atmen, wie Du immer atmest. Dein Partner nimmt nun Deinen Rhythmus auf und atmet eine Weile mit Dir – einfühlen in den Rhythmus des Atmenden – und nach einigen Minuten beginnt Ihr, Euch gegenseitig darauf einzuspüren, den Rhythmus des anderen wahrzunehmen und einen gemeinsamen Rhythmus zu finden – miteinander zu schwingen, wie eine Welle. Seid neugierig, was Ihr erlebt, wenn Ihr beide in Resonanz geht. Schließt die Übung damit ab, daß Ihr Euch beieinander bedankt, daß Ihr das Miteinander erleben durftet. Der Atem ist etwas sehr Intimes.

Variation: In den Mokassins des anderen laufen (30 Min.)

Geh mit Deinem Partner etwa eine halbe Stunde lang spazieren. Jeder führt 15 Minuten lang: das bedeutet, daß Du einfach nur so läufst wie Du läufst, und schaust, wo Du hinschaust, und Dich so bewegst wie Du Dich normalerweise bewegst, und all das tust, was Du auf einem Spaziergang tun würdest. Als Partner hast Du die Aufgabe, genau die gleichen Bewegungen zu machen, all die gleichen Dinge zu tun, dorthin zu schauen, wohin Dein Partner schaut – versuche genau das zu erleben, was derjenige im Wald oder auf einem Spaziergang erlebt, als wenn Du in dessen Schuhen laufen würdest. Dann wechselt. Tauscht Euch anschließend über das Erlebte und Eure Gefühle dabei aus.

Variation: Überkreuzspiegeln (10 Min.)

Such Dir einen Partner und setzt Euch so gegenüber, daß Du die Atmung des anderen wahrnehmen kannst und daß innerhalb seines Gesichtskreises auch noch Dein Fuß zu sehen ist. Nimm den Atemrhythmus des anderen mit einer Fußbewegung auf, indem Du jeweils zu dem Atem auf- und abwippst. Spiegele überkreuz auf einem anderen Kanal (auditiv), indem Du zu dessen Atemrhythmus einen Rhythmus klopfst. Oder kinästhetisch, indem Du ihn mit der Hand berührst und in seinem Atemrhythmus die Berührung veränderst. „Überkreuzspiegeln" heißt, den Atemrhythmus oder die Sprechgeschwindigkeit oder Bewegung in einem anderen System spiegeln. Dies ist die ungewohntere von den Rapportübungen. Nehmt Euch wirklich Zeit, dies zu üben. Das Überkreuzspiegeln stellt die Möglichkeit dar, einen Rapport herzustellen mit jemandem, dessen Körperhaltung man nicht einnehmen möchte – zum Beispiel im Krankenhaus oder bei jemandem, der in einem schlechten Zustand ist. Dies ist die brillanteste Form, den eigenen Rhythmus zu behalten und trotzdem mit einem anderen mitzuschwingen.

Variation: Sprachspiegel (12-15 Min. je Partner)

Mach es Dir mit Deinem Partner bequem und unterhaltet Euch über ein angenehmes Erlebnis, zum Beispiel „Urlaub". Finde im Gespräch heraus, auf welchem „Kanal" der andere überwiegend Worte benutzt und spiegele ihm die Worte oder den Sinneskanal wider, das heißt, daß Du Worte jenes Sinneskanals benutzt. Wenn er überwiegend im visuellen Bereich ist, benutze auch Du solche Worte. Wechselt er in den auditiven Bereich, dann stell Fragen oder antworte ihm in diesem Sinneskanal. Tauscht Euch darüber aus, was dies für Eure Verständigung ausmacht.

Beispiele für die einzelnen Sinneskanäle

Visuell: Sich ein Bild machen, vorsichtig, leuchten, farbig, neblig, klar, Meinungsbild, schwarzsehen, erhellen, Durchblick, meiner Ansicht nach, offensichtlich, ein Einsehen haben, einbilden, aufs Ansehen achten, sonnenklar, Ausblick.

Auditiv: Hören, stimmig finden, berufen sein, tönen, abstimmen, Laut, Geschrei, klangvoll, umstimmen, bestimmt, anklingen, eintönig, lautlos, sang- und klanglos, mit Pauken und Trompeten, zustimmen, lauthals.

Kinästhetisch: Spüren, fühlen, berührt sein, begreifen, weich, warm, behandeln, fest, glatt, bedrückt sein, Eindruck, Gespür haben, behutsam, empfinden, Ausdruck, spannend, Angriff, sanft, zart, kribblig, Herzklopfen, pulsieren, ergreifend.

Olfaktorisch/Gustatorisch: Riechen, schmecken, das stinkt mir, mein Geschmack, scharf, bitter, schal, süß, duftend, Aroma, salzig, geschmacklos, sauer sein, muffig, verschärft, fischig.

Variation: Spiegeln (10 Min.)

Such Dir einen Partner, der sich Deines Erachtens vollständig anders bewegt, steht oder verhält, als Du es tust. Und sei neugierig, welche Bewegungen, Körperhaltungen, Mimik und Gestik Du nachahmen kannst. Beginnt erstmal, indem Ihr Euch einigt, wer als erster Spieler spiegelt, und bewegt Euch dann zu der Musik durch den Raum. Einer bewegt sich so wie immer, und der andere spiegelt möglichst genau möglichst alle Details, alles das, was Du wahrnehmen kannst an Körperhaltung, Bewegung, Mimik, Gestik. Nach fünf Minuten werde ich einen Gong ertönen lassen, und Ihr könnt dann wechseln. Und nach weiteren fünf Minuten gebe ich wieder einen Gong, und Ihr könnt dann versuchen, Euch gleichzeitig, synchron zu spiegeln, so daß Ihr einen harmonischen Gleichklang der Bewegungen erreichen könnt. So könnt Ihr Euren gemeinsamen Tanz von Führen und Geführtwerden wahrnehmen und erkennen, wie sich das von ganz allein harmonisch zu einem Ganzen entwickelt.

III. Fähigkeiten

Wegweiser

Fähigkeiten

Teams sind in erster Linie dazu da, Leistungen zu erbringen, d.h. ein hohes Leistungsniveau zu entwickeln. Dazu bedarf es klarer Ziele. Es gilt jedoch, sich Ziele nicht nur zu setzen, sondern auch, sie zu erreichen. Hierbei kann Feedback, konstruktive Kritik und Pannenmanagement helfen, Fehlschläge in Chancen für die Weiterentwicklung zu verwandeln. Sie zählen zu den wichtigsten konstruktiven Fähigkeiten eines Teams, um aus vergangenen Ereignissen zu lernen und für die Zukunft realistische Ziele zu entwerfen. Weitere Fähigkeiten eines erfolgreichen Teams sind klare Definition der Ziele, Aufstellen von Erfolgskriterien, Informationsgewinn und Auswertung der Maßnahmenplanung, tatkräftiger Einsatz, sorgfältige und aufrichtige Überprüfung und Beurteilung der Leistung; und das allerwichtigste ist die Chance, im Team gemeinsam zu lernen.

Synergie in einem Unternehmen entsteht dadurch, daß die individuellen Fähigkeiten und Ressourcen der Mitarbeiter vernetzt und optimal harmonisiert werden können. Es geht um die Stärkung von Talenten und die Weiterentwicklung von Fähigkeiten, den Ausbau von bereits vorhandenen Stärken und die Verbesserung von erkannten Schwächen.

Es wird zunehmend klarer, daß die Potentiale für Wachstum, Kreativität und für neue Ressourcen in den Menschen liegen, und es gilt ein Lernklima herzustellen, das Lernen im Team zu einer Potenzierung aller Fähigkeiten macht.

Wobei hier Lernen nicht im Sinne von Wissen anhäufen gemeint ist und auch nicht nur im Erlernen neuer Fertigkeiten, sondern Lernen meint hier auch: eine neue Überzeugung gewinnen können – durch das Einnehmen neuer Perspektiven neue Einstellungen annehmen zu können. Das ist die eigentliche Herausforderung heutzutage, in einer Zeit des Wandels, der so schnell vonstatten geht, daß das, was wir heute lernen, morgen schon seine Bedeutung verloren haben kann. Dies macht deutlich, daß es darum geht, das Lernen zu lernen und die dafür notwendigen Grundlagen zu schaffen, daß Lernen leicht und spielerisch sein kann.

In einem Team gibt es die Möglichkeit, genau die Barrieren zu entdecken, die uns im Wege stehen, Neues freudig und lustvoll zu begrüßen und eine unsichere Situation zu einer Herausforderung, zu einem Abenteuer zu machen.

Es gibt effektive Abwehrmechanismen, die die meisten erwachsenen Lernenden heute benutzen, um sich ungeheuer geschickt vor dem potentiellem Schmerz und den Bedrohungen von ungewohnten Lernsituationen zu schützen. Sie boykottieren sich damit selbst, denn dadurch lernen sie auch nicht, wie sie Ergebnisse erzielen können, die ihnen wirklich wichtig sind. Dem liegt zugrunde, daß, wenn etwas wirklich Neues in unser Leben tritt, ein Moment der Verwirrung und Konfusion entsteht. Diese Verwirrung ist notwendig, damit wir die alten eingefahrenen Gleise, die Sicherheit verheißen, verlassen können. Wenn also die Verwirrung und ein Moment der Ratlosigkeit ausbleibt, befinden wir uns immer noch auf sicherem Terrain des Denkens, und somit haben wir keine Chance, neue Wege zu gehen und neue Synapsen zu bilden, die innovative Denkansätze möglich machen.

Ein Lernprozeß zieht sich über eine Phase der unbewußten Inkompetenz, eine Zeit, in der man nur von den Auswirkungen des eigenen Nichtwissens betroffen ist, hin zu einem Moment der bewußten Inkompetenz, der in der Regel schmerzhaft und verwirrend ist, der allerdings sehr wichtig ist, um neue Muster zu denken, um neue Ideen zu entwickeln. Nur wenn diese Unsicherheit und der Moment der Verwirrung oder der Bodenlosigkeit entsteht, wissen wir, daß wir uns auf dem Weg befinden, neue Wege zu gehen. Nach dieser Phase der bewußten Inkompetenz kommt die Phase der bewußten Kompetenz, d.h. neue Wege zu denken, neue Ideen zu entwickeln und sie zu üben. Am Anfang verläßt einen da manchmal die Grazie, und es ist nicht immer so elegant, wie wir es uns wünschen würden. Aber durch Üben und Wiederholen, durch Dabeibleiben entsteht ganz von allein die unbewußte Kompetenz. Da, wo die Eleganz wieder vorhanden ist, wo es ganz selbstverständlich und ganz leicht von der Hand geht, wo das Neugewonnene ein Teil der eigenen Persönlichkeit wird, da ist unbewußte Kompetenz im Alltag erlebbar.

Die Signale oder Hinweise, die diese Möglichkeit aufzeigen, sind nicht immer angenehm. Das heißt, wenn ein Team sich zu kollektivem Lernen entschließt, sollte es sich darüber im klaren sein, daß es bei der bewußten Inkompetenz zu Verwirrung und Schmerz kommen kann. Daß bei der Begegnung mit den eigenen Grenzen Abwehrhaltung und Verschleierungstaktiken entstehen können, die nur aufgehoben werden können durch Offenheit und die Freiheit und den Mut, sich und sein Denken in Frage zu stellen und die Unsicherheit auszuhalten, um dann einen Schritt nach vorn zu gehen.

Dabei entstehen neue Einsichten. Das ist ein ganz wesentlicher Aspekt, wenn klar wird, daß viele Köpfe mehr wissen und mehr Fähigkeiten und Einstellungen beinhalten, und wenn diese zusammen spielen können, dann ist eine Potenzierung möglich.

Selbstverständlich muß für eine solche Teamleistung auch Zeit und Umgebung da sein, d.h. ohne zu üben gibt es keine Chance, daß so etwas entsteht. Niemand würde von einer Profisportmannschaft verlangen, daß sie ohne Training spielen kann, und niemand würde ein Orchester dazu auffordern, ohne gemeinsam geprobt zu haben, eine Aufführung zu machen. Es ist also auch für ein Team notwendig, daß es Chancen erhält, die Fähigkeit des Teamlernens gemeinsam zu erwerben, zu entwickeln und für sich als bewußte und später unbewußte Kompetenz auszubilden.

Hier heißt Lernen dann ständige Verbesserung. Dies geschieht nur, wenn das Team Zeit und Energie dafür hat, etwas lernen zu wollen, und wenn es das, was zu lernen ist, als bedeutsam und wertvoll für sich erachtet.

Ein ganz besonderes Anliegen an neues Lernen und an Lernsituationen ist uns seit langem, daß Lernen wieder Spaß machen soll, daß Lernen endlich etwas von der alten Schwere und Last der Schulzeit verliert und sich hin zu etwas Kreativem, Spielerischem entwickelt, daß es wieder so wird, wie man als Kind gespielt hat: gern, voller Leidenschaft, und es hat nie Energie gekostet, sondern immer Energie gebracht. Ernsthaft und doch mit Freude und mit Neugier und vollem Einsatz – alles geben, und eben auch alles erhalten. Wir sehen Teams als eine Möglichkeit, die die Grundlage bieten, die Leidenschaft wiederzuentdecken, um miteinander zu spielen. Es gibt genug Probleme, die es zu lösen gilt, und Teams sind im Moment die beste Möglichkeit, all die Kräfte zu mobilisieren, die uns eine Zukunft verheißen.

In einem Team entsteht ein Pool an Fähigkeiten, an Ressourcen, an Talenten, an Möglichkeiten, an Wissen – mehr als ein einzelner bewegen kann, d.h. hier gibt es das erste Mal die Möglichkeit, über sich selbst hinauszuwachsen und Wissen oder Fertigkeiten zu potenzieren. Hier entsteht der Synergieeffekt, daß ein Team mehr ist als die Summe seiner Einzelteile, mehr ist als das Zusammenfügen aller Fähigkeiten der Teammitglieder, hier entsteht so etwas wie ein Quantensprung. Wenn die Fähigkeit, alles zusammenzugeben, frei fließen zu lassen und offen miteinander auszutauschen, vorhanden ist, dann sprudelt die Kreativität. Wenn diese Art, die eigenen Fähigkeiten zu leben, die eigenen Talente mit einzubringen, seinen Teil leisten zu können, gegeben ist, dann wird die Motivation in der Gruppe oder im Team entsprechend hoch sein und die Konzentration auf die Arbeit, auf die eigenen Ziele, auf die gemeinsam entwickelten Visionen klar und verlockend. Hier zahlen sich Fähigkeiten wie Kommunikation und Kooperation aus. Die Fähigkeit, die persönlichen Ziele mit den Teamzielen in Einklang zu bringen, diese Ziele wiederum einzubetten in die Ziele der Organisation, bildet eine tragfähige Grundlage für Engagement.

Es gilt, dafür zu sorgen, daß jeder seine Fähigkeiten mit einbringen kann und daß alle Fähigkeiten entsprechend gewürdigt und wertgeschätzt werden. Ein Teil einer

Gruppe von Menschen zu sein, die sich gegenseitig vertrauen und ein gemeinsames Ziel verfolgen, eine gemeinsame Vision haben, da wo man all seine Stärken und Schwächen ganz selbstverständlich zeigen kann und auch einsetzen kann und wo der Beitrag, den man leisten kann, ein wichtiger Beitrag ist und wertgeschätzt wird, das ist eine sehr erfüllende Erfahrung für Menschen.

Peter Senge schreibt dazu in seinem Buch *Die fünfte Disziplin*: „Lernen in einem Team heißt, daß wir uns selbst neu erschaffen, Lernen heißt, daß wir neue Fähigkeiten erwerben, die uns vorher fremd waren. Lernen heißt, daß wir die Welt und unsere Beziehung zu ihr mit anderen Augen wahrnehmen. Lernen heißt, daß wir unsere kreative Kraft entfalten, unsere Fähigkeit, am lebendigen Schöpfungsprozeß teilzunehmen. In jedem von uns steckt eine tiefe Sehnsucht nach dieser Art von Lernen. Echtes Lernen berührt den Kern unserer menschlichen Existenz. Lernen ist ein elementares Bedürfnis des Menschen. Menschen wehren sich nicht gegen Veränderungen, sie wehren sich dagegen, verändert zu werden. Lernen heißt in diesem Zusammenhang nicht, daß man mehr Informationen aufnimmt, sondern daß man die Fähigkeiten erweitert, die Ergebnisse zu erzielen, die man im Leben wahrhaft anstrebt. Dieses Lernen ist ein lebenslanger schöpferischer Prozeß."

Zielbalken

Form: **Übung ☒ Spiel ❒ Phantasiereise ❒**

Ziel:
Muster verändern, Zielbilder spürbar machen

Gruppengröße: ☺
In der Gruppe

Dauer:
7 Min. je Mitspieler

Material:
Schmaler Balken oder Baumstamm

Ort:
In der Natur

Anmerkungen:
Der Trainer oder Spielleiter kann sich am Ende des Balkens aufstellen und die Hand an jene Stelle halten – ungefähr in Augenhöhe –, wo sich der Mitspieler den Tonfilm realisiert. Es gibt mehrere Muster, die darauf hinweisen, wo der Mitspieler noch Unterstützung benötigen könnte, um sein Ziel zu erreichen.

1. Hilfe zurückweisen. Die Spieler, die automatisch die Hilfe von den Helfern zurückweisen oder keine Helfer wählen, sind es nicht gewohnt, Hilfe anzunehmen und werden oft über Gebühr schwere Lasten übernehmen. Dahinter steckt oftmals verschlüsselt, daß Kooperation negiert wird und dies den Prozeß – ein Ziel zu erreichen – verlangsamt. Diejenigen, die Hilfe zurückweisen, werden jedoch oft anderen helfen, wenn es gar nicht nötig ist. – Auf das Muster aufmerksam machen und ganz sorgfältig Helfer und Ressourcen wählen lassen.

2. Losgehen, ohne ein Ziel festzulegen. Viele haben nicht gelernt, ein Ziel für sich festzulegen und schauen dann nach unten auf die Füße, um ihr Gleichgewicht zu finden. Anstatt ihren Füßen zu erlauben, das Gleichgewicht selbst zu erfühlen und in Verbindung mit der Richtung, in die sie sich bewegen, sich selbst auszubalancieren. Manche sehen auch hinter ihr Ziel, indem sie ihren Kopf so hoch halten

und praktisch über ihr Ziel hinausschauen. Beide Bewegungen mißachten die Wichtigkeit des Ziels. – Darauf hinweisen und Augen bewußt auf das Ziel richten lassen.

3. Zögern und falscher Start. Mitspieler, die lange warten, bevor sie auf das Ziel losgehen, oder starten und stoppen, mehrmals hintereinander, benutzen das gleiche Muster im persönlichen und beruflichen Leben. Hier ist es wichtig, daß sie lernen, auf das Ziel zuzugehen und einen kontinuierlichen Bewegungsablauf zu kreieren. – Nicht nur visualisieren, sondern auch vorstellen, wie sie sich fühlen, wenn sie am Ende die Aufgabe erfolgreich gelöst haben werden.

4. Starrheit, strenge Härte. Mitspieler, die auf das Ziel starr und verkrampft zugehen, machen es auch oft so im normalen Leben. Hier ist es sinnvoll, dem Körper beizubringen, sich zu entspannen und mit Anmut und Leichtigkeit und Eleganz über den Balken zu gehen. Dabei bringt man gleichzeitig dem Geist bei, sich zu erhellen – zu erleichtern, Freude zu haben an mehr Wahlmöglichkeiten. – Bei einem sehr starren Körper ist es manchmal sinnvoll, vorher Lockerungsübungen oder Körperarbeit zu machen.

5. Sich selbst verurteilen. Wenn Mitspieler das Gleichgewicht verlieren und sofort murren oder ihren Kopf schütteln, fluchen usw., haben sie wahrscheinlich früh gelernt, daß Fehler nicht erlaubt sind. Wer sein Gleichgewicht nicht verlieren darf, wird auch kein großes Risiko eingehen. Wenn ein Mißlingen unannehmbar ist, dann ist auch ein Risiko unannehmbar. Wer seine Energie darauf richtet, zu meckern oder zu schelten, wenn er sein Gleichgewicht verliert, wird seine Zeit damit verschwenden, seine Energie von den Aufgaben abzuziehen. – Erwähne, daß 100%-geben-wollen oft zu Stagnation führt; findet positive Kommentare und Möglichkeiten, wie derjenige sich selbst verzeihen kann.

6. Über das Ziel hinausschießen. Das sind die Spieler, die langsam auf ihr Ziel zugehen, bis fast davor, wo sie plötzlich schneller werden und entweder herunterfallen oder über das Ziel hinauslaufen oder am Ende des Balkens vom Balken fallen. Diese Spieler werden in ihrem Leben oft die Erfahrung gemacht haben, daß sie in letzter Minute enttäuscht wurden. – Sie können auf dem Balken lernen, es ruhig und leicht, kontinuierlich bis zum Ziel zu bringen und es vorsichtig zu berühren und zu genießen.

7. Vom Ziel wegschauen. Manche Spieler haben am Anfang Sichtkontakt und schauen dann aber weg, wenn sie angesprochen werden. Oft verlieren sie dabei auch sofort das Gleichgewicht. Der Körper wird programmiert durch das, was sie ins Auge fassen. Wenn die Spieler nach unten oder zur Seite schauen, bekommt

der Körper die Anweisung, sich nach unten oder zur Seite zu wenden. Gehen die Augen nach oben, denkt der Körper, er solle versuchen, sich nach oben zu bewegen. – Eine stetige Ausrichtung des Blickes auf das Ziel mit entspanntem, weichem Blick hält den Körper in einer stetigen Bewegung. Dieses Prinzip gilt auch im beruflichen und im privaten Bereich.

8. Wenn äußere Einflüsse die Zielrichtung verändern. Mitspieler, die ihre Richtung ändern aufgrund von äußeren Zurufen und Meinungen von anderen, haben meist auch Schwierigkeit im Leben, ihre eigenen Ziele wahrzunehmen und zu erreichen. Sie kennen oft die Erfahrung von Erschöpfung und Frustration und ihre Versuche, ihre Richtung nach der Meinung von anderen zu finden. Sie verlieren leicht ihr Gleichgewicht, wenn ein lautes Geräusch zu hören ist oder wenn sie ihre Aufmerksamkeit auf die Zuschauer oder Zurufer richten. Dadurch verlieren sie oft ganz schnell ihr Ziel aus den Augen. – Diese Abhängigkeit von äußeren Einflüssen kannst Du dazu nutzen, indem Du sie noch mal anweist, direkt auf ihr Ziel zu schauen und ihr Ziel im Auge zu behalten – evtl. noch mal mit der Hand markieren, wohin sie dieses Ziel, diesen Tonfilm visualisieren sollen. An dieser Stelle ist es auch wichtig, ihnen klarzumachen, wie sie diese Position benutzen können, um sich klarzuwerden, was sie selbst wollen, anstatt immer den Anweisungen anderer zu folgen. Sie können ihre Excellenzhaltung einnehmen und die Meinung anderer integrieren und ihre eigene Zielrichtung weiterverfolgen.

9. Das Start-Stop-Muster. Diese Leute beginnen ihre Aufgabe und bleiben dann buchstäblich mitten in der Luft stehen. Sie fangen die Aufgabe zügig an, aber das Gefühl der Bewegung wird sofort unterbrochen. Offensichtlich erhielt das Nervensystem die Botschaft, eine Unterbrechung zu erwarten. Dieses Start- und Stop-Muster ist manchmal schon sehr früh installiert worden, bei Kindern, die, wenn sie sich auf etwas intensiv eingelassen haben, herausgerissen und unterbrochen wurden von Eltern oder Lehrern. Dieses Muster bedeutet, daß sie in der Regel nicht gewohnt sind, Aufgaben fertigzustellen ohne Unterbrechung. Wenn doch, haben sie sehr viel mehr Energie verbraucht, da sie immer wieder von vorne angefangen haben. – Hier ist es wichtig, eine kontinuierliche Bewegung zu installieren, so daß der Körper die Erfahrung macht, vom Beginn bis zum Ende ungestört diese Bewegung genießen zu können.

10. Losgehen, ohne innere Beteiligung. Das sind die Mitspieler, die immer tun, was sie eigentlich nicht wollen. Sie fangen an, ohne fertig zu sein. Sie steigen auf den Balken und gehen los, ohne ein Ziel festzulegen oder ihr Gleichgewicht zu finden. Man kann sie auch beobachten, wie sie „nein“ nicken oder ohne Beteiligung die Schultern zucken, bevor sie anfangen. – Hier empfiehlt es sich, sie zu stoppen und

zu bitten, erst dann zu gehen, wenn sie wirklich bereit sind. Und während sie sich bereit machen, ist es möglich, diese Vorstellung, sich vorab vorzubereiten, auch auf andere Situationen zu übertragen.

11. Hastig losgehen, bevor die Helfer so weit sind. Dies sind oft Menschen, die das Gefühl haben, sie seien von Freunden und Familie verlassen. Sie fühlen sich schlecht, weil keiner ihnen hilft. Meistens merken sie nicht, daß das passiert, weil sie so schnell sind, daß jede Hilfe zurückbleibt. Oft geben sie anderen überhaupt keine Möglichkeit, sie zu unterstützen. – Hier empfiehlt es sich, sie zu bitten, langsamer zu machen und darauf zu achten, daß die Helfer bereit sind und in Kontakt mit ihnen zu bleiben.

12. Immer als erster oder als letzter gehen. Spieler, die mehrmals als erster oder als letzter gehen, kann man auffordern, die Reihenfolge zu wechseln.

Für die, die immer am Anfang gehen, bietet es sich an, erstmal abzuwarten und zu beobachten und wahrzunehmen, wie andere das machen und ein Modell zu haben für ihr eigenes Verhalten. Spieler, die immer zum Schluß gehen, kann man bitten, sofort an den Anfang zu kommen und ohne Modell ihre eigenen Ideen, ihre eigenen Gedanken umzusetzen und festzustellen, was das für sie bedeutet, sich nur nach sich selbst zu richten und ihren eigenen Wert zu verwirklichen. Als erster zu gehen bedeutet, sich mit niemand anderem vergleichen zu können und unserem Nervensystem die Botschaft zu geben, daß wir einzigartig sind und unser persönlicher Stil mit niemandem verglichen werden kann.

13. Schwer und angestrengt gehen. Dies sind Mitspieler, die hart aufstampfen, schwer auftreten oder angestrengt gehen. Sie sind hart mit sich selbst und anderen. Hier ist es sinnvoll, etwas Leichtigkeit und Grazie in einen sanften Weg zu bringen, so daß sie mehr Freude und Spaß bei dem, was sie tun, empfinden. Für die, die sich bei der Aufforderung leicht zu gehen anspannen und das Kinn einziehen, ist es nützlich, ihnen noch eine zusätzliche Last aufzuladen, so daß sie, wenn sie diese am Ende des Balkens abladen, dann spätestens begreifen, was Erleichterung bedeutet.

14. Strategie zum Wiederfinden. Wir alle brauchen Strategien, um unser Gleichgewicht wiederzufinden, da wir es ständig wieder verlieren und aus der Balance gebracht werden. Daß wir die Balance verlieren, ist etwas ganz normales. Darum ist es wichtig, genügend Strategien zu haben, um sie wiederzufinden. Ein Mitspieler mit ungenügenden Strategien ist steif in den Beinen, im Nacken, im Ellenbogen, an Händen, Hüften und Schultern. Körper und Geist sind eins. Menschen, die mit ihrem Körper beweglich sind, finden auch eine Möglichkeit, geistig beweglich zu sein und haben leicht Zugang zu ihren Strategien, wenn sie aus dem Gleichgewicht

gebracht werden. – Oftmals ist es besser, sie erstmal wieder vom Balken zu holen, sie zu entspannen, körperlich zu lockern und Atemübungen, Massage oder ähnliche Übungen zu machen, so daß sie körperlich flexibel sind und dann auch geistig flexibel sein können. Wer Risiken eingehen möchte, braucht eine gute Gleichgewichts-Wiederfindstrategie. Nur wer Möglichkeiten hat, seine Balance zu verlieren und wiederzufinden, ist in der Lage, Risiken einzugehen und sein Nervensystem zu programmieren, dasselbe zu tun.

15. Sich tadeln. Mitspieler, die das Gleichgewicht verlieren und gleich darauf lächeln statt finster zu blicken, bekommen schneller, was sie wollen. Sie sind schneller in der Lage, ihr Ziel wieder ins Auge zu fassen und ihre Bewegung wieder aufzunehmen. Wenn sie sich beschimpfen und verdammen und wertvolle Zeit damit verbringen, sich zu beklagen und zu meckern, anstatt sich zu erinnern, wo sie hinwollen, gehen viel Energie und Zeit verloren. Hier hilft es manchmal, sie zu bitten, während des ganzen Weges zu lächeln, besonders dann, wenn sie fallen oder wenn sie steckenbleiben.

16. Das Leben ist ernst. Manche Spieler sind nicht in der Lage, bei der Aufgabe zu lächeln. Sie können davor oder danach lachen, aber nicht während der Übung. Sie halten Arbeit für ein ernstes, anstrengendes Geschäft. Wenn sie ihr Gesicht anspannen, spannen sie auch ihren Körper an und verlieren dadurch das Gleichgewicht und die Leichtigkeit, auf das Ziel zuzugehen. Das gilt auch für ihr ganzes übriges Leben, ihren Beruf und ihr Privates. – Auch hier empfiehlt es sich, zu lächeln oder spielerisch zu laufen und einmal zu schauen, wie die größere Balance und Flexibilität sich auch in ihrem weiteren Leben auswirken können.

17. Ein Ziel erreichen ist harte Arbeit. Hier kommen die Mitspieler mit den zusammengepreßten Lippen und den zusammengebissenen Zähnen. Sie ächzen und stöhnen und strengen sich furchtbar an. Ihr Körper ist gebeugt, und wenn sie dieses angestrengte Muster öfter zeigen, glauben sie wahrscheinlich, daß Anstrengung und hartes Arbeiten immer notwendig sind, damit sie bekommen, was sie wollen. – Ziel ist es, eine Veränderung eines alten grundsätzlichen Glaubenssystems einzuleiten, so daß schwierige und herausfordernde Arbeiten spielerisch und leicht durchgeführt werden können. Laß sie einen Witz erzählen oder ein Lied singen oder beim Gehen über den Balken summen – leichte körperliche Betätigung – Aikido, Tanzen, Feldenkrais usw. – bietet sich für die Zeit nach dem Seminar an.

18. Auf die Lippe beißen, Kopf schütteln, Angespanntsein. Dies sind Hinweise darauf, daß die Mitspieler mit sich selber reden und das, was sie tun, negativ oder nicht nützlich bewerten. Der Körper und der Geist sind eins. Was der eine macht,

macht auch der andere. Wenn der Kopf sagt „Nein, das kannst Du nicht, das machst Du bestimmt falsch“, dann folgt der Körper. – Hier gilt es, dieses innere Gespräch zu stoppen und innerlich zu singen oder Mantren zu wiederholen, um dieses Muster zu unterbrechen.

19. Sich aufstützen oder anlehnen, um vorwärts zu gehen. Es ist unmöglich, das Gleichgewicht zu finden, wenn man sich zurücklehnt. Manche lehnen sich an einen Baum oder an einen Pfosten oder stützen sich auf den Helfern ab, wenn sie das Ziel anvisieren. Dadurch wird der Körper verwirrt und ist nicht fähig, seine eigentliche natürliche Balance herzustellen. – Fordere sie auf, auf den eigenen Füßen zu stehen, tief zu atmen, ihren eigenen Körper zu spüren und aus dieser Kraft vorwärtzugehen – aufrecht und im Gleichgewicht, in Balance mit sich selber – und dann die Hilfe ihrer Helfer anzunehmen, so daß sie den Wunsch ihres Herzens entdecken und verwirklichen.

Beschreibung:
Der Körper spiegelt die Botschaften, die im Nervensystem verschlüsselt sind. Stell Dich an einem Ende des Balkens auf und wähle Dir zwei Coaches aus, die Dich darin unterstützen werden, Dein Ziel zu erreichen – zwei Ressourcen, die Du haben möchtest, Dein Ziel zu erreichen. Bitte die Gruppe, Dich zu unterstützen, indem sie Dich entweder bestätigt oder Dir negative Aufforderungen zuruft, wie „das kannst Du nicht“, „das schaffst Du nicht“ oder „Du schaffst es“, „Du bist es“, „Du kannst es“, „Du bist gut“. Und dann visualisiere Dir am Ende dieses Balkens Dein Ziel – mach Dir einen Tonfilm mit allem, was für Dich dazugehört. Visualisiere Dir genau, wie Dein Ziel aussieht – wie Du Dich bewegst – wie Deine Körperhaltung ist – die Mimik – wie Du atmest – wie Du auf Leute zugehst – wie sich Deine Stimme anhört – was Du Dir selbst sagst – alles, was für Dich dazugehört – die Farben und die Formen – mit dem Licht – den Tönen und den Geräuschen – vielleicht kommt sogar ein Geruch dazu – eine Temperatur – was es für Dich ist, was Dein Ziel konkret macht – wie Du aussiehst – wie Du Dich anhörst, wenn Du Dein Ziel erreichst.

Und wenn Du es für Dich klar hast, dann geh auf Dein Ziel zu – und spür am Ende, wie es sich anfühlt, bei Deinem Ziel angekommen zu sein – spür hinein, was es bedeutet, dieses Ziel erreicht zu haben – assoziiere Dich mit Deinem Ziel – und nimm wahr, wie es sich in Deinem Körper anfühlt. Wenn Du nicht zügig hinübergelaufen bist, dann wiederhole das drei- bis viermal, bis Du das Gefühl hast, während des Weges dahin zu atmen – gleichmäßig in Balance zu sein – und auf Dein Ziel zuzugehen.

Vom Problem zum Wunsch

Form: **Übung ☒** **Spiel ❐** **Phantasiereise ❐**

Ziel:
Richtungswechsel im Denken, Energie für Lösungen nutzen

Gruppengröße: ☺
In der Gruppe

Dauer:
35 Min.

Material:
Schreibzeug

Ort:
Ruhiger Raum

Anmerkung:
Für manche ist der Weg von einem Problem zu einem wohlformulierten Ziel viel zu weit. Sie finden das Problem nicht gewürdigt und können keine richtige Zielformulierung beginnen, da sie noch keine Vorstellung davon haben, wie das Ziel sein könnte. Wenn allerdings ein Wunsch entwickelt wird, kann dies die Zwischenstufe zu einem wohlformulierten Ziel sein.

Beschreibung:

1. Beginne mit einer Liste Deiner Probleme.

Schreibe alles auf, was in Deinem Leben problematisch oder noch nicht so ist, wie Du es Dir wünschst. Was stört Dich und was entspricht noch nicht Deinen Wünschen? Schreibe die Probleme auf dem Blatt am linken Rand untereinander auf, so daß Du neben jedes Problem etwas Neues schreiben kannst.

2. Formuliere Deine Probleme in Wünsche um.

Nutze den Platz neben dem Problem, Deine Wünsche zu formulieren. Was wäre hilfreich und was müßtest Du haben, um dieses Problem zu lösen? Welche Wünsche ergeben sich aus dem konkreten Problem heraus? Schreibe Deine Wünsche direkt neben das Problem.

3. Sortiere Deine Wünsche nach den Bereichen a) Arbeit, b) Beziehungen, c) Ich.

Zum Arbeitsbereich gehört all das, was Deine berufliche Tätigkeit (z.B. Studium, Karriere, berufliche Fortbildung, Kollegen, Gehalt, Arbeitsbereich usw.) betrifft. In den Beziehungsbereich gehören Deine privaten Beziehungen: Partner/innen, Geschwister, Eltern, Freunde, Verwandte, Geliebte, Bekannte, Kinder, usw.. Zum Ich-Bereich zählen Wünsche, die sich auf die eigene Entwicklung beziehen, also auf das, was Du allein für Dich mehr erleben möchtest (z.B. Sport, Meditation, Sauna, Yoga, ...) und die Art und Weise, wie Du leben möchtest. Was möchtest Du von der Welt, von Dir und anderen glauben? Welche inneren Werte sind Dir besonders wichtig und was willst Du weiterentwickeln? Alles, was zu Deinem eigenen körperlichen oder geistigen Wohlempfinden beitragen kann, gehört in diesen Bereich.

Mit dieser Sortierung erhältst Du eine Übersicht über die wesentlichen Bereiche Deines Lebens. Sind die Bereiche recht ausgeglichen vorhanden oder ergeben sich für Dich z.Zt. Schwerpunkte? Welche Bereiche sind vielleicht überbetont und welche vernachlässigt? Welche Wünsche ergeben sich aus diesen Feststellungen für Dich?

4. Sortiere Deine Wünsche nach a) kurzfristig, b) mittelfristig, c) langfristig.

Eine solche Übersicht kann Dir veranschaulichen, wie Du Deine kurzfristigen, mittelfristigen und langfristigen Wünsche gewichtest. Du definierst dabei, was für Dich kurzfristig, mittelfristig und langfristig bedeutet. Lege die Zeiträume fest, die für Dich gelten (z.B. kurzfristig = bis zu sechs Monaten, mittelfristig = bis zu zwei Jahren, langfristig = innerhalb der nächsten fünf Jahre). Sind alle Zeiträume mit Wünschen belegt? Vielleicht hast Du für einen Zeitraum etwas mehr Wünsche und für einen anderen etwas weniger. Schreibe auf, welche Wünsche sich aus dieser Übersicht für Dich ergeben.

5. Gibt es gute Gründe, etwas für das Erreichen der Wünsche zu tun?

Schreibe zum Schluß auf, welche Gründe es für Dich persönlich gibt, um etwas für das Erreichen der Wünsche zu tun. Was motiviert Dich, auf diese Wünsche zuzugehen und etwas für die Verwirklichung zu tun? Was könnte Dein Treiber sein, der Dich dazu bewegt, loszugehen und jeden Tag etwas näher zu Deinen Wünschen zu kommen und Deine Träume zu leben?

Notizen

Sitz-Boogie

Form: **Übung ❐** **Spiel ☒** **Phantasiereise ❐**

Ziel:
Koordination und Wachheit, Aktivierung beider Gehirnhälften

Gruppengröße: ☺
In der Gruppe

Dauer:
20 Min.

Material:
Flotte Begleitmusik

Ort:
Raum, in dem man auch singen darf

Anmerkungen:
Diese Übung gibt einen Gradmesser ab, ob in der Gruppe auch Fehler gemacht werden dürfen und wie damit umgegangen wird. Nicht jede Bewegungssequenz ist für jeden einfach durchzuführen. Wird trotzdem weitergemacht und findet die Gruppe wieder zusammen, wenn einzelne kurzfristig aussteigen?

Du kannst diese Übung mit einer flotten Musik untermalen, wobei Euch der Rhythmus unterstützen kann. Fortgeschrittene können diese Übung auch einmal mit Tekkno-Musik ausprobieren.

Anleitung:
Setzt Euch im Kreis mit Euren Stühlen so eng nebeneinander, daß Ihr die Knie Eurer Nachbarn berühren könnt.

Die Übung besteht aus fünf Teilen:

1. Am Anfang berührst Du mit beiden Händen zweimal Deine Oberschenkel und singst dabei: „Meine Beine“. Danach berührst Du die Knie Deines rechten

Nachbarn zweimal und singst dabei: „Deine Beine". Dann wieder Deine eigenen Beine zweimal berühren und dabei: „Meine Beine" singen und schließlich die Beine Deines linken Nachbarn antippen und „Deine Beine" singen. Die ganze Gruppe singt also zusammen: **„Meine Beine – Deine Beine – Meine Beine – Deine Beine."** Das wird insgesant viermal gemacht.

2. Als nächstes nur noch einmal Berühren mit dem Spruch: **„Meins – Deins – Meins – Deins."** Dabei werden zuerst die eigenen Oberschenkel, dann die Knie des rechten Nachbarn, wieder die eigenen und dann die Oberschenkel des linken Nachbarn berührt. Dieser Durchgang wird achtmal wiederholt.

3. Dann berührt die linke Hand den rechten eigenen Oberschenkel und dabei wird „Rechts" gesagt. Dann berührt die rechte Hand den linken Oberschenkel und es wird „Links" gesagt. Anschließend beide Hände zweimal zusammenklatschen und „Klack, klack" sagen. Die ganze Gruppe wiederholt das **„Rechts – links – klack – klack"** dann insgesamt viermal.

4. Jetzt werden beide Arme zur Kreismitte gestreckt **(1)**. Mit der rechten Hand berührst Du zuerst das linke Handgelenk **(2)**, dann den linken Ellenbogen **(3)**, dann die linke Schulter **(4)**. Dort bleibt die rechte Hand einen Moment, dann lege die linke Hand auf die rechte Schulter **(5)**, der rechte Arm wird zur Mitte gestreckt **(6)**, die linke Hand berührt den rechten Ellenbogen **(7)** und danach das rechte Handgelenk **(8)**. Dann beginnt es wieder mit dem Ausstrecken beider Arme. Die Gruppe singt dabei die einzelnen Ziffern im Takt mit: **1-2-3-4-5-6-7-8**.

   Auch diese Bewegung wird insgesamt viermal wiederholt.

5. Bei **(1)** werden die Hände auf die eigenen Oberschenkel gelegt und bei **(2-3-4)** berühren die Finger der rechten Hand die Nase und die Finger der linken Hand berühren das rechte Ohr. Bei der Zahl **(1)** wieder beide Hände auf die Oberschenkel und dann wechseln: Die linke Hand berührt die Nase und die rechte Hand geht zum linken Ohr **(2-3-4)**. (Konzentriert Euch vor der Ausführung der Bewegung darauf, wohin Ihr mit welcher Hand wollt.) Auch diese Übung viermal wiederholen.

Dann folgt der **zweite Durchlauf** mit denselben Bewegungen, jedoch wird bei den ersten beiden Übungen diesmal der **Name Eures Nachbarn** gesagt: z. B. „Meine Beine – Franks Beine (Name des rechten Nachbarn) – Meine Beine – Ullis Beine

(Name des linken Nachbarn)". Bei der zweiten Übung dann: „Meins – Franks – Meins – Ullis." Dann wird bis zur fünften Übung weitergemacht.

Schließlich der **dritte Durchlauf**, in dem diesmal die Knie des **übernächsten Nachbarn** auf der rechten Seite berührt werden und sein Name dabei gesagt wird. Dann wieder die eigenen Oberschenkel und dann die Knie des übernächsten Nachbarn auf der linken Seite und dabei seinen Namen nennen. Ansonsten bleibt es wie beim zweiten Durchlauf.

Notizen

Team-Ziele

Form: **Übung ☒** **Spiel ❐** **Phantasiereise ❐**

Ziel:
Gemeinsame Ausrichtung, Motivation

Gruppengröße: ☺
In der Gruppe

Dauer:
50 Min.

Material:
Schreibzeug, Metaplanwand, Metaplankarten, Punktaufkleber in verschiedenen Farben

Ort:
Heller, ruhiger Raum

Beschreibung:

1. Als erstes sammelt Ihr Informationen zum Ist-Zustand.

Verteilt an alle Teammitglieder Metaplankarten.

Jeder in der Gruppe formuliert kurz seine Sicht des gegenwärtigen Zustandes und schreibt sie auf. Wie sieht jeder die gegenwärtige Situation im Team, in bezug auf die Zusammenarbeit oder das Unternehmen.

Alle Karten werden aufgehängt.

Anschließend führt eine Punktabfrage durch:

Grüne Punkte bedeuten: Ist o.k.!
Rote Punkte bedeuten: Ist problematisch!

Jetzt könnt Ihr die Karten zusammenfassen, die dann das Problemgebiet beschreiben.

2. Im zweiten Schritt sammelt Ihr Informationen zum Soll-Zustand.

Schreibt auf die Metaplankarten diesmal Eure Wünsche und Ziele für die Zukunft. Jeder formuliert seine Ideen und Vorstellungen, z.B. für das Team, die Zusammenarbeit oder für das Unternehmen. Alle Karten aufhängen.

Anschließend führt eine Punktabfrage durch:

Grüne Punkte bedeuten: Hat Priorität!
Nun könnt Ihr die einzelnen Ideen und Vorstellungen zu gemeinsamen Wünschen zusammenfassen.

3. Aus den Wünschen Team-Ziele formulieren.

Im letzten Schritt formuliert das Team gemeinsam die Ziele. Hilfreich sind dabei die Zielsatz-Kriterien und der Zielrahmen, um die Ziele so spezifisch wie möglich zu machen.

Mit der Punktabfrage ist gewährleistet, daß Ihr die Probleme und auch die Prioritäten des Teams sichtbar machen könnt und damit schnell zum Kern der Sache kommt.

Variation: Mein-Dein-Unser (ca. 90 Minuten)

1. Schritt: Zwei Personen formulieren ihr Ziel.
Jede beschreibt ihr Ziel möglichst genau.
„Was werde ich sehen, hören, spüren, wenn mein Ziel erreicht ist?"

2. Schritt: Mit Respekt und Kreativität ein gemeinsames Ziel formulieren.
Unser Ziel sinnlich genau beschreiben.
„Was werden wir sehen, hören, spüren, wenn unser Ziel erreicht ist?"

3. Schritt: Zwei 2er Gruppen formulieren aus den Ergebnissen ein gemeinsames Ziel.
Unser Ziel sinnlich genau beschreiben.
„Was werden wir sehen, hören, spüren, wenn unser Ziel erreicht ist?"

4. Schritt: Zwei 4er Gruppen formulieren aus den Ergebnissen ein gemeinsames Ziel.

Unser Ziel sinnlich genau beschreiben.
„Was werden wir sehen, hören, spüren, wenn unser Ziel erreicht ist?"

5. Schritt: Zwei 8er Gruppen formulieren aus den Ergebnissen ein gemeinsames Ziel.
Unser Ziel sinnlich genau beschreiben.
„Was werden wir sehen, hören, spüren, wenn unser Ziel erreicht ist?"

Bei steigender Gruppengröße evtl. Gruppenvertreter wählen.

Notizen

Auf los gehts los

Form: **Übung ❐** **Spiel ☒** **Phantasiereise ❐**

Ziel:
Konzentration, Wachheit, Koordination

Gruppengröße: ☺
In der Gruppe

Dauer:
25 Min.

Material:
–

Ort:
Schöner Raum mit ausreichendem Platz für Kreisform

Anmerkung:
Dieses Spiel ist ein schönes Barometer für Konkurrenzdenken und „Gewinnen wollen" innerhalb der Gruppe.

Wichtig bei diesem Spiel ist der gemeinsame Rhythmus. Am Anfang ist es günstig, wenn man recht langsam beginnt und dann später das Tempo steigert.

Es ist vorteilhaft, wenn Du vorher darauf hinweist, daß leise geklatscht werden soll und die Namen und Zahlen laut und deutlich ausgesprochen werden.

Beschreibung:
Alle Mitspieler sitzen im Kreis. Jeder Stuhl bzw. jede Position bekommt in der vorgegebenen Reihenfolge einen Namen. Bestimmt als erstes reihum die Namen der einzelnen Positionen. Beginnt mit vier Engeln: Sankt Luc, Sankt Paul, Sankt Peter, Sankt John. Als nächstes kommt die Nr. 1, Nr. 2, Nr. 3, Nr. 4, Nr. 5, usw. je nachdem, wieviel Mitspieler Ihr seid.

Wenn jeder weiß, welchen Namen er hat, kann das Spiel beginnen. Die Gruppe klatscht mit den Händen einen gemeinsamen Takt. Es wird dabei abwechselnd in die Hände und dann auf die Oberschenkel geklatscht. St. Paul gibt dabei das Tempo an und beginnt mit dem Spruch: „Auf los gehts los gehts – wirklich los – auf los gehts los gehts los: ....". Zuerst nennt St. Paul seinen eigenen Namen und dann den eines anderen Mitspielers: z.B. St. Paul – Nr. 3. Die Nr. 3 sagt wiederum zuerst ihren eigenen Namen und dann den eines anderen Mitspielers: z.B. Nr. 3 – St. John. St. John wiederum sagt seinen eigenen Namen und dann den eines Mitspielers usw.

Wenn jemand nicht auf seinen Namen reagiert und aus dem Rhythmus kommt, muß er seinen Platz freimachen und auf den letzten Nr.-Platz gehen. Die anderen können dann in der Reihe aufrutschen und bekommen dadurch natürlich wieder einen neuen Namen für die nächste Runde. Nachdem Ihr Euch orientiert habt, wer Ihr jetzt seid, gibt St. Paul wieder den Rhythmus und den Spruch an, um eine neue Runde einzuleiten.

Ziel des Spieles ist es, in den Himmel zu kommen und ein Engel zu werden. Deshalb solltet Ihr die Engel so häufig wie möglich ansprechen, denn wenn sie einen Fehler machen, kann fast die gesamte Gruppe aufrutschen und jeder kommt der Engel-Position ein Stückchen näher.

Übrigens: Man kann auch seinen eigenen Namen nennen, muß dann jedoch darauf achten, daß man sich selbst auch wieder zuerst benennt: z.B. Nr. 3 – Nr. 3, Nr. 3 – Nr. 5.

Notizen

Die Spinne

Form: **Übung** ❐ **Spiel** ☒ **Phantasiereise** ❐

Ziel:
Gruppenstrategie, Rollenverteilung, Kooperation

Gruppengröße: ☺
In der Gruppe

Dauer:
40 Min.

Material:
40 m Wäscheleine

Ort:
An einem schönen Platz in der Natur, im Park

Anleitung:
Spannt ein Seil oder eine Schnur so zwischen zwei Bäume, daß ein Spinnennetz entsteht. Es sollte kurz über dem Boden beginnen und max. 2 m hoch sein. Das Netz sollte so viele Löcher wie Teilnehmer haben.

Ihr sollt nun als Gruppe durch das Netz auf die andere Seite kommen. Erst wenn alle Spieler auf der anderen Seite sind, ist die Aufgabe erfüllt. Ihr dürft dabei das Netz nicht berühren, denn dann müßt Ihr alle wieder von vorne beginnen.

Weiterhin darf jedes Loch nur einmal benutzt werden. Überlegt Euch also, wie und in welcher Reihenfolge Ihr alle auf die andere Seite kommt. Geholfen werden darf nur auf der Seite, auf der man sich gerade befindet. Man darf also nicht auf die andere Seite, um den anderen behilflich zu sein.

Zielrahmen

Form: Übung ☒ Spiel ❐ Phantasiereise ❐

Ziel:
Ziele konkret auf ihre Umsetzbarkeit überprüfen

Gruppengröße: ☺
In der Gruppe

Dauer:
1 Stunde

Material:
Schreibzeug

Ort:
Schöner, ruhiger Raum

Anmerkungen:
Mit diesem Prozeß hast Du das Ziel noch nicht erreicht. Du hast Dich allerdings sehr genau auf Dein Ziel ausgerichtet und weißt jetzt genau, was Du willst. Dies ist der Beginn.

Danach gilt es, Ressourcen zu mobilisieren, die das Erreichen des Zieles unterstützen. Welche Teilziele sind zu erreichen? Welche Personen können Dich bei der Zielerreichung unterstützen? Was kannst Du jeden Tag dafür tun, um Deinem Ziel einen Schritt näher zu kommen? Welche Zustände unterstützen Dich?

Die gedankliche Phase ist nach der Übung abgeschlossen. Danach ist der Handelnde in Dir gefragt. Dann müssen konkrete Schritte umgesetzt werden, sonst bleibt das Ziel nur eine schöne Vorstellung. Gewinnen fängt an mit beginnen. Nutze die Macht der kleinen Schritte und tue jeden Tag eine Kleinigkeit, um Deinem Ziel näher zu kommen und es zu leben.

Viel Spaß dabei!

Ihr könnt diese Übung auch im Team durchführen. Geht dabei gemeinsam Schritt für Schritt mit Eurem Team-Ziel durch diesen Zielrahmen. Klärt die Einwände, die sich evtl. auf den einzelnen Ebenen ergeben. Modifiziert das Ziel, wenn es einen Check nicht besteht. Der Prozeß im Team ist mit einem gemeinsamen JA (!) zu einem Ziel beendet. Auch hier folgen erst jetzt die konkreten Schritte zur Umsetzung. Nach der Zielformulierung und der Überprüfung des Zieles kann die Kreativität der Gruppe für ein Team-Ziel optimal genutzt werden. Mit dem Zielrahmen ist eine gemeinsame Ausrichtung sichergestellt.

Beschreibung:

1. Beginne damit, ein Ziel nach folgenden Kriterien zu formulieren:

➤ In einem Satz:
Schreibe keine Geschichten über Deine Zielvorstellungen, sondern benenne in einem Satz klar und deutlich, was Du willst.

➤ Eigenverantwortlich, in eigener Kontrolle:
Formuliere das Ziel so, daß Du es auch erreichen kannst. Du brauchst keine Ziele zu formulieren, deren Erreichung ausschließlich von anderen abhängt. In diesem Fall kannst Du selbst nichts tun, sondern wartest darauf und hoffst, daß andere etwas tun werden. Wenn Du ein Ziel jedoch eigenverantwortlich formulierst, dann bist Du derjenige, der auch etwas für die Verwirklichung tun kann. Benutze deshalb „Ich"-Formulierungen und beginne den Satz mit „Ich ...".

➤ Positiv formulieren:
Für Deine Ziele solltest Du Negativ-Formulierungen vermeiden und statt dessen ganz deutlich sagen, was Du willst. Manchmal kommt zuerst das, was man auf gar keinen Fall mehr möchte (bloß nicht mehr das Problem). In solchen Fällen kannst Du Dich fragen: „Was willst Du statt dessen?" und die Antwort in den Zielsatz einfließen lassen. Formuliere in Deinem Zielsatz, was Du erreichen möchtest und nicht, was Du nicht erreichen möchtest. Ersetze gegebenenfalls eine Negativ-Formulierung durch eine Positiv-Formulierung!

➤ Realistisch:
Ein Ziel ist erst einmal eine Vorstellung und somit noch nicht real. Wenn Du jedoch Vorstellungen entwickelst, die vollkommen unrealistisch sind, wie z.B.: „Ende der Woche werde ich Bundeskanzler" oder: „Ich gewinne im Lotto mit sechs Richtigen", kannst Du eher enttäuscht werden.

Dieses Kriterium soll Dich nicht davon abhalten, auch außergewöhnliche Ziele zu formulieren – nur sollten sie schon erreichbar und mit anderen Wünschen vereinbar sein.

➤ In der Gegenwart:
Das Formulieren in der Gegenwart soll das gedankliche Umsetzen des Zieles vereinfachen. Es zielt darauf, in unserer bildhaften Vorstellung ein „Jetzt“ zu kreieren. Man tut schon mal so, als ob man das Ziel erreicht hat. Damit hat das Ziel bereits jetzt auf Dich eine andere Wirkung. Du kannst überprüfen, ob das, was Du als Ziel formuliert hast, sich auch gut anfühlt und es auch wirklich das ist, was Du möchtest und was Dich anzieht. Deshalb formuliere Deinen Zielsatz in der Gegenwart, z.B.: Ich habe ..., Ich bin ..., Ich spüre ..., Ich verdiene ..., Ich genieße ..., usw.

2. Kontext: Wann, wo und mit wem möchte ich mein Ziel erreichen?

Überlege kurz, in welchem geeigneten Kontext Du Dein neues Verhalten oder die neue Qualität erleben möchtest. Je genauer Du innerlich beschreibst, wann, wo und mit wem Du Dein Ziel erreichen möchtest, um so präziser paßt Du Dein Zielverhalten Deiner Situation an.

3. Evidenz: Woran werde ich genau erkennen, daß ich mein Ziel erreicht habe? Was macht es für mich wahr?

Laß einen vollständigen inneren Tonfilm vom Erreichen Deines Zieles entstehen, mit all den Farben und Formen, mit den Tönen und Geräuschen, den Gefühlen, dem Geruch und dem Geschmack. Schau Dir Deine Körperhaltung und Deinen Gesichtsausdruck an. Nimm den Klang Deiner Stimme wahr, höre, was Du Dir innerlich sagst. Lausche den Tönen und Geräuschen, die noch dazugehören. Welches Gefühl nimmst Du wahr, wenn Du Dir vorstellst, daß Du Dein Ziel erreicht hast. Spüre, wie es sich in Deinem Körper anfühlt, wo es anfängt und weitergeht. Und vielleicht ist auch ein ganz spezieller Geruch und Geschmack vorhanden, wenn Dein Ziel in Erfüllung gegangen ist.

4. Werte-Check: Paßt das Erreichen meines Zieles in meinen ethischen Rahmen?

Hier überprüfst Du das Ziel im Hinblick auf Deine Werte. Widerspricht das Erreichen des Ziels einem wichtigen Wert von Dir? Sollte dies der Fall sein, solltest Du Dein Ziel nochmal überprüfen. Wenn nicht, dann kannst Du zum nächsten Schritt übergehen.

5. Ökologie-Check: Kann ich mit den Konsequenzen umgehen?

Mit dem Ökologie-Check überprüfst Du die sozialen Konsequenzen Deines Zieles. Hier überprüfst Du, wie sich das Erreichen Deines Zieles auf Deine Umwelt, Deine Beziehungen und auf Dich selbst auswirkt. Wie reagiert Deine Umwelt auf das Erreichen Deines Zieles? Indem Du Dir über die Konsequenzen Deines Zieles Gedanken machst, stellst Du sicher, daß Du Dir über die Folgen im klaren bist und Du nur das erhältst, was Du wirklich willst. Wenn Du all die positiven und negativen Konsequenzen Deines Zieles benannt hast, ist es von Vorteil, Dich zu fragen, ob Du diese Konsequenzen auch tragen kannst und willst. Falls Du dazu nicht bereit bist, ist das Ziel solange zu verändern, bis es in Deinen sozialen Rahmen paßt.

6. Positive Absicht: Welchen Vorteil bietet mir das alte Verhalten bzw. der alte Zustand? Wie kann ich diesen Vorteil für mich im Ziel sichern?

Jedes Problemverhalten erfüllt eine positive Funktion. Oder anders ausgedrückt: Jedes auf den ersten Blick noch so problematische Verhalten hat eine positive Absicht.

Wie war Dein altes Verhalten, Dein bisheriger innerer Zustand oder Deine bisherige Lebenslage? Verdeutliche Dir, welche Vorteile diese Situation für Dich hatte. Finde heraus, was an Deiner alten Situation die positive Absicht sein könnte. Welche guten Gründe für Dein „problematisches“ Verhalten gab es? Welche positive Absicht steckte in Deinem alten Verhalten? Was von dieser positiven Absicht möchtest Du in Dein neues Ziel integrieren, oder ist bereits darin enthalten?

7. Entscheiden: Ja, das will ich!!

Wenn Dein Ziel den Weg bis hierher geschafft hat, hat es eine große Chance, verwirklicht zu werden. Allerdings solltest Du Dich hier nochmal bewußt für die Erreichung dieses Zieles entscheiden. Wenn Du mit Lust und Begeisterung innerlich (und vielleicht auch hörbar) JA(!) sagen kannst, dann ist es vermutlich ein Ziel, für das Du auch bereit bist, etwas zu tun. Sollte an dieser Stelle ein „Nein, das ist es nicht, was ich will“ kommen, dann kannst Du das Ziel so modifizieren, bis Du ein energievolles JA(!) dazu sagst.

Variation: Aufgaben
Ihr könnt gemeinsame Ziele und Vorsätze erarbeiten, indem Ihr Euch für eine halbe Stunde zusammensetzt und die wichtigsten Aufgaben in Eurer Gruppe definiert. Das, was Ihr glaubt, was Eure Aufgabe ist, was Euer Bereich ist, was Euch Eure Zuständigkeit bedeutet.

Erstellt ein Plakat, auf dem Ihr Eure Aufgaben vermerkt. Dann erstellt für Euch ein zweites Plakat, indem Ihr einen Handlungskatalog entwerft – für die nächsten neun Monate oder das nächste Jahr, und in diesem Handlungskatalog jeweils den Zeitraum eintragt, bis wann dieser Bereich erledigt sein soll, und Verantwortliche dafür wählt, die die Verantwortung dafür übernehmen, darauf zu achten, daß in diesem Bereich die Aufgaben auch erfüllt werden.

Variation: Pannenmanagement (30-45 Min.)
Nach Ablauf einer Aktion, einer Panne, Krise oder schwierigen Situation könnt Ihr Euch mit folgenden Fragen auseinandersetzen:

1. Was hat zu der Schwierigkeit geführt?
2. Was hat das Aufrechterhalten des Problems begünstigt?
3. Was würdet Ihr das nächste Mal genauso machen?
4. Was würdet Ihr das nächste Mal anders machen?
   Wie genau? Wann genau? Wo genau? Wer, mit wem genau?
5. Was war Euer Ziel und welches Ziel stellt sich für die Zukunft?

Notizen

Drei Positionen

Form: **Übung ☒ Spiel ❒ Phantasiereise ❒**

Ziel:
Perspektivenwechsel, Flexibilität, Schlichtung

Gruppengröße: ☺☺

Dauer:
45 Min.

Material:
Evtl. Stühle

Ort:
Raum, in dem Ihr ungestört seid

Anmerkungen:
Diese Übung unterstützt Euch darin, aus vergangenen Kommunikationssituationen zu lernen und für zukünftige Situationen die nötigen Ressourcen zu mobilisieren. Gerade durch einen Positionswechsel erhält man zusätzliche Informationen über den Gesprächspartner und die Gesamtsituation.

Wenn man diese Fähigkeit im Gespräch anwendet, kann es bereits in der Situation zu mehr Verständnis für den Standpunkt des anderen und einer genaueren Einschätzung des eigenen Verhaltens führen, und man kann damit das Gespräch sofort positiv beeinflussen.

Beschreibung:
Such Dir mit Deinem Partner einen Platz, wo Ihr Ruhe habt und es Euch angenehm ist. Bestimmt, wer die Übung anleitet und wer sich führen läßt.

1. Wenn Du Dich führen läßt, such Dir in Gedanken eine Kommunikationssituation mit einer anderen Person, die nicht so verlaufen ist, wie Du es Dir gewünscht hast. Es kann eine Situation sein, wo Du Dich mit einer anderen Person nicht wohl gefühlt hast, wo Du Dich vielleicht geärgert, gekränkt oder verletzt gefühlt

hast. Oder eine Situation, in der Du unangemessen reagiert hast, in der das Gespräch nicht wie gewünscht verlaufen ist.

2. Setz oder stell Dich genau so hin, wie Du es in dieser Situation erlebt hast. Erinnere Dich an die Situation, wie Du z.B. gesessen oder gestanden hast und spüre, wie Du Dich in dieser Situation gefühlt hast. Erlebe noch einmal, was Dir wichtig ist und wie Du die Situation aus Deinen Augen heraus gesehen hast.

   Nimm wahr, was Du alles beobachtet und gehört hast, welche Gefühle in Dir da waren (**1. Position**).

   Separator: Gehe dann ganz bewußt aus Deiner Position heraus, schüttel Deinen Körper aus und strecke Deine Arme kurz zur Decke.

3. Nimm dann den Platz und die Körperhaltung Deines Gesprächspartners von damals ein und erlebe, was für denjenigen wichtig war und fühl Dich in ihn ein. Höre mit seinen Ohren und sieh mit seinen Augen, wie er Dich wahrnimmt. Aus dieser Position kannst Du Dich selber aus der Sicht des anderen sehen und hören (**2. Position**). Wie hat sich die andere Person in dem Gespräch gefühlt und wie hat sie die Gesprächssituation für sich wahrgenommen?

   Separator: Verlasse dann diese Position ganz bewußt, bewege Dich und strecke Deine Arme zu Deinen Füßen und richte Dich langsam wieder auf.

4. Nimm dann eine Position als Beobachter ein und schau Dir alles von außen an (**3. Position**). Du kannst dabei eine Körperhaltung einnehmen, die für Dich stimmig ist, damit Du etwas interessiert beobachten kannst, ohne dabei beteiligt zu sein. Hier hast Du die Freiheit, die Situation von außen anzuschauen und die beteiligten Personen zu beobachten. Finde aus dieser Perspektive heraus, was beiden gefehlt hat und benenne diese Qualitäten.

   Kreiere dann die Ressource und die Qualität, die damals gefehlt hat. Wenn z.B. Sicherheit gefehlt hat, dann erinnere Dich an Situationen in der Vergangenheit, wo Du Dich bereits sicher gefühlt hast. Erlebe diese Qualität jetzt möglichst vollständig in Dir.

5. Geh dann mit dieser Ressource in Deine erste Position, spüre, wie es ist, wenn diese Ressource in der Situation zur Verfügung steht, wie Du den anderen siehst und hörst und laß Dich überraschen, was sich alles ändert.

6. Geh dann mit der Ressource in die zweite Position, erlebe, wie es ist, wenn die andere Person diese Qualität spürt und wie sie jetzt die Gesprächssituation und den Gesprächspartner wahrnimmt. Sei auch hier neugierig, was sich verändert.

   Gib so viel an Ressourcen in die jeweiligen Positionen, bis Du mit dem Ergebnis (Gefühl, Körperhaltung) zufrieden bist.

7. Nimm die gefundenen Qualitäten mit in Deine Zukunft, indem Du Dir eine zukünftige, ähnliche Gesprächssituation vorstellst, in der Du diese Ressourcen dann ganz selbstverständlich zur Verfügung hast. Wie siehst Du aus, wie sprichst Du, wie bewegst Du Dich und wie fühlt es sich an, wenn Du die unterstützenden Qualitäten in die zukünftige Situation mitnimmst? Wenn Du die Person aus diesem Tonfilm das nächste Mal triffst, wirst Du wie von allein sofort die Qualitäten und Ressourcen in Dir spüren.

Notizen

Gruppenstrategie

Form: **Übung** ❐ **Spiel** ☒ **Phantasiereise** ❐

Ziel:
Gruppenstrategie verfeinern, Team-Ressourcen optimal nutzen, Schulung der Wahrnehmung

Gruppengröße: ☺☺☺☺☺☺

Dauer:
50 Min.

Material:
Schreibzeug

Ort:
Gruppenraum

Beschreibung:
Hierbei sollten möglichst sechs Teilnehmer in einer Gruppe sein. Zu verteilen sind folgende Repräsentationssysteme:

1. Visuell erinnert (erinnerte Bilder, Filme, Landschaften, Gesehenes)
2. Visuell konstruiert (konstruierte Bilder, Landschaften etc.)
3. Auditiv erinnert (Erinnerung an Gehörtes)
4. Auditiv konstruiert (konstruierte Klänge, Stimmen etc.)
5. Kinästhetisch (Gefühle, spürbare Eindrücke)
6. Innerer Dialog (innere positive oder negative Bewertung des Erlebten).

Im Spielverlauf muß jeder Mitspieler aus seinem Repräsentationssystem heraus argumentieren. Dann wählt die Gruppe aus, was sie gemeinsam plant – z.B. ein Haus kaufen oder einen gemeinsamen Ausflug oder einen Urlaub durchführen. Der Reihe nach sagt dann jeder in seinem Repräsentationssystem einen Satz zu diesem Thema. Nach einem Durchlauf wird die Reihenfolge der Strategie aufgeschrieben (Strategie ist: In welcher Reihenfolge Du Dir Bilder, Klänge, innere Dialoge und Gefühle zu einem Thema machst). Was hat diese Strategie bewirkt? Seid Ihr zu einer Einigung gekommen? Wie war die Stimmung? War die Strategie effizient? Wechselt dann die Reihenfolge der Repräsentationssysteme dreimal.

Plant dabei immer wieder das gleiche Projekt und immer wieder sagt jeder in seinem Repräsentationssystem ein oder zwei Sätze. Schreibt die Strategie auf und das, was sie bei Euch bewirkt hat und wie effektiv sie für Euch war. Ihr werdet feststellen, daß es bei einer bestimmten Strategie leichter und spielerischer zugeht, nämlich dann, wenn sich sinnvollerweise das eine auf das andere bezieht. Welche Strategie bringt die Gruppe am schnellsten zum Ziel? Welche ist hinderlich? Schreibt die effektivste Strategie für Euer Team auf und nutzt sie für Eure Ziele.

Notizen

Schritte zum Ziel

Form: **Übung ☒** **Spiel ❐** **Phantasiereise ❐**

Ziel:
Große Ziele umsetzbar machen, Aktionskatalog entwickeln

Gruppengröße: ☺
In der Gruppe

Dauer: 1 Stunde

Material:
Karten für Bodenanker

Ort:
Großer Raum, in dem Ihr Platz für den Weg zum Ziel habt oder im Freien

Anleitung:
Für diese Übung benötigt Ihr ein Ziel, was Ihr allein oder im Team erreichen möchtet. Dieses Ziel kann bereits vorher mit den Fragen zum Zielrahmen überprüft und damit schon möglichst genau formuliert sein. Vielleicht unterstützen Dich die nachfolgenden Fragen, um ein Zielbild entstehen zu lassen.

1. Wann, wo und mit wem möchtest Du das Ziel erreichen?
2. Wie siehst Du und die anderen aus, wenn Du Dein Zeil erreicht hast?
3. Wie hörst Du Dich an oder was sagst Du Dir innerlich?
4. Wenn Du dieses Zielbild siehst – lohnt es sich, dafür etwas zu tun?

Gut, Du brauchst jetzt eine freie Fläche auf dem Boden. Nimm Dir zwei Blatt Papier, schreibe auf das eine Blatt „Heute" und lege es auf den Boden. Schreibe auf das zweite Blatt das Wort „Ziel" und lege es auch auf den Boden – jedoch einige Meter von Deiner „Heute"-Position weg – je nachdem, wie Du das Erreichen des Zieles für Dich einschätzt. Dann stell Dich wieder auf die Ausgangsposition, das „Heute"-Blatt, das für Dich das Hier und Jetzt darstellt. Leider bist Du heute noch nicht am Ziel. Es gilt noch, die Spannung, die Entfernung vom Jetzt-Zustand zum Ziel-Zustand zu überwinden. Welche Schritte führen Dich zum Ziel hin? Beantworte für

Dich folgende Frage: „Was kannst Du ganz konkret als nächstes tun, um Dein Ziel zu erreichen?"

Benenne Deine Aktivität, die Dich als nächstes darin unterstützt, Dein Ziel zu erreichen und gehe dann einen Schritt in Richtung Ziel(-blatt). Für die Teilziele kannst Du kleine Zettel mit Stichworten auf dem Boden auslegen, um später zu sehen, mit welchen Schritten Du Dein Zeil erreicht hast. Achte auch bei den Teilzielen darauf, daß sie eigenverantwortlich erreichbar sind, d.h. daß Du konkret etwas dafür tun kannst. Die Größe Deiner Schritte bestimmst Du. Sie sollten sich nach Deiner Einschätzung zum Gesamtziel richten.

Nun bist Du Deinem Ziel einen Schritt näher. Wenn Du dieses Teilziel erreicht hast, kannst Du Dich wieder fragen: „Was kann ich ganz konkret als nächstes tun, um mein Ziel zu ereichen?"

Nenne den nächsten Schritt, gehe wieder auf Dein Ziel zu, lege einen Zettel für Dein Teilziel auf den Boden und stelle Dir die Frage solange, bis Du Dein Ziel erreicht hast.

Spüre, wie es sich anfühlt, wenn Du Dein Ziel erreicht hast. Was ist es genau, woran Du deutlich erkennen kannst, daß Du Dein Zeil erreicht hast? Was fühlt sich vielleicht neu und noch ungewohnt an? Wie kannst Du die neuen Qualitäten wahrnehmen?

Und dann dreh Dich um, und schau Dir die einzelnen Schritte an, die Dich zu Deinem Ziel gebracht haben. Wie hast Du die einzelnen Schritte bewältigt? Was ist Dir besonders leicht gefallen und an welchen Stellen kannst Du noch Ressourcen gebrauchen, damit Du so auf Dein Ziel zugehen kannst, wie Du es Dir wünschst?

Variation: Schritte zum Team-Ziel (ca. 75 Min.)
Diese Übung kannst Du auch mit einem gesamten Team machen, das ein gemeinsames Ziel erreichen möchte. Legt auch hier Bodenanker für den „Jetzt"-Zustand und den „Ziel"-Zustand aus. Ihr habt nun einen Zeitstrahl, auf dem Ihr wesentliche Zwischenstationen zum Gesamt-Ziel markieren könnt (z.B. nach einem Monat, drei Monaten, einem halben Jahr, einem Jahr). Jedes Teammitglied geht nun vom „Jetzt"-Zustand aus zur nächsten Zwischenstation und beschreibt hier das Teilziel und die Schritte, die zum Erreichen geführt haben. Das gesamte Team geht erst dann zur nächsten Zwischenstation, wenn alle den ersten Schritt geschafft haben und eine Vorstellung davon haben, wie die Teilziele erreicht werden können.

Sollte jemand sein Teilziel nicht erreichen können, kann ihn die gesamte Gruppe mit Ideen, Tips und Anregungen unterstützen.

Eichung

Form: **Übung ☒ Spiel ❐ Phantasiereise ❐**

Ziel:
Wahrnehmung erweitern, Signale wiedererkennen, sich auf den Partner „einstellen“

Gruppengröße: ☺☺☺☺

Dauer:
10 Min. je Mitspieler

Material:
–

Ort:
Heller, ruhiger großer Raum

Anmerkungen:
Beendet diese Übungen jeweils damit, daß A in einem guten Zustand ist, indem Ihr als letztes etwas fragt, worauf er mit der angenehmen Person innerlich antwortet. Oder benutzt am Ende einen Separator, um A wieder in einen guten Zustand zu versetzen.

Beschreibung:
Es beginnt A, indem B an A die folgende Bitte richtet: „Denke an jemanden, den Du wirklich sehr gerne hast.“ A hat einen kleinen Moment Zeit, sich eine Person auszusuchen und sich eine genaue Vorstellung von dieser Person zu machen. B, C und D kalibrieren sich darauf, wie A aussieht; d.h. sie nehmen genau wahr, was alles zu diesem inneren Zustand gehört, wenn A an jemanden, den er gerne mag, denkt. Wie ist die Kopf-, die Körperhaltung, welche Augenbewegung ist erkennbar, welche Pupillengröße, wie ist die Hautfärbung, wie geht der Atem, der Muskeltonus, wie verändern sich Mimik und Gestik – alles, was zu diesem Zustand gehört. Das Ganze geschieht nonverbal, also ohne verbale Rückmeldung. Wenn B, C und D glauben, einen Eindruck, ein Bild, eine genaue Wahrnehmung von diesem Zustand zu haben, geben sie sich gegenseitig Handzeichen und verständigen sich, daß die Übung nun weitergehen kann. B bittet A, nun an irgend etwas ganz Neutrales zu denken, an die Farbe Blau, oder sich noch einmal anzuschauen, wie

der Blick aus dem Fenster ist, um aus seinem Zustand herauszukommen (SEPARATOR).

Dann bittet B A, an jemanden zu denken, den er *nicht* leiden kann. Wiederum bekommt A eine kurze Zeitspanne, um sich jemanden auszusuchen – und sich diesen Menschen vollständig vorzustellen. B, C und D kalibrieren sich wiederum auf diesen inneren Zustand von A, indem sie erneut die vorher genannten Merkmale beobachten und feststellen, ob sich etwas verändert und was jeweils wesentlich und wichtig für diesen Zustand ist. Wenn B, C und D hiervon einen Eindruck, ein Bild, eine Wahrnehmung haben, verständigen sie sich wiederum durch Handzeichen, daß die Übung weitergehen kann. Dann sollte B wiederum einen SEPARATOR setzen, indem B A nach etwas Neutralem fragt oder ihn bittet, sich beispielsweise an ein Lied zu erinnern.

Dann stellt die Gruppe A Fragen: „Welche dieser beiden Personen ist älter?" Wenn A die Frage innerlich beantwortet hat, soll er nicken und sich die Person ganz genau vorstellen, indem er ohne etwas zu sagen, sich einen Tonfilm macht (möglichst alle Sinne nutzen). B, C und D achten nun auf die Veränderungen, die sie vorher kalibriert haben und entscheiden anhand des Gesehenen, um welche der beiden Personen es sich handelt. Sie verständigen sich durch Handzeichen und nennen A die von ihnen ermittelte Person. A gibt Feedback, indem er unmittelbar ja oder nein sagt. B, C und D stellen weitere Fragen, die in einem Vergleich nur jeweils eine eindeutige Antwort ergeben können. „Wer von beiden hat dunklere Haare, wer hat mehr Geld, wer hat größere Füße, wer wohnt näher bei Dir, wen kennst Du länger?"

Wenn Ihr mehrmals feststellt, daß Eure Aussagen nicht stimmen, dann stellt die Gegenfrage, zum Beipiel: „Wer ist reicher?" Ist Eure Aussage falsch, dann fragt, „Wer ist ärmer?" und kalibriert Euch neu auf die Zustände.

Wenn Ihr Euch nun sicher beim Kalibrieren fühlt, dann wechselt die Person und stellt Euch wieder ganz neu ein. Die wesentliche Voraussetzung ist, immer wieder neugierig zu sein auf die neuen Menschen und die Unterschiede, die es bei diesen gibt. Ihr könnt diese Übung noch dadurch verändern, daß Ihr entweder beispielsweise den Kopf abdeckt und nur schaut, welche Unterschiede wahrzunehmen sind in bezug auf Muskeltonus, Körper, Körperhaltung. Ihr könntet auch den Körper abdecken und nur das Gesicht sehen oder jeweils die Augen schließen lassen oder nur von der Seite schauen. All dies sind Herausforderungen, noch genauer wahrzunehmen.

Variation: Auditive Eichung (6-10 Min. je Partner)
Ihr macht die gleiche Übung, wobei allerdings B,C und D die Augen schließen und A, wenn er an die Person, die er mag und an die Person, die er nicht mag, denkt, laut von eins bis zehn zählt. B, C und D kalibrieren sich auf die Stimmlage, Lautstärke, Schnelligkeit, Tempo, Atem, Timbre, Klangfarbe; was alles zu diesem Zustand gehört. Wieder testet Ihr, indem Ihr die Fragen stellt: „Welche von beiden Personen ist größer, älter, schöner, weiter weg von Euch?“ Immer dann, wenn A die Antwort hat, beginnt er zu zählen, und Ihr könnt Euch gemeinsam einigen und dann die Antwort laut sagen. A gibt Euch Feedback, ob es richtig oder falsch war.

Variation: Kinästhetische Eichung (6-10 Min. je Partner)
B,C und D sitzen so nah bei A, daß es demjenigen angenehm ist und sie gleichzeitig A berühren können. Entscheidet, wo Ihr eine Hand auflegen wollt, entweder auf Rücken-, Nacken- oder Schulterpartie oder ob Ihr die Hand halten wollt – wo es A angenehm ist (sozial akzeptierte Stellen). B, C und D kalibrieren über die aufgelegten Hände, was sich verändert, wenn A an eine Person, die er mag und an eine, die er nicht mag, denkt. Achtet dabei auf Wärme, Feuchtigkeit, Muskeltonus, Bewegung, Atemrhythmus etc. Wieder testet Ihr, indem Ihr Fragen stellt, beispielsweise: „Wer hat ein größeres Haus, ein schnelleres Auto, eine größere Nase, kleinere Ohren?“ Laßt Euch von A ein Signal geben, wenn er sich vollständig an die Person erinnern kann. Verständigt Euch, gebt Eure Antwort und laßt Euch von A feedbacken.

Notizen

Blitzlicht

Form: **Übung** ☒ **Spiel** ☐ **Phantasiereise** ☐

Ziel:
Transparenz über Stimmung und Tagesform

Gruppengröße: ☺
Alle in der Gruppe

Dauer:
20-30 Min., je nach Gruppengröße

Material:
Kleines Stofftier zum Herumreichen

Ort:
Gemütlicher Raum

Anmerkungen:
Das Blitzlicht gibt Euch die Möglichkeit, sich über das, was Euch beschäftigt, Euren derzeitigen Zustand und Eure Wünsche und Ziele auszutauschen. Damit habt Ihr wichtige Informationen über die Stimmung und die Wünsche im Team transparent gemacht.

Beschreibung:
Im Blitzlicht kommt jeder zu Wort. Um zu verdeutlichen, wer gerade das Wort hat, könnt Ihr einen Ball oder ein Stofftier herumreichen. Derjenige, der diesen Gegenstand hat, hat auch die ungeteilte Aufmerksamkeit der Gruppe und hat allein das Recht zu sprechen.

Inhaltlich ist es vorteilhaft, wenn Ihr Euch zuerst zur Vergangenheit, zur Gegenwart und dann zur Zukunft äußert. Damit ist sichergestellt, daß jeder mit einem Wunsch oder Ziel sein Blitzlicht beendet. Es gibt dadurch auch eine andere Stimmung im Team.

Blitzlichter können nach einer Übung, zum Tagesbeginn oder zum Abschluß eines Tages oder einer Sitzung durchgeführt werden.

Folgende Fragen können Euch beim Blitzlicht behilflich sein:

1. Was ist von gestern (oder von der Übung) noch übrig?
2. Wie geht es mir heute?
3. Was wünsche ich mir für den Tag (das nächste Mal oder für den Rest der Woche)?

Variation: Reporter berichten (je nach Gruppengröße ca. 15 Minuten)
Um Blitzlichter noch kürzer zu gestalten, könnt Ihr Metaphern vorgeben, mit denen die Teilnehmer ihre Gefühle, Wünsche und Ziele beschreiben.

Beispiele:

- Wetterbericht: „Gestern waren einige Niederschläge, es war bewölkt, manchmal schaute allerdings schon die Sonne durch. Heute morgen haben sich die Morgennebel allmählich gelichtet und es verspricht ein sonniger, warmer Tag zu werden mit einer erfrischenden Brise aus dem Norden."
- Straßenbericht: „Gestern war wegen einiger Unfällle zähfließender Verkehr. Die Staus haben sich aufgelöst, und für den Tag wünsche ich mir fließenden Verkehr und freie Fahrt."
- Theater-Kritik: „Ich möchte Euch von dem Theaterstück ‚Spaß am Leben' berichten. Das Publikum war sehr zahlreich erschienen, die Erwartungen waren sehr hoch. Mich persönlich haben einige Szenen sehr berührt und sehr nachdenklich gemacht. Die Schauspieler waren sehr liebenswert und echt. Ich fühlte mich nach der Veranstaltung angeregt und hatte Lust zu diskutieren. Ein tolles Stück. Ich wünsche mir von diesem Stück weitere Folgen."
- Sport-Bericht: „Ich möchte Euch von den Vorläufen der 4x400m-Staffel der Männer berichten. Nach einem starken Start verlor der zweite Läufer bei der Übergabe den Staffelstab. Alle anderen Mannschaften zogen vorbei und wir hatten das Gefühl, er schafft es nicht mehr. Doch dann waren der dritte Läufer und der Schlußläufer so motiviert, daß sie noch als Team den dritten Platz und damit die Qualifikation erreichten. Das Team hat sich somit für den Endlauf qualifiziert und ich glaube, daß es gute Siegchancen hat."

Arbeitskriterien

Form: **Übung ☒ Spiel ❐ Phantasiereise ❐**

Ziel:
Normen und Kriterien erkennen und weiterentwickeln

Gruppengröße: ☺
In der Gruppe

Dauer:
90 Min.

Material:
Metaplanpapier und Stifte

Ort:
Großer, heller, gemütlicher Raum

Anleitung:
Setzt Euch im Team zusammen, entweder im Plenum oder in Kleingruppen, und erarbeitet einen Katalog mit Faktoren, die dazu beitragen, daß Teamarbeit ein Erfolg wird. Erstellt eine Liste von wichtigen Ressourcen, die notwendig sind, von wichtigen Eigenschaften, die dokumentieren, daß Teamarbeit in Eurem Team erfolgreich und effektiv ist. Wenn Ihr Eure Liste erstellt habt, dann entwerft ein großes Plakat, auf dem alle diese Eigenschaften, alle diese Faktoren übersichtlich aufgelistet sind, und hängt dieses Plakat gut sichtbar in Eurem Gruppenraum auf.

Wähl Dir dann einen Partner, mit dem Du gemeinsam Feedback übst, und nehmt Euch einen Moment Zeit, wählt Euch einen Platz, wo Ihr ungestört seid, und gebt Euch gegenseitig Feedback darüber, in welchen Punkten Ihr besonders gut zu der Gruppenarbeit beitragen könnt, welche dieser Eigenschaften kannst Du jederzeit für Dich nutzen, in welchen Punkten oder Faktoren bist Du schwach oder könntest noch eine Unterstützung gebrauchen, was könntest Du noch verbessern, um Dich mehr in die Gruppe einzubringen? Entscheidet für Euch, ob Ihr entweder alle Punkte zunächst bei einem Mitspieler beantwortet und dann wechselt oder wie Ihr für Euch die geeignete Form findet, Euch Feedback zu geben.

Hierbei geht es nicht um Höflichkeit oder Freundlichkeit, die dem anderen die Möglichkeit versperrt, sich weiterzuentwickeln und zu wachsen, sondern hier geht es darum, möglichst ernsthaft und respektvoll seinem Partner die Chancen zum Weiterwachsen aufzuzeigen. Derjenige, der Feedback gibt, ist auch verantwortlich für den Rapport, so daß sichergestellt ist, daß Dein Partner Dir auch zuhören kann. Schließt das dann gemeinsam ab und macht Euch kurze Notizen, woran jeder noch weiterarbeiten, was jeder einzelne von Euch noch weiter verbessern möchte.

Notizen

Disney-Strategie

Form: **Übung ☒ Spiel ❐ Phantasiereise ❐**

Ziel:
Kreativität und Lösungsstrategien, Träume auf die Erde bringen

Gruppengröße: ☺
Alle in der Gruppe

Dauer:
1 Stunde

Material:
Schreibzeug

Ort:
Schöner, heller, ruhiger Raum

Beschreibung:

1. Findet einen Plan, ein Projekt, eine Vision, einen Wunsch, eine Idee, die Ihr als Team verwirklichen möchtet, wo Ihr aber noch keine Strategie und Vorstellung davon habt, wie dies tatsächlich in Zukunft umzusetzen ist.

2. Träumer, Handelnder und Kritiker als Zustände etablieren.

Verteilt drei Karten mit den Positionen Träumer, Handelnder und Denker auf dem Boden.

Geht als erstes in die Position des Träumers und erinnert Euch an Situationen, in denen es Euch leichtgefallen ist, zu träumen, Ideen aufsteigen zu lassen und zu „spinnen". Hier kannst Du Dich daran erinnern, wie es sich anfühlt, kreativ zu sein, Vorstellungen entstehen zu lassen und alles Mögliche und auch Unmögliche zu denken. Für den Träumer ist alles möglich. Hier können die Ideen „sprudeln" – hier bekommt die Phantasie „Flügel".

Verlaßt dann diese Position und unterbrecht den Zustand, indem Ihr Euch bewegt.

Als nächstes geht in die Position des Handelnden. Erinnert Euch an Situationen, die Ihr bereits erlebt habt, wo Ihr etwas umgesetzt und wo Ihr angepackt und gehandelt habt. In dieser Position erinnert Euch an Eure Aktivität, an Situationen, wo Ihr Ideen effektiv und tatkräftig umgesetzt habt. Für den Handelnden ist es leicht, etwas zu tun und ganz konkret umzusetzen.

Verlaßt dann diese Position des Handelnden und unterbrecht den Zustand, indem Ihr Eure Arme zum Boden hin ausschüttelt.

Geht nun in die Position des Kritikers. Der Kritiker überlegt sich, was gut war und was sich noch verbessern läßt. Erinnert Euch hier an Situationen, in denen Ihr konstruktiv kritisiert habt und in denen Ihr Verbesserungsvorschläge entwickelt habt. Hier ist die Position des inneren Dialoges. Hier könnt Ihr eine Sache kritisch anschauen und Möglichkeiten entwerfen oder Wünsche vorstellen, die etwas verbessern und weiterentwickeln.

3. Metaposition einnehmen

Nehmt einen Platz im Raum ein, von dem aus Ihr alle drei bisherigen Positionen beobachten könnt, wo Ihr eine Beobachter-Rolle einnehmt und wo Ihr dissoziiert seid. Aus der Dissoziation schätzt die Beziehung der verschiedenen Teilpersönlichkeiten zueinander ein: z.B. gleichberechtigt, hierarchisch, synergetisch usw.

Ergebnis sollte eine ausgeglichene Beziehung zwischen den Teilpersönlichkeiten sein.

Sofern der Träumer Teile des Kritikers übernommen hat, soll er diese zum Kritiker zurückschicken usw. Überprüft auch, ob der Abstand der einzelnen Positionen eine klare Trennung zwischen den einzelnen Zuständen ermöglicht.

4. Den Träumer, den Handelnden und den Kritiker für das konkrete Ziel nutzen.

Zu Beginn des **1.** Durchganges nennt das Ziel, die Vision, den Wunsch etc., den Ihr in Zukunft umsetzen wollt.

Begebt Euch alle in die Position des Träumers, erinnert Euch an das Gefühl zu träumen und laßt hier Ideen und Träume zum Ziel kommen.

➤ „Welche Vorstellungen, Ideen, Visionen habt Ihr hier? Welche Möglichkeiten gibt es? Was für ausgefallene Ideen oder Visionen könnt Ihr hier erträumen? Was ist im Traum alles möglich?"

Schreibt alle Ideen auf, ohne zu bewerten. Alles sammeln – wie beim Brainstorming. Jeder Beitrag ist richtig und wichtig.

Separator (Unterbrechung, bevor Ihr in die nächste Position geht, damit jede Position klar voneinander getrennt ist).

Geht dann in die Position des Handelnden und erinnert Euch an das Gefühl, etwas konkret umzusetzen und zu handeln.

➤ „Was wäre nötig, um diese Vision zu verwirklichen und wie? Welche Schritte sind notwendig und hilfreich, um die Ideen Realität werden zu lassen? Was kann konkret getan werden, um die Träume lebendig werden zu lassen? Wie und in welcher Reihenfolge gehen wir am besten vor?“

Auch hier alles aufschreiben und die Möglichkeiten sammeln.

Separator

Als nächstes geht in die Position des Kritikers. Hier habt Ihr die Möglichkeit, konstruktiv Kritik zu äußern und Verbesserungen auszusprechen.

➤ „Was denkt Ihr über diese bisher vorgeschlagenen Schritte? Fehlt etwas oder was kann man noch verbessern?“ Hier ist es nicht nötig, die vollständige Lösung zu finden, sondern nur das, was an den bisherigen Vorschlägen nicht gut war und es gilt, Verbesserungsmöglichkeiten zu finden.

5. Meta-Position einnehmen und dann evtl. **2.** Durchgang durchführen.

Überprüft, ob die einzelnen Positionen wirklich klar voneinander getrennt sind. Wenn nicht, dann „räumt“ die Positionen so auf, daß eine Trennung deutlich ist.

Wenn Einwände vom Kritiker erhoben werden, könnt Ihr einen weiteren Durchgang mit den Verbesserungsvorschlägen durchlaufen, um Lösungen zu finden. Benennt für den **2.** Durchgang zu Beginn das neue Ziel, den Wunsch, die Vision, den Verbesserungsvorschlag, den Einwand etc., der sich aus dem **1.** Durchgang ergeben hat.

6. Abschluß

Bildet zum Abschluß einen Kreis, bei dem Ihr alle drei Positionen miteinander verbindet. Faßt die Hände von Euren Nachbarn rechts und links an, um den Kreis zu schließen und schaut Euch an, wer alles in diesem Team dabei ist. Spüre die Hände rechts und links – sie können Dich daran erinnern, daß Du diese Aufgabe nicht allein bewältigen mußt, sondern daß andere da sind, die Dich mit ihrer Kreativität und ihren Möglichkeiten unterstützen können.

Beginnt, Euch dann im Uhrzeigersinn zu bewegen, so daß jeder jede Position mehrmals durchläuft. So könnt Ihr jetzt den Träumer, den Handelnden und den Kritiker schnell durchlaufen und sie ganz selbstverständlich zusammenarbeiten lassen. Laßt den Kreis dann etwas enger werden und kommt im Mittelpunkt dann einen Augenblick zur Ruhe – dem Punkt, an dem alle drei Positionen vereint sind, wo alles schon selbstverständlich da ist.

Variation:
Ihr könnt die gleiche Übung auch mit drei Kleingruppen machen. Jede Gruppe nimmt zum gleichen Zeitpunkt eine unterschiedliche Position ein. Die Kleingruppen rotieren dann durch alle Positionen und stellen in der großen Gruppe ihre Ergebnisse vor. Die Arbeit in Kleingruppen kann etwas intensiver sein.

Variation:
Wenn Ihr als Team Lösungen finden wollt, könnt Ihr die drei Positionen auch auf die Anzahl der Teilnehmer verteilen, so daß es eine Gruppe gibt, die träumt, eine Gruppe, die sich über Handlungen Gedanken macht und eine Gruppe, die die Handlungen verbessern möchte. Achtet dabei darauf, daß keine Position dominant wird, sondern alle Positionen ausgeglichen zu Wort kommen. Es hat sich als Vorteil erwiesen, wenn man die Reihenfolge Träumer, Handelnder, Kritiker einhält (nicht die Träume kritisieren, bevor es überhaupt Ideen zur Realisierung gibt). Ihr könnt die einzelnen Positionen mit den Leuten besetzen, die glauben, in dieser Position besonders brillant zu sein. Damit habt Ihr die Ressourcen der Gruppe optimal eingesetzt.

Moment of Excellence

Form: **Übung ❐** **Spiel ❐** **Phantasiereise ☒**

Ziel:
Ressourcen stärken und für zukünftige Situationen nutzen

Gruppengröße: ☺
In der Gruppe

Dauer:
20 Min.

Material:
Bequeme Stühle, evtl. Decken für das Hinlegen, Entspannungsmusik

Ort:
Ruhiger Ort, wo Ihr ungestört seid

Anleitung:
Setze Dich bequem und locker hin, so daß Du Dich wohl fühlst und Dich entspannen kannst. Du brauchst jetzt nichts weiter zu tun, als dazusitzen und zuzuhören. Du kannst Dich entscheiden, ob Du einfach nur Deinen Gedanken nachgehst oder ob Du der Musik lauschst und Dich von ihr mitnehmen läßt oder ob Du Dich von meiner Stimme und dem, was ich sage, anregen läßt – Dich überraschen läßt, was sie für Assoziationen in Dir weckt. Während Du mit Deiner Aufmerksamkeit nach innen gehen kannst – in Deinen Körper spüren, wie er sich jetzt anfühlt und was Du noch tun kannst, um Dich richtig wohl zu fühlen. Nimm wahr, wie Du dasitzt und wie Du sicher und fest getragen wirst, so daß Du innerlich loslassen kannst – Deinen Körper – Deine Muskeln – und Dich von Deinem ruhigen Atem mitnehmen lassen kannst – in eine tiefe Entspannung. Mit jedem Ausatmen kannst Du mehr und mehr loslassen und in einen wachen und zugleich gelösten Zustand kommen. Während Deine Atmung gleichmäßig und tief geht, kannst Du die Ruhe und Gelöstheit in Dir ausbreiten lassen, so daß jede Zelle Deines Körpers in einem entspannten Zustand ist – Du Dich wohl fühlst und mit Deiner Aufmerksamkeit nach innen gehen kannst.

Während sich Dein Körper wie von allein weiterentspannt, erinnere Dich an eine Zeit in Deinem Leben, in der Du all Deine Fähigkeiten zur Verfügung gehabt hast, in der Du das Gefühl hattest, kompetent zu sein und wo Du Deine Talente und Fähigkeiten gezeigt und eingesetzt hast. An eine Situation in Deinem Leben, wo Du all die Ressourcen ganz selbstverständlich zur Verfügung hattest, wo es Dir gut ging und es Dir Spaß gemacht hat, Deine Kräfte einer Aufgabe zur Verfügung zu stellen.

Während Du Dich mehr und mehr an eine dieser Situationen erinnern kannst, tu so, als ob Du diese Situation nochmal erlebst. Gehe in Deiner Vorstellung in diese Situation hinein und erlebe sie nochmal vollständig. Schau Dich um, was in dieser Situation alles da ist – welche Personen oder Sachen Du sehen kannst – welche Farben Dich umgeben – wie Deine Umgebung aussieht. Während Du Dich weiter umschaust, kannst Du auch auf die Geräusche, Worte und Töne hören, die Dich in dieser Situation erreichen. Worte von anderen – oder aber, was Du Dir selbst sagst. Nimm wahr, wie Du Dich in der Situation fühlst, wie Du Deinen Körper bewegst und was für Dich in der Situation zu spüren ist. Welchen Eindruck hast Du in diesem Augenblick und welches Gefühl ist für Dich erlebbar. Vielleicht gibt es auch einen ganz bestimmten Geruch oder Geschmack, der dazugehört. Erlebe diesen Moment mit all Deinen Sinnen.

Während diese Situation Dich mehr und mehr erfüllen kann, finde für Dich den schönsten Moment heraus – den Augenblick, wo Du das Gefühl hast, daß alles in Dir da ist – wo Du Dich sicher und wohl fühlst und Deine Fähigkeiten in Fluß sind. Und wenn dieser Moment sehr kurz ist, dann mache ihn jetzt etwas länger, so daß Du ihn vollständig und mit allen Sinnen genießen kannst.

Nimm wahr, was diesen Moment so besonders werden läßt, welches Gefühl Dich begleitet und laß es noch ein bißchen intensiver werden, daß es Dich vollkommen ausfüllt. Und wenn Du das Gefühl hast, daß es jetzt vollständig da ist, dann führe den Daumen und den Zeigefinger Deiner rechten Hand zusammen, so daß sich die Fingerspitzen Deines Daumens und Deines Zeigefingers für einen Augenblick berühren – während Du dieses Gefühl in Dir spürst – noch etwas kräftiger und etwas intensiver.

Diese Berührung der beiden Finger wird Dich an dieses Gefühl – an diesen Augenblick Deiner persönlichen Excellence – erinnern. Du kannst sie wieder loslassen und Dich in Deinem Tempo auch von der Erinnerung an Deine ressourcevolle Situation verabschieden, denn Du weißt: „Alles was Du brauchst, ist bereits in Dir!“ – Du hast alle Fähigkeiten und Möglichkeiten, und sie wollen genutzt und spielerisch eingesetzt werden. Nutze Dein Spectrum – Deine Vielfalt für die Aufgaben, die Du Dir gestellt hast.

Überlege Dir, für welche zukünftigen Situationen Du dieses Gefühl gebrauchen kannst. Wann und wo in der Zukunft kann Dich dieses Gefühl – dieser innere Zustand unterstützen? Ist es eine Situation in der nahen Zukunft oder etwas weiter weg? Bist Du allein oder mit anderen zusammen? Stell Dir diese Situation möglichst vollständig vor und auch, wie Du in dieser Situation wieder Deinen Daumen und den Zeigefinger Deiner rechten Hand zusammenführst, so daß sich die Fingerspitzen Deines Daumens und Deines Zeigefingers für einen Augenblick berühren und Du Dich damit an dieses Gefühl – diesen Augenblick Deiner persönlichen Excellence – erinnerst und das Gefühl spüren kannst, was dazugehört – es intensiv wahrnehmen und in Deinem Körper fühlen kannst.

Mit der Gewißheit, daß Du in dieser Situation all die Ressourcen zur Verfügung hast, die Dich unterstützen, kannst Du Dich von dieser Vorstellung verabschieden und mit Deiner Aufmerksamkeit wieder in diesen Raum kommen. Mit dem Vertrauen, daß Du in Dir jederzeit, wenn Du den Zustand der persönlichen Excellence gebrauchen kannst – mit der Berührung zwischen Daumen und Zeigefinger der rechten Hand –, ihn in Dir herstellen und spüren kannst, komme wieder hierher zurück und spüre, wie Du dasitzt und wie Du Dich jetzt fühlst. Du kannst Dich entscheiden, ob Du mit einer kleinen Bewegung oder einem tiefen Atemzug wieder hierher zurückkommst. Mit jedem Einatmen kann die Energie und Frische in Dir erwachen, die Du heute noch haben möchtest – mehr und mehr.

Vielleicht nimmst Du bereits etwas von diesem besonderen Gefühl mit hierher.

Dann schau Dich um, wer schon wieder ganz da ist und mit wem Du Dich über Deine Erfahrung austauschen möchtest oder ob Du noch einen Augenblick allein sein möchtest. Nimm das an, was jetzt gerade für Dich richtig ist.

Notizen

Ja / Nein-sagen

Form: **Übung ❒** **Spiel ☒** **Phantasiereise ❒**

Ziel:
Grenzen wahrnehmen und setzen, Signale klären

Gruppengröße: ☺☺
In der Gruppe

Dauer:
10 Min.

Material:
–

Ort:
In der Natur

Beschreibung:
Ein Team steht sich in zwei Reihen gegenüber, ca. zehn Meter auseinander, die aufeinander zugehen, und in dem Moment, wo sie sich treffen, sagen die Teilnehmer ganz laut „Ja“. Beide Reihen entfernen sich voneinander und rufen dann von weitem „Ja“.

Sie probieren aus, wie unterschiedlich sie auf die Variationen von „Ja“ reagieren. Dann die Wiederholung mit „Nein“ – aufeinander zugehen, „Nein“ sagen, laut und leise, voneinander entfernen und herausfinden, wie die Reaktion ist.

Nur wer wirklich „Nein“ sagen kann, kann auch „Ja“ sagen – wichtig ist, die Freiheit zu haben, jederzeit wählen zu können und die Offenheit in der Gruppe so zu erhöhen, daß es möglich ist, jederzeit „Nein“ zu sagen und sich abzugrenzen.

Variation: Abgrenzen
Jeder sucht sich einen Partner, und A beginnt, indem er um sich herum einen Kreis zieht, und B versucht in diesen Kreis hineinzukommen. A muß dafür sorgen, daß B außerhalb des Kreises bleibt und daß er in seinem Kreis, in seinem Reich seinen Raum hat und ungestört ist. B versucht, mit allen Mitteln in diesen Kreis hineinzukommen. Nehmt wahr, was dabei passiert, wenn Ihr Euch abgrenzen könnt oder

wenn Ihr Euch nicht abgrenzen könnt. Es ist sinnvoll, herauszufinden, wie Ihr es schaffen könnt, Euch auf eine einfache und doch eindeutige Art abzugrenzen innerhalb eines Teams, so daß Ihr, wenn Ihr zusammenarbeitet, Eure Eigenständigkeit wahren könnt und wißt, daß Euer Raum geschützt ist, so daß Ihr Euch auf Nähe und Resonanz einlassen könnt. Dazu müßt Ihr herausfinden, welche Ressourcen jeder für sich braucht, um Klarheit und eindeutige Abgrenzung für sich zu schaffen.

Notizen

Der gelbe Zaun

Form: **Übung ❐** **Spiel ☒** **Phantasiereise ❐**

Ziel:
Wahrnehmung schärfen

Gruppengröße: ☺
In der Gruppe

Dauer:
10 Min.

Material:
–

Ort:
Im Gruppenraum, im Partykeller, während der Grillfete

Beschreibung:
Alle Mitspieler versuchen herauszufinden, was das wesentliche Kriterium ist, um über den gelben Zaun zu kommen. Der Spielleiter beginnt, indem er Angaben darüber macht, wie man über den gelben Zaun kommt. Er sucht dabei irgend etwas aus, was der Spieler links neben ihm trägt: „Ich komme über den gelben Zaun mit einem roten Turnschuh." Dies ist die Bedingung, um über den gelben Zaun zu kommen, allerdings nur für ihn. Jeder weitere Spieler, der eine Angabe darüber macht, wie er über den gelben Zaun kommen kann, muß das Spiel verstanden haben und Eigenschaften oder Dinge nennen, die sein linker Nachbar trägt bzw. an sich hat.

Variation: Zwillinge (10 Min.)
Der Spielleiter benennt Dinge, die die Zwillinge lieben und solche, die die Zwillinge nicht mögen. Auch hier geht es darum, die Wahrnehmung zu erweitern und herauszufinden, was das Kriterium ist, nach dem sortiert wird. Die Zwillinge lieben Dinge, die zwei doppelte Buchstaben im Wort haben, z.B. Pullover, aber sie mögen keine Jacken. Sie lieben Löffel, aber keine Gabeln. Die Mitspieler raten, um welche

Kriterien es sich hier handelt. Wer meint, daß er das Spiel verstanden hat, zeigt dies, indem er einige richtige Beispiele nennt.

Variation: Schere (10 Min.)
Alle Spieler sitzen im Kreis. Für diese Spielvariante wird eine Schere benötigt. Die Schere wird weitergegeben mit den Worten: „Die Schere ist offen" oder: „Die Schere ist geschlossen." Die Schere ist offen, wenn die Beine des Sprechers geöffnet sind, und die Schere ist geschlossen, wenn dessen Beine überkreuz sind. Auch hier geht es darum, schnellstmöglich die Kriterien für richtige Aussagen zu entdecken.

Notizen

Spiel erfinden

Form: **Übung ☒** **Spiel ❐** **Phantasiereise ❐**

Ziel:
Kreativität entwickeln, Resultate präsentieren

Gruppengröße: ☺
In der Gruppe

Dauer:
Ca. 90 Min.

Material:
Spielkarten oder Pappe, Spielfiguren, Münzen oder Chips, Papier, Buntstifte, Filzstifte, Würfel

Ort:
Ruhiger, heller Raum

Anmerkungen:
Benötigt werden zwei unabhängige Gutachter

Beschreibung:
Die Gruppe hat 45 Minuten Zeit, ein neues Spiel zu erfinden, bei dem sie die vorhandenen Materialien verwenden darf. Sie kann selbständig Spielregeln entwickeln und sollte sich darauf vorbereiten, dieses Spiel zwei unabhängigen Gutachtern zu erklären. Nach 45 Minuten kommen die beiden Gutachter und lassen sich 15 Minuten lang das Spiel erklären und können es in dieser Zeit ausprobieren. Die Gutachter geben Feedback über die Stärken und Schwächen des Spiels, und danach hat das Team noch einmal 20 Minuten Zeit, das Spiel aufgrund der Feedbackmeldungen zu überarbeiten und fertigzustellen. Danach können die Gutachter das Spiel noch einmal fünf Minuten ausprobieren mit den revidierten Regeln und kurzes Feedback geben, ob sich etwas verbessert oder verändert hat.

Auswertungsfragen:

Was hat dazu beigetragen, die Kreativität in der Gruppe zu fördern?
Was hat dazu beigetragen, die Kreativität eher zu hemmen?
Habt Ihr im Team relativ schnell eine eigene Strategie entwickelt, und wie erfolgreich schätzt Ihr diese Strategie ein?
Habt Ihr Euch ein Ziel gesetzt und einen Rahmen abgesteckt oder habt Ihr mit Brainstorming gearbeitet?
Was war Eure Vorgehensweise?
Was würdet Ihr das nächste Mal genauso machen?
Was würdet Ihr das nächste Mal von vornherein in Eurer Zusammenarbeit anders machen?

Notizen

Floß bauen

Form: **Übung ❐** **Spiel ☒** **Phantasiereise ❐**

Ziel:
Kommunikation und Kooperation, Anker für Ressourcen

Gruppengröße: ☺
In der Gruppe

Dauer:
3 Stunden

Material:
12 verschlossene Plastiktonnen, 10 runde Hölzer, Seile, Paddel

Ort:
An einem See

Anmerkungen:
Für dieses Spiel sollte das Team nicht mehr als zwanzig Mitspieler haben. Es ist daran zu denken, evtl. Schwimmwesten anzulegen. Die Botschaft für das Team sollte vorher auf der anderen Seite des Sees versteckt werden.

Beschreibung:
Mit dem Material kann das Team ein seetüchtiges Floß bauen, übersetzen und auf der anderen Seite des Sees eine wichtige Information über Teamarbeit finden.

Auswerten.

Notizen

Eigenschaften raten

Form: **Übung ❒ Spiel ☒ Phantasiereise ❒**

Ziel:
Fremd- und Eigenwahrnehmung, Offenheit im Team, Feedback

Gruppengröße: ☺
In der Gruppe

Dauer:
15 Min. je Mitspieler

Material:
Schreibzeug

Ort:
Schöner, heller Raum mit der Möglichkeit, vor dem Raum gemütlich zu warten

Beschreibung:
Einer aus der Gruppe verläßt den Raum mit dem Wissen, daß er, wenn er zurückkommt, Eigenschaften raten soll, die andere über ihn gesagt oder ihm zugeschrieben haben. Diese soll er den Personen, die sich im Raum befinden, zuordnen. Mach Dir draußen eine schöne Zeit, während drinnen alle Anwesenden jeweils eine Eigenschaft oder ein Wort oder etwas notieren, was sie Dir zuschreiben. Laßt Euch von Eurer Phantasie leiten und von dem, was Ihr mit demjenigen erlebt habt. Möglichst etwas Charakteristisches oder etwas, was Eure Beziehung beschreibt. Dann kommt derjenige herein und kann nun raten, wer welche Eigenschaft über ihn gesagt hat, welcher Satz von wem stammt. Die Auflösung erfolgt erst, wenn alle Eigenschaften zugeordnet sind. Dann kann der nächste aus der Gruppe hinausgehen und neugierig sein. Beim zweiten oder dritten Durchlauf wird es interessanter, meistens gehen die Aussagen tiefer.

Variation: Werbung (10-30 Min., Zettel, Schreibzeug)
Jedes Gruppenmitglied schreibt auf einen Zettel eine Werbeanzeige über sich selbst, in der er sich als Kollege beschreiben und „verkaufen“ möchte. Als Anhaltspunkt kann Dir dabei die Frage helfen: „Warum sollte mich jemand als Kollegen lieber ‚kaufen‘ wollen als einen anderen?“ Danach werden alle Zettel eingesammelt,

gemischt und einzeln jeweils von einem anderen vorgelesen. Nun soll die Gruppe erkennen, wer die betreffende Werbung verfaßt hat und dies auch begründen.

Notizen

Mars-Spiel

Form: **Übung ❐ Spiel ☒ Phantasiereise ❐**

Ziel:
Auswirkungen von direkten und indirekten Fragen wahrnehmen

Gruppengröße: ☺☺

Dauer:
10 Min. je Mitspieler

Material:
Mars oder andere Süßigkeiten

Ort:
Großer, ruhiger Raum

Anleitung:
Such Dir einen Partner, eine Partnerin, mit der Du diese Übung machen möchtest, und nehmt Euch jeweils einen Marsriegel oder eine kleine Schokolade mit und setzt Euch so gegenüber, daß Ihr Euch gut verstehen und Euch auch gut sehen könnt. Entscheidet, wer zuerst beginnt, und der erste Spieler hat die Möglichkeit, mit allen möglichen Tricks, mit allen Varianten dem anderen Mitspieler das Mars abzubetteln. Hierbei gilt als einzige Regel für die ersten fünf Minuten, daß keine direkte Frage gestellt werden darf. Indirekt können alle Möglichkeiten genutzt werden, wie sie auch im Alltag genutzt werden. Was passiert, wenn der Mitspieler es einem nicht gibt? Nach fünf Minuten gibt es eine kurze Unterbrechung und eine neue Anweisung, mit dem Spiel fortzufahren. Von jetzt an ist alles erlaubt, alles, was im gesellschaftlichen Rahmen auch probiert und gestestet und angewandt wird, ist erlaubt, um dieses Mars, um diese Süßigkeit jetzt zu erringen. Was passiert, wenn Du sie nicht bekommst? Oder wenn Du sie bekommst? Dein Mitspieler kann so freundlich sein, Dir widerzuspiegeln, was bei ihm ankommt und was bei ihm nicht ankommt. D.h. gib die Süßigkeit nur dann heraus, wenn Du das Gefühl hast, Du würdest sie gerne geben. Hierbei kannst auch Du Deine eigenen Muster wahrnehmen: Wann Du auf etwas reagierst oder wann Du Dich bemüßigt fühlst, aus Höflichkeit oder aus Freundlichkeit ja zu sagen oder dem anderen nachzugeben.

Bemüht Euch, so nah wie möglich an dem eigenen Erleben zu bleiben, und bemüht Euch, so gut wie möglich, dem anderen eine Rückmeldung zu geben, was funktioniert und was nicht funktioniert.

Nach zehn Minuten solltet Ihr Euch darüber austauschen, wie es war, und wenn Ihr die Süßigkeit noch nicht habt, solltet Ihr Euch darüber austauschen, wie sie zu erlangen ist. Schließt das dann ab und wechselt, und wenn Ihr in beide Richtungen fertig seid und beide Eure Süßigkeit erhalten habt, dann bedankt Euch beieinander, daß Ihr Euch etwas näher kennenlernen konntet und jeder die Möglichkeit hatte, seine eigenen Muster zu erkennen. Bedankt Euch und verabschiedet Euch auf Eure eigene Art.

Notizen

Koff und Rembi

Form: **Übung ❐** **Spiel ☒** **Phantasiereise ❐**

Ziel:
Kreativität lockern, Ressourcen nutzen

Gruppengröße: ☺☺☺☺

Dauer:
20 Min.

Material:
Schreibzeug

Ort:
Großer Raum mit mehreren Sitzecken

Beschreibung:
Bildet Kleingruppen mit je vier Mitspielern, und sucht Euch einen Platz, wo Ihr in Ruhe Eure Ideen entwickeln könnt und Eure Kreativität fließen lassen könnt. Möglichst einen Ort, wo Ihr auch laut sein könnt, so daß Ihr die anderen nicht stört. Nehmt Euch genügend Papier und Stifte mit und überlegt Euch: Was würde passieren, wenn jeder auf der Welt einen Koff hätte? Oder was würdest Du tun, wenn Du in der U-Bahn einem Rembi begegnen würdest? Oder was würde passieren, wenn Du mit einem Drumbie zusammenleben könntest. Nehmt Euch genügend Zeit, um Eure Ideen zu sammeln und eine kleine Meldung darüber zu verfassen, die wir dann hier in der Gruppe zusammen vorlesen. Laßt Eure Kreativität fließen und nehmt dabei eine Haltung ein, die es Euch ermöglicht, Spaß zu haben.

Notizen

Luftballonlauf

Form: **Übung ❐** **Spiel ☒** **Phantasiereise ❐**

Ziel:
Koordination, Kooperation

Gruppengröße: ☺
Alle im Team

Dauer:
Ca. 7 Min.

Material:
Luftballons

Ort:
Auf einer Wiese

Anmerkungen:
Dies ist eine Übung, die sich gut für die Teamolympiade eignet. Die Luftballons sollten vorher aufgeblasen werden, so daß sie dann zur Verfügung stehen. Eine Strecke als Parcours bestimmen.

Beschreibung:
Das Team stellt sich in einer Reihe hintereinander auf und klemmt jeweils einen Luftballon zwischen Vorder- und Hintermann ein. Auf ein Startzeichen hin setzt sich die gesamte Riege in Bewegung, um einen vorher abgesteckten Parcours zu bewältigen und in möglichst Bestzeit wieder zurückzukommen. Dies macht natürlich noch mehr Spaß, wenn es mehr als ein Team gibt, und die Teams einen Wettbewerb ausführen.

Notizen

Meier

Form: **Übung** ❐ **Spiel** ☒ **Phantasiereise** ❐

Ziel:
Wahrnehmung schärfen, Signale erkennen

Gruppengröße: ☺
In der Gruppe

Dauer:
30 Min.

Material:
1 Würfelbecher, 2 Würfel, 1 Bierdeckel, Chips

Ort:
Im Gruppenraum, im Partykeller, in der Weinstube

Beschreibung:
Meier ist ein Würfelspiel; es werden dazu zwei Würfel benötigt, ein Würfelbecher, ein Deckel, auf dem gewürfelt und weitergegeben werden kann, ein Bierdeckel beispielsweise, und Hölzchen oder Chips, mit denen man dann die Punkte vergibt. Die Mitspieler sitzen im Kreis und der erste Spieler beginnt zu würfeln und schaut, ohne daß es die anderen sehen können, verdeckt auf die gewürfelte Augenzahl, die er dem nächsten Mitspieler links von ihm nennt.

Gezählt wird folgendermaßen: Die höhere Zahl sind die Zehner, der kleinere Wurf sind die Einer. Wenn ein Pasch vorliegt, dann heißt es Pasch eins, zwei, drei, etc.; der höchste Wurf ist Meier, das ist eine zwei und eine eins. Also bei einer fünf und einer eins wäre das 51, bei zwei fünfen wäre es Pasch fünf. Der nächste Mitspieler muß immer eine höhere Ansage machen.

Bei diesem Spiel geht es darum, ob der linke Mitspieler dem vorhergehenden Spieler glaubt und dessen Zahl ungesehen übernimmt oder ob er nachschaut und die Aussage überprüft. Sollte sich dabei eine andere Augenzahl als die genannte zeigen, erhält der vorangegangene Spieler einen Chip und muß erneut würfeln. Sollte sich die genannte Augenzahl bestätigen, muß sich der Spieler, der die Ansage überprüft hat, einen Chip nehmen. Glaubt der Spieler jedoch der Ansage seines Vorgängers, muß nun er würfeln und mit seinem Wurf über der genannten Augenzahl seines Vorgängers liegen. Dies bedeutet, daß er mehr Augen würfeln oder gut lügen muß.

Wenn alle in der Mitte befindlichen Chips verteilt sind, dann gibt jeweils der Spieler, der die Lüge seines Vorgängers aufgedeckt hat, einen Chip ab an denjenigen, der gelogen hat. Auf die Art und Weise bekommt derjenige, der am meisten beim Lügen erwischt wird, die meisten Chips. Das Spiel ist beendet, wenn alle Chips bei einem Mitspieler gelandet sind – was sehr lange dauern kann. Oder man beendet zum Zeitpunkt X das Spiel und schaut, wer dann die meisten Chips hat.

Notizen

Schlichtung

Form: **Übung ☒** **Spiel ❐** **Phantasiereise ❐**

Ziel:
Konflikte lösen, Meinungsverschiedenheiten beheben, gemeinsame Lösungen finden

Gruppengröße: ☺☺☺

Dauer:
90 Min.

Material:
Schreibzeug

Ort:
Schöner, ruhiger, heller Raum

Anmerkungen:
Schlichtung ist eine klassische Übung, um eine Lösung, eine Einigung zu erzielen, bei der beide Partner das Gefühl haben, ihre eigenen Vorschläge und ihre eigenen Standpunkte in die Lösung eingebracht zu haben. Zu schlichten bietet sich immer dann an, wenn gegensätzliche Meinungen, gegensätzliche Standpunkte eingenommen werden.

Anleitung:
Jeder, der sich an der Schlichtung beteiligen möchte, nimmt sich ein Blatt Papier und schildert seinen Standpunkt, seine Perspektive. Kommt dann im Kreis zusammen, so daß jeder seinen Standpunkt den anderen darlegen kann und sicherstellen kann, daß jeder seine Meinung, seine Perspektive verstanden hat. Tauscht Euch aus, stellt Verständnisfragen und übt dabei aktives Zuhören, indem Ihr nachfragt oder wiederholt und zusammenfaßt und sicherstellt, daß jeder wirklich verstanden hat, was dem anderen wichtig ist. Dann nehmt Euch wieder genügend Papier und einen Ort, wo Ihr in Ruhe kreativ an den Lösungsvorschlägen arbeiten könnt. Ihr habt jetzt 20 Minuten Zeit, und jeder der Beteiligten kann drei Lösungsvorschläge ausarbeiten. Schaut Euch nun die Lösungsvorschläge der anderen an und vergleicht sie mit Euren und vergleicht alle Lösungsvorschläge untereinander. Jeder von Euch

darf sich aus dem Pool der anderen einen Vorschlag auswählen, der seinen Vorstellungen am nächsten kommt. Prüfe also sorgfältig, welcher der Vorschläge Dir am sinnvollsten und am spannendsten erscheint oder welcher Deinen Vorstellungen am nächsten kommt. Aus den nun gewählten Vorschlägen könnt Ihr gemeinsam einen Vorschlag erarbeiten, den Ihr so angleicht, daß Ihr ein gemeinsames Ziel entwerfen könnt. Schaut wo Übereinstimmungen entstehen, wo Punkte sind, die ganz selbstverständlich zusammenpassen, und wie Ihr kreativ neue Wege finden könnt, so daß Ihr zu einem gemeinsamen Ergebnis kommt. Wenn Ihr gemeinsame Ergebnisse gefunden habt, dann könnt Ihr zu diesem Ziel Vereinbarungen treffen, wie Ihr Euch in Zukunft verhalten werdet oder wer die Verantwortung für welchen Teil übernehmen wird.

Notizen

Ballonbau

Form: **Übung ❐ Spiel ☒ Phantasiereise ❐**

Ziel:
Konstruktive Zusammenarbeit, Strategie

Gruppengröße: ☺☺☺☺

Dauer:
2 bis 3 Stunden

Material:
Je Kleingruppe: 24 Bögen Seidenpapier in zwei Farben, 1 Tube Klebstoff, 2 m Blumendraht, 1 Lineal, 1 Schere, 1 Bleistift, 1 Bauanleitung, 4 Gaskartuschen, Aluminiumröhre, um die heiße Luft in den Ballon zu leiten

Ort:
Großer Raum und im Freien

Anleitung:
Denke über Deine Ziele, Wünsche und Hoffnungen nach, und welche Ziele Du aufsteigen lassen möchtest. Geht dann zu viert zusammen, um einen Indioballon zu bauen. Die südamerikanischen Indios lassen bei Familienfesten und anderen fröhlichen Anlässen kleine Heißluftballons steigen. Sie bauen diese Ballons in einer ziemlich einfachen, kantig wirkenden Form.

Nehmt Euch zwei Stunden Zeit, Euren Ballon gemeinsam zu bauen. Ihr könnt dazu die Bauanleitung benutzen und ihn dann mit Euren Wünschen, Hoffnungen und Zielen beschriften, damit sie gemeinsam aufsteigen können. Nach zwei Stunden benötigt Ihr einen Bunsenbrenner, um heiße Luft in die Ballons zu füllen. Es gibt Einfüllstutzen aus Aluminium, die die heiße Luft dann hinein in den Ballon leiten. Achtet darauf, daß Ihr den Ballon so lange haltet, bis er sich gefüllt hat, und ihn dann mit einem kleinen Ritual der Luft anvertraut.

Bauanleitung

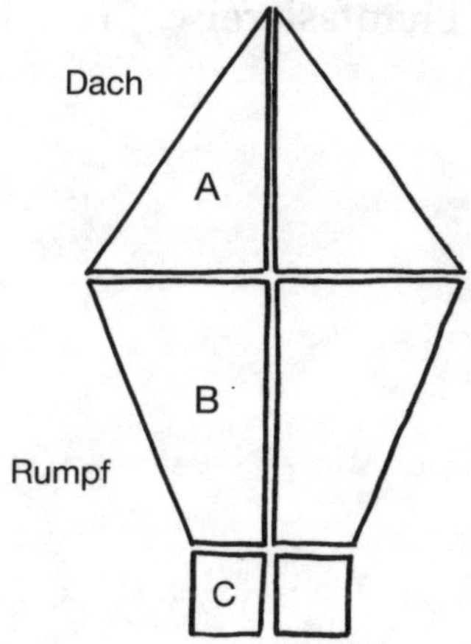

Herstellung einer Ballonseite

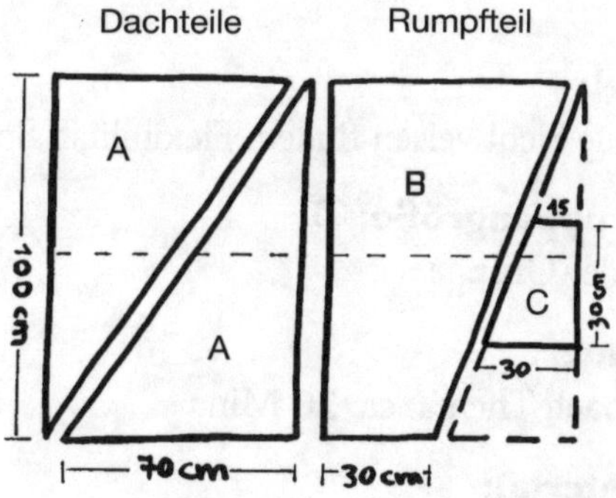

Zuschnitt der Ballonteile (Maße eines Seidenpapierbogens ca. 50 x 70 cm)

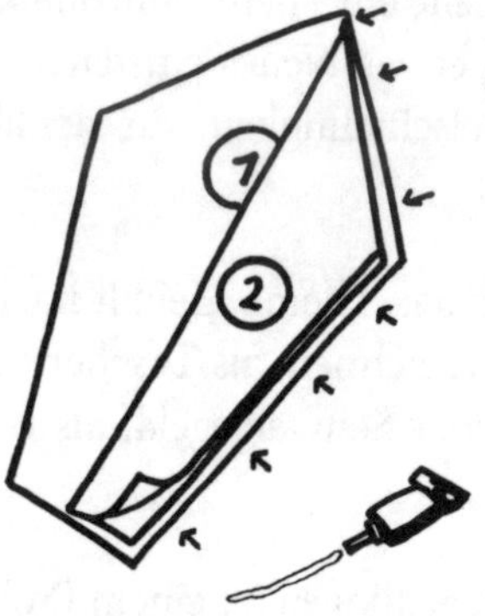

Klebeverfahren für die Ballonhülle

Gesamtansicht
4 Seiten

Reframing oder Redefinition

Form: **Übung ❒** **Spiel ☒** **Phantasiereise ❒**

Ziel:
Neue Sichtweisen finden, Flexibilität, Spontanität

Gruppengröße: ☺
In der Gruppe

Dauer:
Je nach Thema, ca. 20 Min.

Material:
Schreibzeug

Ort:
Sitzkreis im Raum

Beschreibung:
Hierbei wird ein Problem aus einer anderen Perspektive, aus einem anderem Blickwinkel betrachtet: von der Rückseite oder von oben, von hinten oder von vorne, aus einem anderen Menschen oder einer anderen Position heraus. Dadurch, daß man versuchsweise und spielerisch von der Rückseite ein Thema aufrollt, kann durch die Verfremdung oder durch die Verwirrung etwas Neues entstehen. Mit der Übung entwickelt man ein Gespür für die Vielschichtigkeit, für denkbare mögliche andere Standpunkte.

Hier eine kurze Anregung, einmal ganz anders über das Thema Gehalt nachzudenken: Man könnte es zum Beispiel als Geschenk bezeichnen, als Taschen- oder Trinkgeld, als Kaufpreis, als Spende, als Schmier- oder Schweigegeld, als Bestechung oder als Belohnung.

Man könnte sich die Frage stellen: Was würde ein Regenbogen zu einem Problem sagen oder eine Katze, ein Baum, ein Mönch, ein Asylant, ein Berg, ein Kind, ein Indianer oder oder oder.

C-Design

Form: **Übung ☒** **Spiel ❐** **Phantasiereise ❐**

Ziel:
Kreativität lockern, in Fluß kommen

Gruppengröße: ☺☺☺☺

Dauer:
30 Min.

Material:
Schreibzeug

Ort:
Kreativraum

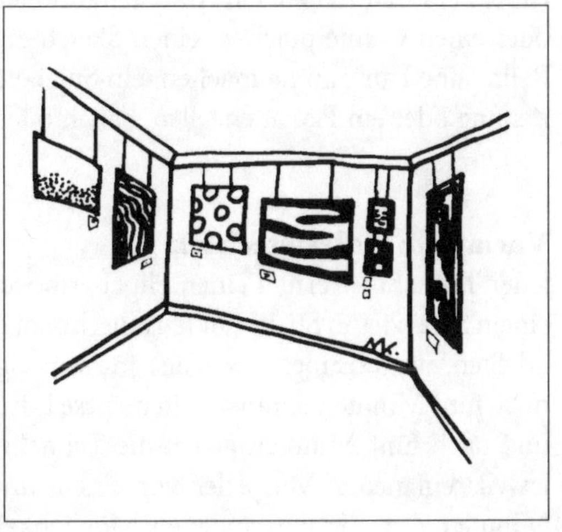

Beschreibung:
Um der Kreativität Flügel zu verleihen, können wir einen normalen Marketingprozeß benutzen. Wir haben zwei Millionen CD-ROM mit einer Information, die heute nicht mehr nützlich ist, und müssen diese verkaufen. Wichtig dabei ist, daß die Entsorgung dieser CD-ROM auch Geld einbringen soll, dazu müßt Ihr Euch also überlegen, was Ihr mit diesem Material anfangen könnt. Geht zu viert zusammen, sucht Euch einen Platz und nehmt Euch alles Material mit, was Ihr benötigt, um kreativ Eure Ideen fließen zu lassen und Euch zu entscheiden, was Ihr mit diesen zwei Millionen CD-ROM alles anfangen könnt, welche der Ideen Ihr realisieren wollt und welche von diesen Ideen Euer Favorit ist.

Präsentiert Euer Ergebnis in Eurem Stil.

Variation: Geschichten erfinden (20 Min.)
Geht als Kleingruppe zusammen, vier Leute, nehmt Euer Papier mit und entwickelt aus den nachfolgenden Begriffen innerhalb von zehn Minuten eine kleine Geschichte: Beamter, Sekretärin, Ausflug, Zugspitze, Rock'n Roll, Lottogewinn. Die zweite Gruppe bekommt als Stichworte: Polizist, Chefin, Totschlag, Mond, Mittel-

alter, Hochzeit. Falls eine dritte Gruppe da sein sollte, hier deren Stichworte: König, Tänzerin, Geburtstag, Sumpf, Regen, Schnaps.

Um Kreativität in Fluß zu bringen, könnt Ihr zu einem gewählten Thema ein Rollenspiel machen, ein Lied, eine Ballade basteln, eine Reportage, ein Hörspiel bauen, ein Bild malen, ein Märchen erfinden, eine Science Fiction-Story kreieren oder einen Comic machen, einen Sketch erstellen, eine Rede, ein Gedicht, einen Reim, eine Pantomime machen, ein Spiel erfinden, ein Puppenspiel machen, eine Zeitung oder ein Plakat erstellen, bauen oder basteln.

Variation: Galerietechnik

Jeder Teilnehmer erhält einen Flipchartbogen, in dessen Mitte er sein Problem in einem Satz oder in Stichpunkten aufschreibt. Dann kann er ca. fünf Minuten daran arbeiten, um Lösungsvorschläge für sein eigenes Problem zu machen. Ihr könnt noch fünf Minuten daran arbeiten, diese Lösungsvorschläge etwas zu modifizieren, und nach fünf Minuten gehen die Teilnehmer im Uhrzeigersinn weiter, so daß jeweils ein neuer Mitspieler vor einem anderen Blatt steht. Du hast jetzt fünf Minuten Zeit, die vorhandenen Möglichkeiten entweder auszubauen oder ganz neue Möglichkeiten für dieses Problem zu ersinnen. Nach weiteren fünf Minuten geht die Gruppe im Uhrzeigersinn weiter, so daß wiederum ein neuer Teilnehmer, ein neuer Mitspieler vor einem neuen Blatt steht und wieder neue Möglichkeiten, kreative Vorschläge entwickeln oder bereits vorhandene Vorschläge verfeinern kann. So erhält jeder neue Anregungen, Möglichkeiten, Varianten, sein Problem zu lösen.

Variation: Rollentausch

Um ein Thema beim Brainstorming aus anderen Perspektiven heraus zu betrachten, kann in der großen Gruppe der Spielleiter anregen, einen Rollenwechsel vorzunehmen. Dazu können einzelne Mitspieler die Rolle des Stadtrats, der Verwaltung, Wirtschaft, von Bürgerinitiative, Verbraucher, Kunde, Presse usw. einnehmen. Und aus dieser Situation, aus dieser Rolle heraus, aus diesem Denkansatz heraus argumentieren, wie ein Problem oder ein Thema auf ihre Art und Weise gelöst werden sollte, damit es für sie zu ihrer Zufriedenheit geklärt ist. In interdisziplinären Teams bietet sich an, den Rollentausch innerhalb des Teams vorzunehmen, so daß jeder sozusagen in die Schuhe seines Nachbarn steigt, in die Rolle seines Kollegen, seiner Kollegin. So kann man leichter ergründen, wie man eine Lösung aus einer anderen Abteilung heraus konzipieren würde. Variationen dazu sind auch: Welche

Ideen hätte ein kleines Kind? Welche Hoffnungen würden Verliebte damit verknüpfen? Wie würden die Eskimos die Sache lösen?

Spannend ist es, wenn nicht die ganze Gruppe in diesen Rollentausch einbezogen wird, sondern nur einzelne Mitglieder, um die unterschiedlichen Aspekte im Gegensatz zum normalen Gedankenfluß des Teams zu verdeutlichen.

Notizen

Sechs Hüte

Form: **Übung ☒** **Spiel ❐** **Phantasiereise ❐**

Ziel:
Perspektivenwechsel, unterschiedliche Standpunkte wahrnehmen und würdigen

Gruppengröße: ☺
In der Gruppe

Dauer:
Je nach Inhalt, ca. 30 bis 90 Min.

Material:
Sechs unterschiedliche Hüte

Ort:
Sitzkreis im Raum

Anmerkungen:
Die Idee für diese Übung ist von Edward de Bono.

Manchmal ist fehlende Kreativität lediglich ein Verhaftetsein in alten Denkmustern, die den Problemen nicht angemessen oder einer Lösung nicht dienlich sind.

Beschreibung:
In einer Problemlösungssituation in einem Team kann jeder einen der sechs Hüte aufsetzen, wobei jeder Hut für ein typisches Denkmuster oder einen Aspekt des Denkens steht. Während der Zeit muß der Träger oder die Trägerin sich in ihrer gesamten Argumentation darauf konzentrieren, dieses Denkmuster auszudrücken und bestmöglich darzustellen. Hierbei wird schnell deutlich, daß keiner der Hüte allein für die Lösung des Problems ausreichend ist. Jeder Hut bekommt seinen Platz, seinen Wert und wird wertgeschätzt als ein Beitrag, Probleme zu lösen und ganzheitlich zu betrachten.

Der weiße Hut: objektiv sachlich. Unter diesem Hut gelten bloße Fakten, Zahlen und Informationen.

Der rote Hut: Gefühle – Freude, Ärger, Zorn. Hier werden Emotionen, Gefühle, Ahnungen und Intuitionen ausgedrückt.

Der schwarze Hut: Hier werden die negativen Aspekte und Urteile und die Ja, aber-Regeln eingeführt, und warum etwas mißlingen kann oder wird.

Der gelbe Hut: sonnig, heiter, positiv. Er steht für optimistisches, positives Denken, warum etwas klappen wird, was dafür spricht, daß es in jedem Fall funktioniert.

Der grüne Hut: Wachstum. Hier werden neue Ideen gefördert, provokatives Auftreten und träumen und fließen lassen.

Und der blaue Hut: Er steuert, überwacht den Denkprozeß, ist für die Organisation der Redebeiträge, für die Regeln in der Gruppe und die Zeit verantwortlich.

Nachdem das Problem kurz in Stichworten oder in einem Satz benannt worden ist, kann jeder seinen Hut aufsetzen und aus seiner Sicht, aus seinem Muster, aus seiner Rolle heraus sich der Lösung oder dem Problem widmen. In der Regel findet die Gruppe eine eigene Strategie, welcher Hut wann welche Argumente bringen kann. Nach mehreren Durchläufen sollte sich entweder eine Lösung finden lassen oder es sollten die Hüte gewechselt werden.

Notizen

W-Fragen

Form: **Übung ☒** **Spiel ❐** **Phantasiereise ❐**

Ziel:
Klarheit gewinnen, Problem oder Lösung überschaubar darstellen

Gruppengröße: ☺
In der Gruppe

Dauer:
90 Min.

Material:
Plakatpapier, Stifte

Ort:
Heller, ruhiger Raum

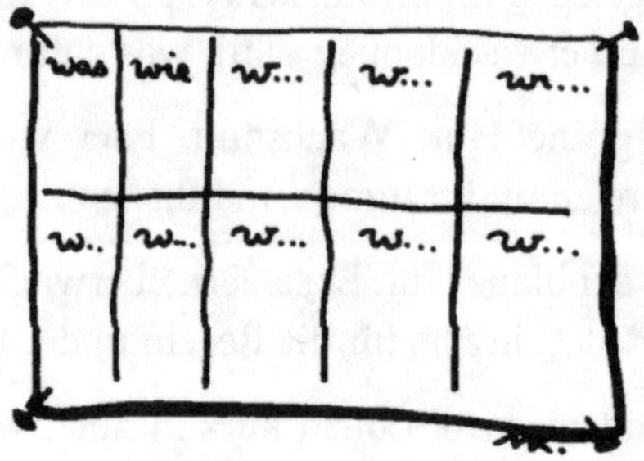

Anleitung:
Nehmt Euch ein großes Plakat, das Ihr unterteilt in zwei Längsspalten, die Ihr wiederum in fünf Querspalten unterteilt, so daß Ihr auf dem Papier zehn gleich große Plätze habt, wo Ihr etwas eintragen könnt. Und macht Euch ein Raster, in das Ihr schreibt: was, wie, wer, wo, warum, wann, welche, womit, woher, wozu. Hier könnt Ihr ein großes Spectrum an neuen Aspekten sammeln und Eure Frage aus verschiedenen Blickwinkeln betrachten. Bei dieser Vorgehensweise kann man sich ruhig einmal vom Ursprungsthema entfernen und einen spielerischen Umweg machen. Die verschiedenen Blickwinkel ermöglichen Nähe und Distanz zum Thema.

Notizen

Mind Mapping

Form: **Übung ☒ Spiel ❑ Phantasiereise ❑**

Ziel:
Ideen visualisieren, Ideen gehirngerecht aufbereiten

Gruppengröße: ☺
In der Gruppe

Dauer:
Je nach Inhalt, ca. 30 Min.

Material:
Metaplanpapier, farbige Stifte

Ort:
Raum mit einer Pinwand

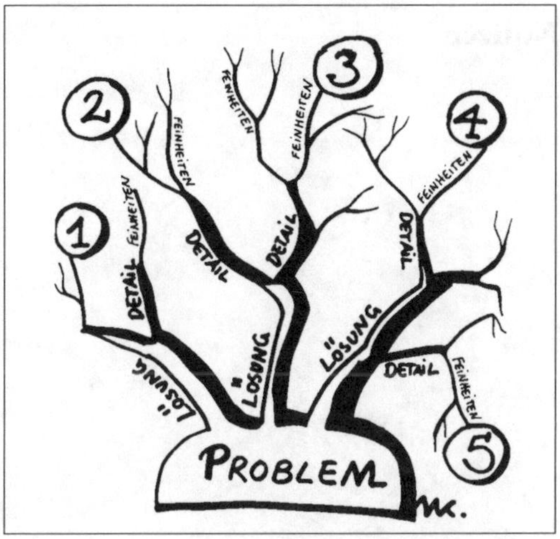

Anmerkungen:
Mit Mind Mapping kann man in eine Ideensammlung aus einem Brainstorming Ordnung und Struktur bringen. Indem man alles auf einem Blatt Papier anordnet, kann man alles sehr schnell leicht und einfach gliedern. Weitere Punkte, die sich im Laufe der Überlegung ergeben, sind hierbei einfach anzufügen. Man kann auf diese Art ein Bild der Arbeitsergebnisse präsentieren und sie mit Symbolen und Bildern so gestalten, daß sie sich gut einprägen und auch nach langer Zeit noch erinnerbar sind.

Beschreibung:
In der Mitte wird der zentrale Begriff in einen Kreis geschrieben, von dem ausgehend sich die Hauptäste mit den Hauptüberschriften wegentwickeln können. Möglichst in Druckbuchstaben schreiben und unterschiedliche Farben benutzen. Nachdem die Hauptaussagepunkte auf den Hauptästen angeordnet sind, kann man ins Detail gehen und die Hauptaussagen in Unterpunkte und weitere Unterunterpunkte untergliedern. Um Gedanken auf einen Blick einzuprägen, kann man kleine Piktogramme verwenden oder Zeichnungen, die den Sachverhalt verdeutlichen.

Man kann mit Umrahmungen arbeiten, mit farbigen Stiften, mit Ziffern, man kann kleine Anmerkungen machen, so daß hier ein Bild entsteht, das sowohl die rechte als auch die linke Gehirnhälfte aktiviert und somit sich bestmöglichst einprägt und als Arbeitsergebnis über lange Zeit erinnerbar bleibt.

Notizen

IV. Glauben und Werte

Wegweiser

Glauben und Werte

Eine wesentliche Basis für Teamarbeit, damit sie innovativ und kreativ sein kann und Synergieeffekte hervorbringt, ist, daß ein Team sich über die Werte der Teammitglieder klar wird. Da Werte unsere effektivsten Motivatoren sind, ist es nützlich zu wissen, welche Werte sich gegenseitig unterstützen, wie Wertehierarchien miteinander harmonieren, wann sich manche Werte potenzieren oder blockieren, oder wie es zu Komplikationen oder Meinungsverschiedenheiten in einem Team kommen kann, weil unterschiedliche Werte eine unterschiedliche Gewichtung für die einzelnen Mitglieder haben.

Es gibt förderliche und hinderliche Werte für Teamarbeit; es ist klar, daß autonomes Karrierestreben für Teamarbeit in der Regel nicht besonders förderlich ist und daß Respekt, Offenheit und Toleranz die Qualität der Zusammenarbeit enorm verbessern können. Manchmal sind nicht deutliche Wertunterschiede innerhalb eines Teams das Konfliktpotential, sondern die unterschiedliche Auslegung der Werte, z.B. von Sicherheit.

Die unterschiedlichen Auslegungen sind die Regeln, die jeder für sich im Laufe seines Lebens entworfen hat, um diese Werte zu leben. Diese Regeln sind die Antworten auf die Fragen: Was müßte passieren, damit Du Deinen Wert erleben kannst, was muß da sein, damit Du Sicherheit spürst. Die Regeln beschreiben die Art und Weise, wie jemand meint, seine Werte erreichen zu können. Sie sind mentale Programme, die in der Kindheit oder frühen Jugend entstanden sind und die oftmals sehr schwer zu erreichen sind und manchmal höchste Werte nicht lebbar machen.

Regeln sind Glaubenssätze, die man daraufhin überprüfen sollte, ob sie hinderlich oder förderlich sind; ob sie das Ziel, das man erreichen möchte, unterstützen oder behindern, ob sie einem das Leben leicht oder schwer machen.

Hier setzt nun die wirkliche Möglichkeit von Teamarbeit ein, daß nämlich in einem Team die Chance besteht, sich gegenseitig die eigenen Regeln widerzuspiegeln. Hier gibt es andere, die einen darauf aufmerksam machen, daß es etwas gibt, was offensichtlich nur erstmal in meinem Kopf seine Gewißheit und Wichtigkeit hat. Denn Regeln sind etwas, was man für ganz sicher und wahr und unumstößlich hält, weil man sich ganz selten daran erinnern kann, wann man diese Regeln für sich entschieden hat. Dies halten wir für das wirklich spektakulärste Potential eines Teams, daß es die mentalen Programme offenlegen kann, die oftmals Lösungen oder innovativen Kräften, Neuerungen und bahnbrechenden Entwicklungen entgegenstehen. In dem Moment, wo mehrere Menschen in der Lage sind, ihre eigenen Grenzen offenzulegen und zu überprüfen, transparent zu machen, zu hinterfragen und eventuell auch zu verlassen, zu verändern, entsteht ein ungeheures Potential nach vorn zu denken, neue Wege zu gehen, oder neue Gebiete zu erobern und über die eigenen Grenzen hinauszuwachsen.

So kann die Bedeutung unserer Glaubenssysteme klar werden, erhellt es sich, warum das Denken das Sein bestimmt. Mit seiner Erfahrung begründet der Mensch seine Meinung, seine Einstellung, seine mentalen Programme. Dies wiederum stützt die Erfahrung und die Wahrnehmung, die er macht, und den Ausschnitt der Welt, den er betrachtet, und bestätigt dann, daß diese Einstellung selbstverständlich richtig war.

Das macht vielleicht deutlich, warum tiefgreifende Veränderungen nicht immer freudig begrüßt und als Potential angenommen werden. Hierbei ist zu beachten, daß ein drastischer Wandel nicht vonstatten gehen kann, ohne sich auch in den Köpfen der Menschen abzuspielen. Das heißt, wenn hier nicht ein Umdenkprozeß stattfindet, ein Wandel im Denken, dann sind derartige Umstrukturierungsmaßnahmen zum Scheitern verurteilt, weil sie an den heimlichen Regeln im Unternehmen vorbeigehen und an den Grenzen in den Köpfen der Mitarbeiter ihr Ende finden.

Veränderungsmaßnahmen oder Neustrukturierungsansätze müssen berücksichtigen, daß in einer Organisation bereits informelle Regeln herrschen, bereits auf der Grundlage der vorhandenen Stukturen eigene Spielregeln entstanden sind. Diese ungeschriebenen Gesetze zeichnen sich dadurch aus, daß sie informell sind, daß sie sich nicht auf niedergeschriebene Verhaltensmaßregeln stützen, sondern daß sie aus diesen Strukturen hervorgegangen sind und eine Umgehensweise definieren, wie jemand innerhalb einer Organisation handeln muß, um erfolgreich zu sein. Sie entstehen nicht nur durch die Strukturen, sondern auch durch die Handlungen der Vorgesetzten. Durch die Interpretation und Bewertung dessen, wie die Führungsetage in dieser Organisation handelt, verläßlich über Zeiträume hinweg, entstehen Glaubenssysteme bei den Mitarbeitern.

Diese geheimen Spielregeln gilt es zu beachten, da Änderungen solcher Spielregeln eher schwierig zu bewerkstelligen sind. Entweder kann man mit diesen Spielregeln arbeiten, d.h. also schauen, wie man Situationen schafft, die die geheimen Spielregeln miteinbeziehen, oder indem man Glaubenssatzänderungen in der Führungsetage initiiert und dafür sorgt, daß sie als Spielregeländerung im Unternehmen mitgetragen werden.

Nur wenn die Umstellung der mentalen Programme von allen mitgetragen wird und der Umdenkprozeß in allen wichtigen, entscheidenden Schlüsselpositionen stattfindet, kann eine umgreifende, umfassende Umstrukturierung auch zu einem Erfolg führen.

Es wird sich als günstig erweisen, Möglichkeiten zu finden, erst einmal die zugrundeliegenden Annahmen aufzudecken und damit umzugehen und neue Denk- und Entscheidungsmöglichkeiten in der Phantasie zu entwerfen.

Dies schärft die Sinne, um eventuell auftretende Veränderungen in der Umwelt schnell und zuverlässig wahrzunehmen, weil diese auftretenden Veränderungen dann nicht mehr so angstbesetzt sind und deshalb nicht verdrängt werden müssen.

Das wirkt der einfachen, gebräuchlichen und beliebten Methode entgegen, einfach so zu tun, als wenn alles so bliebe, wie es ist, und insgeheim die Zukunft immer so zu planen, als wenn morgen noch alles genau so ist wie heute.

Unser Freund Ralph, der Organisationsentwicklungsmaßnahmen und Umstrukturierungen in großen Unternehmen begleitet, wundert sich immer wieder über die Tatsache, daß Organisationen ihn genau dann engagieren, wenn er dieses Flair von Gewißheit und von Wissen, wie es weitergehen soll, ausströmt. Genau in dem Moment, wo er das, was er inhaltlich vermitteln möchte – nämlich daß wir umdenken müssen und daß wir unser altes Denken in Frage stellen sollten –, mit Gewißheit und Nachdruck vertritt, genau in dem Moment stimmen die Entscheidungsträger zu, vielleicht in der Hoffnung, doch wieder etwas von dieser alten Sicherheit und Gewißheit, die das alte Denken mit sich gebracht hat, in ihr Unternehmen zu retten. Es ist nicht leicht für ihn, einerseits genau dieses Flair der Gewißheit auszustrahlen – glücklicherweise glaubt er an die Chance des Umdenkens – und gleichzeitig zu lehren, daß alte, eingefahrene Gewißheiten und felsenfeste Überzeugungen in Frage gestellt werden müssen, hinterfragt und überprüft werden sollten, ob sie heute noch zeitgemäß sind.

Um die Verwirrung, die beim Wegbrechen alter Sicherheiten entsteht, zu vermeiden, sind oftmals Abwehrmechanismen bereits zur Routine geworden. Die meisten Menschen durchblicken nicht die Muster, mit denen sie dann agieren, und wissen auch nicht genau, wie sie abwehren, aber jeder von uns hat ein intuitives Gespür dafür, wann er in einer Abwehrhaltung ist. Immer, wenn man sich klein und schwach fühlt oder sich verteidigen muß, wenn man einem Problem ausweichen will, wenn man sich selbst schützen möchte oder wenn man meint, für jemand anderes einspringen zu müssen und denjenigen schützen zu müssen, dann sind das sehr deutliche Signale dafür, daß wir entweder einem Problem ausweichen möchten oder die Unsicherheit, die neues Lernen verursacht, abwehren wollen.

Wenn diese Hinweise auftauchen, ist es in einem Team möglich, die Probleme offenzulegen, sie transparent zu machen und die dahinterliegenden Grundannahmen aufzudecken und in Frage zu stellen. Damit werden genau diese Abwehrmöglichkeiten zu einer guten Möglichkeit, ein Lernklima herzustellen, so daß Lernen im Team zu einer Potenzierung aller Fähigkeiten der Mitglieder führt.

Wenn Dialog möglich ist, ein Dialog, in dem Meinungsverschiedenheiten herrschen können, in dem unterschiedliche Standpunkte erforscht werden können, in dem die Lust am Entdecken dazu führt, daß das ganze Team in Fluß kommt, dann kann eine ganz außerordentliche Qualität von Kreativität entstehen, ein sich gegenseitiges Bereichern, ein sich gegenseitiges Über-Grenzen-Führen.

Unsere eigenen Grenzen erkennen wir als Einzelperson, als Individuum eben nicht. Wir erleben sie im Miteinander mit anderen, wenn andere andere Grenzen haben und uns dadurch verunsichern, und wir erkennen sie im Aneinanderreiben und im Offenlegen in einem Team.

Wir können dabei unser eigenes Denken ergründen und feststellen, daß dies nicht zwangsläufig so sein muß, sondern daß es eben unsere eigenen Vorstellungen von der Welt sind und daß dies Meinungen sind, die wir behalten können, aber auch ändern. In dem Moment, wo wir sie in Frage stellen, haben wir die Chance, noch einmal neu auf der gegenwärtigen Grundlage zu entscheiden: Sind sie heute noch sinnvoll und passend oder sind sie ein Relikt aus der Vergangenheit, das wir für heute als nicht mehr sinnvoll erachten und verändern wollen.

Die Glaubenssysteme und Werte erwerben wir schon recht früh in unserem Leben, in einer Zeit, wo wir nicht kritisch hinterfragen können, ob die Werte und Vorstellungen unserer Eltern, Lehrer, Geschwister oder der wichtigen Personen in unserem Leben für uns auch wirklich von Nutzen sind. Meistens entscheiden wir in Situationen, die für uns überlebenswichtig sind, diese Werte und Überzeugungen mit zu übernehmen, da sie uns Harmonie in der Familie oder Harmonie mit den Freunden, Anerkennung, Aufgehobensein und Dazugehören gewährleisten.

Bei allem, was wir dann wahrnehmen von der Welt, bildet dies den Wahrnehmungsfilter, welchen Ausschnitt der Wirklichkeit wir bemerken und auf welche Art und Weise wir diese Wahrnehmung interpretieren. Das bedeutet, daß wir mit einem Filter aus der Vergangenheit an die heutige Situation herangehen und daß all unsere Aussagen, die wir machen, sich auf unsere innere Landkarte beziehen.

Sich mit mentalen Programmen auseinanderzusetzen und diese zu erforschen, bedeutet für viele Menschen, das erste Mal wirklich bewußt zu erleben, daß wir keine Wahrheiten kommunizieren, sondern daß wir unsere eigenen Meinungen, unsere eigenen Bewertungen, unsere eigenen Ausschnitte von der Welt kommunizieren.

Wenn Menschen sich darüber klar sind, daß sie nicht die Wahrheit vertreten, sondern ihre eigene Meinung, dann entsteht eine andere Qualität in der Beziehung und eine neue Qualität im Miteinander, in der Kommunikation, auch im Rechthaben oder im Finden von neuen Lösungen.

Damit ergibt sich, wahrzunehmen, wie sinnvoll es ist, neue Perspektiven einnehmen zu können, andere Standpunkte zu verstehen, und damit ergibt sich auch, die Vielfalt im Team zu schätzen und Andersartigkeit und Einzigartigkeit von anderen nicht nur zu respektieren, sondern freudig anzunehmen als eine Bereicherung und Erweiterung.

Ethik-Spiel

Form: **Übung ❒** **Spiel ☒** **Phantasiereise ❒**

Ziel:
Werte und Glaubenssysteme erkennen, Toleranz

Gruppengröße: ☺☺☺☺☺

Dauer:
30 Min.

Material:
–

Ort:
Gemütliche Sitzecke

Anleitung:
Setzt Euch als Gruppe zusammen, fünf Mitspieler, hört Euch in Ruhe die folgende Geschichte an und besprecht sie miteinander.

Auf einer relativ kleinen Insel mit nur wenigen Einwohnern lebt ein Liebespaar, Monika und Klaus. Da es auf dieser Insel wenig Arbeit gibt und Klaus und Monika heiraten und Kinder bekommen wollen, beschließt Klaus, aufs Festland zu gehen, weil er da die Möglichkeit hat, genug Geld zu verdienen, um eine Familie zu gründen. Monika wird in der Zeit auf der Insel verbleiben und warten und später dann, wenn Klaus eine Lebensgrundlage geschaffen hat, nachkommen. Gesagt, getan, nach einem dreiviertel Jahr hat Klaus auf dem Festland mit Erfolg eine Wohnung und die Lebensgrundlage geschaffen, so daß Monika nachkommen kann. Er benachrichtigt sie, daß es jetzt soweit ist, und bittet sie, zu ihm aufs Festland zu kommen. Gerade an diesem Tag gibt es ein riesiges Unwetter, und die kleine Insel ist vollständig verwüstet. Dies hat zur Folge, daß alle Boote, die möglicherweise von der Insel zum Festland hätten fahren können, vernichtet worden sind – bis auf eins. Dieses eine Boot gehört einem Bootsbesitzer, der schon lange Interesse an Monika hat. Monika, noch immer überglücklich von der Nachricht, nun zu ihrem Klaus zu dürfen, geht zu diesem Bootsbesitzer und bittet ihn, sie zum Festland zu bringen. Dieser, sich seiner exklusiven Situation bewußt, daß er der einzige Bootsbesitzer auf der Insel ist, der die Möglichkeit hat, ihr diesen Wunsch zu erfüllen, bietet ihr einen Tauschhandel an: Er wird sie hinüberbringen, wenn sie mit ihm schläft. Allen Argumenten und Angeboten von Geld steht er ablehnend gegenüber, und Monika muß sich überlegen, ob sie dieses Angebot annehmen will. In ihrer Not, diese schwere Entscheidung treffen zu müssen, geht sie zu ihrer Mutter und schildert ihr den Fall. Ihre Mutter hält sich aus dieser Geschichte gänzlich heraus und sagt, da könne sie ihr überhaupt gar nicht weiterhelfen und könne ihr auch keinen Rat geben, dies sei eine Sache, die Monika für sich selbst entscheiden müsse. Da von ihrer Mutter keine weitere Hilfe zu erwarten ist, geht Monika betrübt nach Hause und überlegt, was sie tun soll. Am nächsten Morgen entscheidet sie sich, gibt dem Bootsbesitzer nach, schläft mit ihm und läßt sich von ihm aufs Festland bringen. Die Freude, Klaus wiederzusehen, ist groß, und in dem Begeisterungstaumel bleibt kein Gedanke, über diese Geschichte zu reden.

Je länger Monika und Klaus wieder zusammen sind, desto schwieriger erscheint es, dieses Thema zur Sprache zu bringen, und so bleibt es erst einmal ungesagt. Nach einem halben Jahr, nach einer wirklich stürmischen Liebesnacht und einer Situation, wo die Innigkeit und Liebe der beiden klar und unerschütterbar erscheint, gesteht Monika ihm die Umstände, die dazu geführt haben, daß sie an Land kommen konnte. Klaus ist entrüstet ob des Vertrauensbruchs und des Betrugs und wirft Monika kurzerhand aus der Wohnung. Er packt ihr eine kleine Tasche und stellt sie vor die Tür. Monika versucht ihn noch umzustimmen, aber er ist felsenfest von seiner Meinung überzeugt und läßt sich überhaupt nicht erweichen. Monika irrt weinend durch die Straßen und trifft Manfred, einen Freund von Klaus. Manfred ist erschüttert und tief berührt von dieser Geschichte und auch von Monikas Kummer, nimmt Monika mit zu sich und unterstützt sie in der folgenden Zeit. Aus dieser Freundschaft heraus entwickelt sich schnell eine Liebesbeziehung. Nach vier Monaten treffen sich Manfred und Klaus in einer Kneipe, und Manfred ist noch immer so verärgert über die Grausamkeit seines Freundes, daß es in einer hitzigen Diskussion zu Handgreiflichkeiten kommt und Manfred Klaus verprügelt...

Stellt eine Prioritätenliste auf, wer am „ethischsten" gehandelt hat. Wer ist aus Eurer Sicht als Team moralisch am höchsten zu bewerten und wessen Handlung war am verwerflichsten?

Ihr habt 30 Minuten Zeit, tauscht Euch danach über die gemeinsame Entscheidungsfindung aus.

Auswertungsfragen:

1. Was waren die Kriterien für Eure Entscheidung?
2. Wie gut stimmen die Kriterien des Teams mit Deinen Kriterien überein?
3. Wie zufrieden bist Du mit der Entscheidung?
4. Hattet Ihr Meinungsverschiedenheiten und wie fühlst Du jetzt gegenüber den anderen?
5. Was war hilfreich bei der Entscheidungsfindung?

Notizen

Mein erstes Team

Form: **Übung ❐ Spiel ☒ Phantasiereise ❐**

Ziel:
Transparenz über emotionale Beziehungen, Muster erkennen

Gruppengröße: ☺☺

Dauer:
90 Min.

Material:
Schreibzeug, Wachsmalkreiden, Papier

Ort:
Gemütlicher, ruhiger, großer Raum

Anleitung:
Nimm Dir ein großes Blatt Papier und Wachsmalkreiden und mach es Dir an Deinem Platz ganz bequem. Erinnere Dich an Deine Familie und eine der ersten Situationen, in der Dir bewußt geworden ist, daß Deine Familie eine Gruppe ist, daß Ihr miteinander in Kontakt seid, daß Ihr Zeit und Raum miteinander teilt. Erinnere Dich an Deine erste Gruppe, in der Du Zusammenarbeit erlebt hast. Laß Dich einfach treiben – zurück in Deine Vergangenheit, als Du das erste Mal bewußt Deine Familie als eine Gruppe erlebt hast. Vielleicht ist es wichtig, wo dies war und wer alles dabei war, und laß jetzt all die Erinnerungen kommen, wer wie zu wem in Beziehung stand – welche Gefühle Du zu den einzelnen Personen hattest, wie das Miteinander in Eurer Gruppe war. Laß die Erinnerung so klar wie möglich werden, so viel Details wie möglich jetzt klarer werden, mit all dem, was für Dich dazu gehört, was Du sehen, hören und spüren kannst oder vielleicht auch riechen oder schmecken. Eine möglichst vollständige Erinnerung. Und dann nimm Deine Wachsmalkreiden und drück diese Stimmung, dieses Miteinander, diese Erfahrung mit Deiner ersten Gruppe, mit Deiner Familie in einem Bild aus. Laß Dich von dieser Stimmung inspirieren und laß Dich überraschen, mit welchen Farben und Formen Du diese Erfahrung jetzt ausdrücken wirst.

Wenn Du die Personen, die damals beteiligt waren, jetzt in Deinem Geist befragen könntest, welche Botschaft sie Dir in bezug auf Zusammenarbeit in einer Gruppe mitzuteilen haben, dann laß Dich überraschen, was für Ideen Dir kommen, welche Botschaft jeder Dir jetzt geben kann. Dann mach Dir Notizen, welche Botschaften Du erhältst. Was kann Dir jeder einzelne aus dieser Gruppe in bezug auf Zusammenarbeit, in bezug auf Gruppenzusammengehörigkeit, in bezug auf Team sagen? Wenn Du Deine Notizen vervollständigt hast, dann nimm Dir einen Moment Zeit, für Dich wahrzunehmen, welche Personen aus Deinem aktuellen Team Dich an Personen aus Deiner ersten Gruppe erinnern? Wo gibt es Ähnlichkeiten, Verbindungen, manchmal auch ganz ähnliche Gefühle? Nimm Dir Zeit, wahrzunehmen, wie Du zu den einzelnen Mitgliedern in Deinem aktuellen Team stehst und welche Verbindungen oder Ähnlichkeiten es vielleicht gibt in bezug auf Deine erste Gruppe. Spüre auch den Gefühlen nach, die Du zu diesen aktuellen Personen hast, und nimm die Unterschiede oder Ähnlichkeiten in bezug auf damals wahr. Mach Dir auch hierzu Notizen: was jetzt wichtig ist, was es an Ähnlichkeiten oder an Unterschieden gibt, was Dir im Moment ein- oder aufgefallen ist. Wähle dann einen Partner, mit dem Du Dich über die gefundenen Unterschiede oder Ähnlichkeiten austauschen möchtest. Nehmt dabei das Bild und Eure Notizen zu Hilfe und macht es Euch für 30 Minuten zusammen ganz bequem, so bequem, daß Ihr Kontakt habt, daß Ihr Nähe und Vertrauen entwickeln könnt, um diese intimen Informationen miteinander auszutauschen. Danach bedankt Euch beieinander und verabschiedet Euch auf Eure Art und Weise und nimm Dir einen Moment Zeit, für Dich zu reflektieren, was diese Erfahrung heute für Deine persönliche Entwicklung bedeuten kann und Deine weitere Zusammenarbeit in Deinem Team. Wenn Du magst, kannst Du Dir Notizen machen und das dann in Deiner Zeit abschließen. Wenn das Kind damals sich nicht als wichtiges und wertvolles Mitglied seiner Gruppe gefühlt hat, dann laß die Ideen kommen, welche Ressourcen dieses Kind gebraucht hätte, damit es seine Wichtigkeit gespürt hätte, gewußt hätte, daß es ein Teil des Ganzen ist, daß es dazugehört, daß es ganz selbstverständlich Teil dieser Gruppe ist, wertvoll, wertgeschätzt und wichtig.

Notizen

Die Kehrseite der Medaille gewinnen

Form: **Übung ☒** **Spiel ❐** **Phantasiereise ❐**

Ziel:
Aus einem Problem ein Ziel entwickeln, positive Absicht berücksichtigen

Gruppengröße: ☺
In der Gruppe

Dauer:
60 Min.

Material:
Schreibzeug

Ort:
Ruhiger Raum

Beschreibung:

1. Schritt: Was ist mein Problem? Was löst es bei mir aus?

Nehmt Euch ein Blatt Papier und schreibt ein Problem in einem Satz auf. Das kann schon für einige eine Herausforderung sein. Probiert es trotzdem. Jeder für sich.

2. Schritt: In welchen Situationen ist das Problem störend bzw. ist das Problem nützlich?

Wenn Ihr ein Problem notiert habt, dann könnt Ihr jetzt die Unterstützung der Gruppe nutzen, um Euch der Vielfältigkeit dieser problematischen Verhaltensweise bewußt zu werden. Jedes Verhalten, mag es noch so problematisch sein, ist in irgendeiner Situation auch nützlich.

In der Gruppe könnt Ihr jetzt die verschiedenen Aspekte Eures Problems verdeutlichen. Ihr werdet zuerst die Situationen sammeln, in denen das Problem hinderlich ist. Danach schreibt alle Situationen auf, in denen dieses „problematische" Verhalten nützlich ist. Die Gruppenmitglieder formulieren in der „Ich"-Form, wie es bei ihnen ist, wenn sie das Problem haben. Ihr könnt denjenigen unterstützen, indem Ihr einleitet mit: „Wenn ich das Problem hätte, dann würde ..." Keine Diskussion über die Angebote; schreibt alles auf, was genannt wird. Entweder es paßt für denjenigen oder nicht.

3. Schritt: Positive Absicht des Problems herausfinden

Jetzt hat derjenige, der das Problem formuliert hat, die Zeit, sich die Notizen mit den störenden und nützlichen Situationen anzuschauen und daraus die positive Absicht des Problems herauszufinden. Die positive Absicht ist der Gewinn, der Vorteil, den man aus einer Verhaltensweise zieht. Sie kann manchmal ganz klar sein und manchmal muß man etwas genauer hinschauen, um sie zu erkennen.

4. Schritt: Zielsatz formulieren

Wenn Du die positive Absicht herausgefunden hast, kannst Du Deinen Zielsatz formulieren.

Welches Ziel ergibt sich aus den nützlichen und hinderlichen Aspekten des Problems und aus der positiven Absicht? Formuliere das, was sich für Dich als Ziel aus diesem Prozeß ergibt.

Danach ist es vorteilhaft, den Zielsatz nach bestimmten Kriterien hin zu überprüfen:

- Ist das Ziel eigenverantwortlich und in eigener Kontrolle?
- Ist das Ziel positiv formuliert?
- Ist das Ziel realistisch?
- Ist der Zielsatz in der Gegenwart formuliert?

Diese Übung endet mit einem wohlformulierten Ziel (und nicht mit der Zielerreichung). Um noch mehr Informationen zum Ziel zu erhalten und sicherzustellen, daß Du Dir keine „Steine in den Weg" legst, sondern das Ziel erreichen kannst, kannst Du mit dem „Zielrahmen" weitermachen.

Kisten klettern

Form: **Übung ❒** **Spiel ☒** **Phantasiereise ❒**

Ziel:
Mut, Vertrauen, Grenzen überschreiten

Gruppengröße: ☺☺☺
In der Gruppe

Dauer:
45 Min. (je 3er Gruppe)

Material:
2 Kletterseile á 25 m, 1 Hüftgurt, 1 Vollgurt, 4 Karabiner, Verbindungsschnüre, ca. 20 Cola-Kisten

Ort:
Ruhiger Platz im Wald oder im Park. Eine ebene Wiese unter einem Baum als Untergrund ist vorteilhaft.

Anmerkungen:
Zur Vorbereitung werden an einem geeigneten Ast in ca. 8-10 m Höhe zwei Schlaufen und Karabiner für das Sicherungsseil für die Kletterer befestigt. Eine zusätzliche Schlaufe und ein Karabiner werden in ca. 50 cm Abstand an diesem Ast befestigt. Diese Schlaufe wird für das zweite Seil benutzt, das für das Hinaufziehen der Kisten benötigt wird.

Alle Beteiligten werden in die Sicherungstechnik eingewiesen. Ein Verantwortlicher muß die erforderlichen Knoten und das richtige Anlegen der Gurte kennen und überwachen. In Fachgeschäften für Kletterbedarf erhält man die erforderlichen Tips und Materialien. Bevor die Sicherung mit der Gruppe durchgeführt und geleitet wird, sollte man schon im kleinen Rahmen eine gewisse Sicherheit im Umgang mit den Materialien entwickelt haben.

Beschreibung:
Der Kletterer sucht sich zwei Personen aus dem Team aus. Eine Person wird ihn sichern, eine andere Person wird ihm die Kisten zureichen.

Es geht hier nicht nur darum, sich zu trauen und seine persönliche Bestleistung zu entwickeln, sondern auch zu vertrauen, daß andere im Team einen unterstützen und absichern.

Der Kletterer zieht sich einen Vollgurt an und setzt den Sicherheitshelm auf, für den Sicherer reicht ein Hüftgurt aus. Nachdem die erforderlichen Knoten befestigt und überprüft wurden, kann der Kletterer die ersten beiden Kisten unter dem Ast aufstellen und sie seitlich mit den Füßen besteigen. Der Zureicher versorgt ihn mit weiteren Kisten, die der Kletterer mit seiner eigenen Strategie zu einem Turm aufbaut, während er gleichzeitig auf diesem Turm balanciert (die Erfahrung hat gezeigt, daß es am einfachsten ist, mit den Füßen in den obersten Kisten zu stehen und die nächste Kiste zwischen den Beinen aufzusetzen). Der Sicherer achtet immer darauf, daß das Sicherungsseil nicht zu locker, aber auch nicht zu fest angezogen ist. Wenn der Kletterer eine Höhe erreicht hat, bei der die Kisten nicht mehr per Hand hochgereicht werden können, kommt das Zusatzseil zum Einsatz. An diesem Seil werden die Kisten so befestigt, daß der Kletterer sie leicht abnehmen kann und das Seil danach wieder heruntergezogen werden kann.

Jeder Kletterer kann für sich ausprobieren, wo seine persönliche Grenze liegt und inwieweit er sie überschreiten möchte.

Über die Höhe des Astes sollte nicht geklettert werden, da dann nicht mehr gut gesichert werden kann.

In der anschließenden Auswertung könnt Ihr kurz auf die einzelnen Positionen eingehen und nachfragen, welche Position typisch und gewohnt und welche eher neu und ungewohnt war. Es stecken viele Metaphern in diesem Spiel (z. B. den anderen sichern, sich auf den anderen verlassen können, Vertrauen, dem anderen etwas reichen, unterstützen, mit der Aufmerksamkeit beim anderen sein, sich trauen, in die Position des anderen schlüpfen, usw.), die im Team kurz diskutiert werden können.

Brücke bauen

Form: **Übung** ❐ **Spiel** ☒ **Phantasiereise** ❐

Ziel:
Zusammenarbeit fördern, Muster aufzeigen

Gruppengröße: ☺☺☺☺☺☺
In der Gruppe

Dauer:
60 Min.

Material:
10 Bogen Karton, 4 Bogen normales Papier, Schere, Lineal, Bleistift, Klebstoff, 10 Büroklammern pro Gruppe

Ort:
Für jede Gruppe einen Vorbereitungsraum

Anmerkungen:
Während des Bauens der Brücke können einige persönliche Muster deutlich werden. So werden einige evtl. die Leitung an sich nehmen, andere werden sich mit ihren Ideen zurückhalten und wieder andere möchten erst die Ideen bis ins kleinste Detail durchspielen, bevor etwas Konkretes getan wird. Dieses Spiel dient dazu, diese Muster spielerisch aufzudecken und Verbesserungsvorschläge zu entwickeln. Dabei ist es vorteilhaft, wenn das Team nach dem Spiel das eigene Handeln reflektiert und jeder für sich überlegt, was beim nächsten Mal verbessert werden könnte. Im Anschluß an dieses Spiel könnte auch eine Feedbackrunde hilfreich sein.

Anleitung:
Findet Euch zu zwei 6er Gruppen zusammen. Ihr habt 40 Minuten Zeit, um mit recht einfachen Materialien eine Brücke zu bauen. Die Brücke soll möglichst stabil,

möglichst hoch und transportfähig sein. Das Ergebnis des Brückenbaus wird von einer Jury bewertet und die Gewinner erhalten einen kleinen Preis.

Euer Erfolg wird davon beeinflußt werden, wie Ihr Euer Wissen der Gruppe zur Verfügung stellt und wie Ihr zusammenarbeitet.

Einige Regeln sollen für die 40 Minuten gelten:

1. Andere Meinungen werden respektiert.
2. Eigene Meinungen werden konsequent vertreten.
3. Aufkommenden Konflikten wird begegnet.

Bevor Ihr mit der Gruppe dieses Projekt beginnt, überlege Dir eine Minute, wie Du diese Aufgabenstellung am besten lösen würdest. Dann beginnt mit dem gemeinsamen Bauen der Brücke.

Variation: Turm bauen (ca. 60 Min.)
Als Alternative bietet sich das Bauen eines Turmes an. Eine Gruppe konstruiert den Turm, die andere Gruppe baut nach den Vorschlägen den Turm. Beide Gruppen befinden sich in unterschiedlichen Räumen und können sich nur über zwei Mittelsmänner an einem neutralen Ort austauschen. Kriterien für den Erfolg sind die Höhe des Turms und die Stabilität (der Turm sollte ohne fremde Hilfe auf dem Boden stehen können). Materialien sind Schere, 10 Bogen Karton, 4 Bogen normales Papier, Klebstoff, Bleistift und Lineal.

Notizen

Die geheimen Regeln

Form: **Übung ☒** **Spiel ❐** **Phantasiereise ❐**

Ziel:
Werte, Glaubenssätze und Regeln des Unternehmens und des Teams aufspüren und bewußt machen

Gruppengröße: ☺☺☺☺

Dauer:
Ca. 2 Stunden

Material:
Schreibzeug

Ort:
Ruhige Sitzecke

Anleitung:
Geht zusammen in eine 4er Gruppe und bildet innerhalb dieser 4er Gruppe 2er Teams. Das erste Team beginnt, sich in einem lockeren Gespräch über die allgemeine Arbeitssituation, die Arbeit im Team, die Einbettung und Anerkennung des Teams innerhalb der Organisation, die Karriere-Chancen innerhalb des Unternehmens, ihre Einschätzung der Machtverhältnisse und Überlegungen, welche Veränderungen wie möglich wären etc. zu unterhalten. Natürlich alles locker und entspannt.

Das zweite Team macht sich während des Gespräches Notizen über die herausgehörten Glaubenssätze und mentalen Programme.

Nach einer halben Stunde gibt das zweite Team Rückmeldung und stellt die gefundenen Glaubenssätze in Frage.

Nach einer Stunde wechseln die Teams.

Im abschließenden Plenum tragt die Essenz der Übung zusammen und überprüft die immer wieder genannten geheimen Regeln in bezug auf ihre Berechtigung innerhalb der Unternehmensstruktur.

Entweder mit den Regeln arbeiten oder aber Regeländerung innerhalb des Unternehmens oder innerhalb des eigenen Kopfes veranlassen (s. Satir-Übung).

Zielspalier

Form: **Übung ❐ Spiel ☒ Phantasiereise ❐**

Ziel:
Ressource von Mut und sich trauen aufbauen

Gruppengröße: ☺
Alle in der Gruppe

Dauer:
Ca. 40 Min.

Material:
–

Ort:
In der Natur, ca. 30 m freie Fläche

Beschreibung:
Die Gruppe stellt sich paarweise so auf, daß ein Gang oder ein Spalier entsteht. Die sich gegenüberstehenden Teilnehmer strecken ihre Hände im Reißverschlußverfahren in die Mitte, so daß der Gang versperrt ist.

Ein Teilnehmer stellt sich nun ca. 10 m vor diesen noch versperrten Gang und beginnt, ein attraktives persönliches Zielbild hinter diesem Gang zu visualisieren.

Anleitung: „Schau Dir genau an, wie Dein Ziel aussieht – wie Du dabei aussiehst, wenn Du Dein Ziel erreicht hast – wie Du Dich bewegst und wie Dein Gesicht aussieht – wie Du Dich anhörst, wenn Du sprichst und was Du Dir vielleicht innerlich sagst. Wenn das Zielbild Dich anzieht und Du es wirklich erreichen möchtest, dann renne durch den Gang in Dein Zielbild hinein und vertraue darauf, daß der Weg für Dich frei ist."

Die Gruppe unterstützt denjenigen, indem sie die Hände kurz vor einer Berührung wegnimmt und damit den Weg zum Ziel freimacht. Die Aufmerksamkeit der Gruppe sollte dazu jeweils immer bei dem Teilnehmer sein, der durch das Zielspalier rennt.

Wenn derjenige sein Zielbild erreicht hat, nimmt er sich noch einen Augenblick Zeit, um nachzuspüren, wie sich der Zielzustand jetzt anfühlt und wie es für ihn war, darauf zu vertrauen, daß er das Ziel erreichen kann – der Weg für ihn frei ist – und was ihn darin unterstützt hat, loszugehen und sich aktiv auf das persönliche Ziel zuzubewegen.

Notizen

Ich muß ... will ich ?

Form: **Übung ☒** **Spiel ❐** **Phantasiereise ❐**

Ziel:
Glaubenssysteme erkennen und ändern

Gruppengröße: ☺

Dauer:
60 Min.

Material:
Schreibzeug

Ort:
Ruhiges, gemütliches Plätzchen

Anleitung:
Nimm Dir ein Blatt Papier und such Dir einen ruhigen Platz, wo Du ungestört für die nächste Dreiviertelstunde für Dich sein kannst, und laß all die Ideen kommen, die Dir einfallen, wenn Du darüber nachdenkst, was Du tun „mußt". All das, wo „Ich muß", „Ich soll", „Ich sollte" kommt: „Ich muß arbeiten, ich muß erfolgreich sein, ich sollte das und das tun, damit ..." usw., dann all die Sachen, die Du nicht sollst. „Ich darf nicht, ich kann nicht," usw., all die Dinge, wo Du das Gefühl hast, eingeschränkt zu sein. Wenn Du Deine Liste vollständig hast, oder nach spätestens 20 Minuten, schau Dir an, woher dieses Soll und Muß und Darf kommt. Wo haben sie ihren Ursprung? Wie alt sind sie schon? Wann sind sie entstanden in Deinem Leben? Wann hast Du diese Ge- oder Verbote in Deinem Leben das erste Mal gehört und von wem? Eltern, Lehrer, Vorgesetzte, Kollegen, Freunde, Partner, Kultur, Religion, was ist es? Und dann laß Dir Ideen kommen zu jedem dieser Soll und Kann und Muß, was Du tun würdest, wenn Du es nicht tun müßtest oder wenn Du das nicht glauben würdest oder wenn Du denken würdest: „Was ist das für ein Quatsch?" Was würdest Du tun, was würdest Du statt dessen denken? Was würdest Du gerne machen, um Dich wohlzufühlen? Zu jeder Aussage eine neue Aussage oder eine Idee oder eine Handlungsmöglichkeit finden. Selbstverständlich nur bei den Solls und Muß' und Kanns, die Du gerne aufgeben möchtest, wo Du gerne mehr Freiraum, mehr Spielraum entwickeln möchtest, wo Du mehr Freiheit für Dich im Denken und im Handeln erleben möchtest.

Such Dir dann einen Partner und tauscht Euch die nächsten 20 Minuten aus über das, was Ihr gefunden habt.

Notizen

Filter

Form: **Übung ☒** **Spiel ❐** **Phantasiereise ❐**

Ziel:
Bewußtmachen eigener Wahrnehmungsfilter; erkennen: das Denken, das Verhalten steuert

Gruppengröße: ☺☺
In der Gruppe

Dauer:
Ca. 50 Min.

Material:
–

Ort:
In einem ruhigen, schönen, hellen Raum

Anmerkungen:
Diese Übung kann verdeutlichen, was es für Auswirkungen haben kann, wenn in Gesprächen über andere, die nicht anwesend sind, gesprochen wird. In dieser Demonstration sind wir noch bei einem harmlosen Beispiel geblieben und haben darauf geachtet, daß hinterher der positive Filter hängenbleibt.

Das, was wir wahrnehmen, ist immer nur ein Ausschnitt der Wirklichkeit. Wir entscheiden uns, ob wir das halbvolle oder das halbleere Glas sehen; ob wir an Menschen eher die Fehler und Schwächen oder die Ressourcen und Stärken sehen.

Gerade in Teams ist das Wissen über Wahrnehmungsfilter hilfreich. Wahrnehmungsfilter beeinflussen unsere Kommunikation (nicht nur) im Team. Deine Meinungen und Deine Glaubensvorstellungen von bestimmten Situationen, Menschen oder Dingen haben Auswirkungen auf Deine Wahrnehmungsfilter. Wenn Dir jemand eine Information erzählt, fällt es Dir wahrscheinlich auch schwer, so zu tun, als ob Du diese Information niemals gehört hättest. Gerade Klatsch und Tratsch im Betrieb kann starke Auswirkungen auf das Arbeitsklima haben und zu einer unangenehmen, wenig kreativen Atmosphäre beitragen.

Wenn Du um die Funktion der Wahrnehmungsfilter weißt, kannst Du Dich in Gesprächen darauf einstellen.

Falls Du einen negativen Filter über andere hast, kannst Du noch einmal überprüfen, ob Dir dieser Filter im Umgang mit der Person hilfreich ist. Wenn nicht, kannst Du einen Gegenfilter aufsetzen, Gegenbeispiele finden, das Gespräch zur Klärung suchen oder das Verhalten von der Person trennen (Verhalten war blöd – Person ist ok).

Wenn Dir andere im Gespräch einen negativen Wahrnehmungsfilter anbieten, kannst Du es ansprechen und unterbrechen oder nach dem Grundsatz handeln: „Nicht über Dritte sprechen."

Anleitung:
Für diese Übung benötige ich zwei Personen, die sich über etwas Nettes unterhalten möchten. Einigt Euch kurz darauf, über was Ihr Euch unterhalten möchtet. Vielleicht möchte der eine von seinem letzten Urlaub oder von einem anderen schönen Ereignis berichten. Derjenige wird nun kurze Zeit hinausgehen und kann sich auf sein Gesprächsthema vorbereiten.

An die Person, die im Raum verbleibt: „Was magst Du besonders? Bist Du z.B. ein Tierfreund? Ein Katzenfreund? Da muß ich Dir aber noch kurz etwas erzählen. Und zwar über die Person, die gerade draußen ist. Diese Person ist nämlich ein ausgesprochener Katzenhasser. Woher ich das weiß? Nun, ich habe sie beobachtet, wie sie eine kleine Katze, die nur ein bißchen gestreichelt werden wollte, in den Bauch getreten und sie angeschimpft hat. Danach war die Person wieder ganz freundlich. Aber dieser Vorfall hat mir sehr zu denken gegeben. Kannst Du Dir vorstellen, daß die Person das getan haben könnte? Falls Du es jetzt nicht glaubst, tu mal so, als ob dies der Wahrheit entsprechen würde und erinnere Dich im folgenden Gespräch an diesen Vorfall und achte dabei auf Deine Empfindungen."

(Bei diesem Gesprächspartner wurde ein negativer Filter über den anderen Gesprächspartner installiert.)

An die Gruppe oder die Beobachter des folgenden Gesprächs: „Achtet bitte darauf, was Ihr in der folgenden Kommunikationssituation alles bei den Gesprächspartnern wahrnehmen könnt, wie z.B. die Körperhaltung, den Abstand zueinander, den Blickkontakt, usw. Die Gesprächssituation beginnt bereits, wenn der Gesprächspartner den Raum betritt. Ich hole die Person jetzt herein."

An die Person, die draußen wartete: „Hast Du ein schönes Gesprächsthema gefunden? Dann komm mit in den Raum, wo Dein Gesprächspartner wartet, und

Du brauchst nichts anderes zu tun, als über Dein Thema zu reden und dabei wahrzunehmen, wie Du Dich fühlst."

1. Gesprächssituation:
Die Gesprächspartner unterhalten sich. Die Gruppe beobachtet das Gesprächsverhalten. Nach ca. einer Minute wird das Gespräch unterbrochen und die eine Person darf wieder nach draußen gehen und sich noch einmal auf das Thema innerlich vorbereiten.

An die Person, die im Raum verbleibt: „Bitte stehe auf und schüttle Deine Arme und Deinen Oberkörper etwas aus. Natürlich weißt Du, das alles, was ich vorher über die Person gesagt habe, gelogen ist. In Wirklichkeit ist diese Person ein ganz großer Tierfreund und mag auch Katzen. Vielleicht nicht alle Katzen, aber er hat Respekt vor Lebewesen und geht liebevoll mit ihnen um. Er geht auch mit Menschen respektvoll um und mag Dich auch, denn sonst hätte er sich nicht für diese Übung gemeldet. Er sagt es zwar nicht offen, aber eigentlich mag er Dich sehr. (Oder: „Der andere hat Dir in einer schwierigen Situation geholfen, er weiß es aber nicht.") Kannst Du Dir vorstellen, daß das so ist?"

(Jetzt wurde ein positiver Filter über den Gesprächspartner installiert.)

An die Person, die draußen wartete: „Du kannst wieder hereinkommen und entweder Dein Gespräch fortsetzen oder noch einmal von vorne beginnen. Komm jetzt in den Raum und achte jetzt wieder auf Deine Empfindungen."

2. Gesprächssituation:
Die Gesprächspartner unterhalten sich wieder ca. eine Minute und bringen das Gespräch dann zum Abschluß.

Auswertung unter folgenden Gesichtspunkten:

- Wie haben sich die Gesprächspartner bei der ersten und bei der zweiten Situation gefühlt?
- Was haben beide Gesprächspartner gedacht?
- Was haben die Beobachter alles gesehen?
- Wie waren die Stimmen der Gesprächspartner in der ersten und dann in der zweiten Situation?
- Welche Unterschiede waren in der Körpersprache wahrnehmbar?

Erzählt anschließend noch, welche Filter dem Gesprächspartner aufgesetzt wurden, damit die Person auch informiert ist, welche Filter installiert wurden.

Das Turnier

Form: **Übung** ❐ **Spiel** ☒ **Phantasiereise** ❐

Ziel:
Auswirkungen von unterschiedlichen Regeln erkennen, Toleranz und Akzeptanz

Gruppengröße: ☺☺☺☺
In der Gruppe

Dauer:
Ca. 70 Min.

Material:
Mehrere Kartenspiele (Skat-Blätter)

Ort:
Großer Raum, in dem einzelne „Turniertische" aufgestellt werden können

Anmerkungen:
Mit diesem Spiel können die Auswirkungen von unterschiedlichen Regeln verdeutlicht werden. Wie im Spiel haben wir auch sonst Regeln dafür, wann etwas „richtig", „gut" oder „nützlich" ist. Diese Regeln sind erlernt und in den meisten Fällen tauschen wir uns darüber nicht offen aus, weil wir davon ausgehen, daß nach den eigenen Regeln gespielt wird. Erst wenn es zu Unstimmigkeiten und Irritierungen kommt, werden die Regeln hinterfragt.

Für die Entwicklung eines Teams ist es vorteilhaft, sich über die Regeln der einzelnen Mitglieder zu informieren und mit den Auswirkungen unterschiedlicher Regeln zu leben oder aber sie anzugleichen.

Beschreibung:
Du führst mit den Teilnehmern ein Kartenspiel-Turnier durch. Um die Motivation zu steigern, kannst Du auch einen kleinen Preis für den Gewinner aussetzen. Du hast bereits einige Tische für das Turnier aufgestellt (möglichst weit voneinander

entfernt). Je nach Personenzahl kannst Du z.B. drei Tische für drei Personen oder aber vier Tische mit jeweils vier Stühlen vorbereiten. Es wäre für die Auswertung hilfreich, wenn Du noch einige Beobachter um die Turniertische plazierst, damit sie die Reaktionen der einzelnen Spieler wahrnehmen können.

Regeln für das Turnier sind:

- Es darf nicht gesprochen werden.
- Der Gewinner eines Tisches geht im Uhrzeigersinn einen Tisch weiter.
- Der Verlierer eines Tisches geht gegen den Uhrzeigersinn zum anderen Tisch.
- Die anderen bleiben an ihrem Tisch und spielen mit den beiden neuen Mitspielern.
- Wer viermal als Sieger weitergekommen ist, ist Gesamtsieger und hat damit den 1. Platz gewonnen.

Das Kartenspiel ist einfach und die Regeln liegen auf dem Tisch aus. Sie werden, nachdem sich jeder Mitspieler damit vertraut gemacht hat, nach fünf Minuten wieder eingesammelt. Du hast jedoch für vier verschiedene Tische vier unterschiedliche Regeln ausgelegt (wovon die Teilnehmer nichts wissen).

Tisch 1: Anzahl der Karten: Jeder Spieler bekommt fünf Karten, eine wird vom Stapel aufgedeckt. Nach jeder Runde eine Karte vom Stapel ziehen.
Ziel: möglichst alle Karten loswerden. Sieger: der als erster alle Karten abgelegt hat.

Regeln: Gleiche Farbe spielen (bedienen), höchste Karte ist das As. Die Acht bedeutet einmal aussetzen für den nächsten Spieler. Die Sieben bedeutet, daß der nächste Spieler zwei Karten zusätzlich nehmen muß.

Tisch 2: Anzahl der Karten: Jeder Spieler bekommt fünf Karten, eine wird vom Stapel aufgedeckt. Nach jeder Runde eine Karte vom Stapel ziehen.
Ziel: möglichst alle Karten loswerden. Sieger: der als erster alle Karten abgelegt hat.

Regeln: Gleiche Farbe spielen (bedienen), beim As muß die Farbe gewechselt werden. Bube bedeutet: Man darf sich eine Farbe wünschen. Die Sieben bedeutet, man muß drei Karten zusätzlich aufnehmen.

Tisch 3: Anzahl der Karten: Jeder Spieler bekommt fünf Karten, eine wird vom Stapel aufgedeckt. Nach jeder Runde eine Karte vom Stapel ziehen.
Ziel: möglichst drei Karten von einer Farbe in Reihenfolge auf der Hand haben. Sieger: der als erster diese Reihenfolge auf der Hand hat.

Regeln: Gleiche Farbe spielen (bedienen), höchste Karte ist das As. Beim Buben muß man die Farbe wechseln. Beim As darf man die beiden zuletzt geworfenen Karten aufnehmen. Die Acht bedeutet einmal aussetzen für den nächsten Spieler. Die Sieben bedeutet, daß der nächste Spieler eine Karte zusätzlich nehmen darf.

Tisch 4: Anzahl der Karten: Jeder Spieler bekommt fünf Karten, eine wird vom Stapel aufgedeckt. Nach jeder Runde eine Karte vom Stapel ziehen.
Ziel: möglichst einen Drilling auf der Hand zu haben (z.B. dreimal As). Sieger: der als erster einen Drilling aufdeckt.

Regeln: Gleiche Farbe spielen, höchste Karte ist das As. Bei einer Dame muß der nächste Spieler aussetzen. Die Acht bedeutet, daß der nächste Spieler zwei Karten ablegen muß. Die Sieben bedeutet, daß der selbe Spieler zwei Karten zusätzlich nehmen darf.

Nachdem sich die Spieler mit den Regeln vertraut gemacht und vielleicht auch ein Probespiel durchgeführt haben, beginnt das Turnier und damit das Gesprächsverbot. Nach dem ersten Spiel gibt es an jedem Tisch Gewinner und Verlierer, die sich dann für die nächste Runde an dem neuen Tisch mit den neuen Mitspielern zusammenfinden.

Nach einiger Zeit wird den Spielern des Turniers auffallen, daß irgend etwas nicht stimmt. Hier sind die Beobachter gefragt. Was können sie jetzt wahrnehmen? Wie verhalten sich die Spieler gegenüber ihren Mitspielern?

Wenn das Spiel im dritten oder vierten Durchgang dann vollkommen chaotisch wird, kannst Du es auflösen und die Regeln der einzelnen Tische erklären.

Eine Auswertung bietet sich unter vielen Aspekten an:

- Wie haben sich Spieler und Mitspieler verhalten?
- Wann merkst Du, welche Regeln gelten?
- Als Du merktest was los ist, wie war Deine Reaktion?
- Wie lange hieltest Du Dich an Deine Regeln?
- Was glaubtest Du von den anderen?
- Hast Du Deine Regeln aufgegeben?
- Hast Du Dich auf Machtspiele eingelassen oder nachgegeben?
- Hast Du Verbündete gesucht und Mehrheiten gebildet?
- Wie verhältst Du Dich bei Streß?
- Was war Dir besonders wichtig?

usw.

Improvisiertes Tai Chi

Form: **Übung ❐** **Spiel ☒** **Phantasiereise ❐**

Ziel:
Muster erkennen und verändern

Gruppengröße: ☺☺☺

Dauer:
Pro Kleingruppe 10 Min.

Material:
–

Ort:
Großer Raum

Anmerkungen:
Wichtig bei dieser Übung ist es, so wenig Instruktionen wie möglich zu geben, so daß die Teilnehmer ihre Phantasie spielen lassen können. Die Gruppe unterteilt sich in Kleingruppen à drei Personen, die jetzt miteinander Zeit haben werden, den Raum zu erkunden und sich durch diesen Raum zu bewegen.

Anleitung:
Jede Gruppe hat zehn Minuten Zeit – ohne Ton –, in denen jeder hier im Raum machen kann, was er gerne machen möchte. Die anderen Gruppen können dabei schlafen, singen, lachen, gähnen oder weinen oder zuschauen – je nachdem, was sie gerne machen möchten, allerdings sollen sie an einem Ort sitzen bleiben.

Bewege Dich in dem Bewußtsein, daß Du gesehen wirst, daß Du gesehen werden mußt. Tanze, gehe, laufe durch den Raum.

Beginne mit dem, was da ist und schau aus Deinen Augen heraus und nicht mit den Augen der anderen. Schau Dir nicht an, was sie sehen könnten, sondern schau Dir an, was Du siehst. Und beginne jetzt.

Nach zehn Minuten diese Sequenz beenden, indem Du Dich bedankst. Dann folgt die nächste Gruppe. Nachdem alle 3er-Teams fertig sind, kann sich jeder Schreibzeug nehmen und den Fragen zuhören.

Du kannst Dir Notizen machen, was Du erlebt hast – was für Dich wichtig war – was Dir dabei eingefallen ist – was Dir vielleicht Schwierigkeiten gemacht hat – oder was Dir leicht gefallen ist – darüber, wo Du an Deine Grenzen gekommen bist. Denke noch einmal über die zehn Minuten nach und was in einer solchen Situation in Dir vorgeht.

„Bist Du neugierig, was die anderen denken; brauchst Du ein Ziel, eine Aufgabe; mußt Du Außenstehende miteinbeziehen; bleibst Du allein; brauchst Du den Kontakt zu anderen; was passiert, wenn andere den Kontakt zur Dir abbrechen und es sehen Dir andere Menschen dabei zu; wartest Du ab, ob Dich jemand bemerkt oder machst Du Dich bemerkbar; nutzt Du Deine Zeit oder hoffst Du, daß sie bald vorbei sein möge; kommst Du Dir blöd vor oder schön oder witzig oder sicher; hast Du Lust auf etwas ganz anderes; und überlegst Du, ob das überhaupt einen Sinn hat und wenn, dann welchen; bedauerst Du die Armen, die jetzt dran sind, während Du hier sitzt; ist es für Dich irritierend, wenn jemand schreibt; bist Du erleichtert, daß es vorbei ist; mußt Du erstmal Dich spüren oder mußt Du erstmal sehen, was alles da ist; hast Du etwas Neues entdeckt in dem Raum; bist Du spielerisch und neugierig gewesen; spielst Du diese Neugierde oder bist Du wirklich neugierig; spielst Du Ruhe oder bist Du wirklich ruhig; mußt Du Faxen machen; versuchst Du, die anderen zu einer Reaktion zu bringen; fühlst Du Dich in Dir wohl; und was machst Du, wenn Dir langweilig ist oder wenn keiner auf Dich reagiert; irritiert es Dich, wenn die anderen lachen; und was tust Du, wenn Du nicht weißt, was Du machen sollst; kannst Du zur Ruhe kommen; bist Du aufgeregt; mußt Du reden; fühlst Du Dich besser, wenn Du mit den anderen zusammen bist; was glaubst Du, was die anderen erwarten und wie geht es Dir damit; was glaubst Du, wie die anderen sich gefühlt haben; mußt Du Dich verstecken; bist Du entspannt von Anfang an oder verändert sich das im Laufe der Zeit; ist es für Dich wichtig, etwas zu tun; brauchst Du irgend etwas, das Dich bewegt oder mußt Du Dich bewegen; denkst Du, das ist doch blöd; ist es Dir irgendwie peinlich; und was machst Du daraus; machst Du etwas, was die anderen freut; schaust Du mit den Augen der anderen oder mit Deinen eigenen; siehst Du, was Du siehst oder was die anderen sehen; fällt Dir die Stille auf die Nerven; mußt Du lächeln; was hast Du gedacht, als Dir langweilig war oder was hast Du gemacht; fandest Du es spannend zuzusehen oder hast Du was bemerkt bei Dir oder bei den anderen; hast Du etwas bemerkt an Mustern oder Verhaltensweisen, die Du schon kennst bei Dir oder bei anderen; hast Du etwas verhindert oder hast Du etwas nicht gemacht; ist Dir erst nachher eingefallen, was Du wolltest oder was Du hättest machen können; findest Du es komisch, wenn alle lachen; traust Du Dich wirklich, zu machen was Du willst; oder lenkt Dich irgend etwas ab; machst Du vorher Pläne, was Du machen wirst oder wartest Du ab, was Dir einfallen wird; orientierst Du Dich an bekannten Bewegungen oder

wirfst Du Dich nach vorne; nutzt Du Deinen Platz und Raum und Deine Zeit für Dich; möchtest Du andere beeindrucken; hast Du etwas Neues gemacht; wie war es auf der Wartebank für Dich; fängst Du lieber gleich an oder wartest Du noch, was die anderen machen; möchtest Du lieber der Erste oder der Letzte sein; nimmst Du auf die anderen Rücksicht; denkst Du über die Zuschauer nach; oder fühlst Du mit Deinen Mitspielern; kennst Du Deine Grenzen oder macht es Dir Spaß, Deine Grenzen kennenzulernen; findest Du diese zehn Minuten lang oder kurz; machst Du etwas Praktisches; kannst Du gut durchatmen; muß es schön sein, was Du machst, elegant; was ist es für Dich, was Du in diesen zehn Minuten entdeckt hast oder vielleicht beim Zuschauen oder beim Warten, bis Du an der Reihe warst oder nachdem Du durchatmen konntest und es für Dich vorbei war; was ist es für Dich, was Du entdeckt hast über Dich, wo Deine Grenzen liegen, was Deine Muster sind?"

Mach Dir Notizen und dann geht in Dreiergruppen zusammen und tauscht Euch darüber aus und findet dabei heraus, was Eure Glaubenssysteme sind, die Euch einschränken – findet dabei heraus, was das Wesentliche ist, was Ihr gerne verändern möchtet. Unterstützt Euch gegenseitig. Und dann kommt wieder zusammen – vielleicht schon mit einer Idee, was Du das nächste Mal anders machen möchtest – was Dir wichtig ist – wo es für Dich hingehen soll. Ihr könnt diese Übung zur Musterveränderung jeden Tag einmal morgens zum Einstimmen machen und einfach nur bemerken, was sich verändert hat – was passiert, wenn Du anfängst, etwas Neues zu tun – wenn Du Dich traust, das zu machen, was Du gerne machen möchtest – wenn Du merkst, daß Du innerlich frei bist, das zu tun, was Du gerne tun möchtest – Dich so zu bewegen, wie Du Dich gerne bewegen möchtest – Deine Zeit für Dich zu nutzen.

Notizen

Wertegespräch

Form: **Übung ☒** **Spiel ❒** **Phantasiereise ❒**

Ziel:
Höchste Werte in einem Team ermitteln

Gruppengröße: ☺
In der Gruppe

Dauer:
60 Min.

Material:
Schreibzeug, Musik als Hintergrund

Ort:
Ruhiger, heller Raum, kuschliger Platz, bequeme Stühle

Anmerkungen:
In dieser Übung wirst Du Deine Werte herausfinden, also das, was Dir in Deinem Leben wichtig ist und eine große Bedeutung für Dich hat. Es werden die Werte aus mehreren Bereichen abgefragt, da wir glauben, daß wirkliche Zufriedenheit dann da ist, wenn sich die Werte aus verschiedenen Lebensbereichen miteinander verbinden lassen oder sich zumindest miteinander vertragen.

Anleitung:
Finde einen bequemen Platz und nimm Dir Dein Schreibzeug mit. Du kannst Dich von dem, was ich sage, anregen lassen und Du kannst dabei Deine eigenen Notizen machen.

Für diese Übung solltest Du zuerst eine Situation aus dem Berufs-, eine aus dem Partnerschafts- und eine aus dem Freundschaftsbereich haben, wo Du freiwillig „gegangen" bist.

1. Erinnere Dich an eine Situation aus dem Berufsbereich, in der Du freiwillig gegangen bist. Eine Situation, wo Du Dich entschieden hast zu gehen. Es kann eine kurze oder längere berufliche Tätigkeit gewesen sein. Auch wenn Du in einem Job

innerlich gekündigt hast, kannst Du diese Situation nehmen. Dann erinnere Dich jetzt an diese Arbeitssituation und daran, daß Du Dich von dieser Arbeit verabschiedet hast.

Was hat Dir hier gefehlt?
Welche Qualität war nicht da?
Was war es, das Dich dazu veranlaßt hat, zu gehen?
Schreibe es jetzt für Dich auf!

2. Erinnere Dich als nächstes an eine Partnerschaft, eine sehr enge Beziehung zu einem anderen Menschen, aus der Du freiwillig gegangen bist. Laß in Gedanken die Erinnerung an eine Situation kommen, wo Du Dich gegen diese Partnerschaft oder Ehe entschieden hast und die Du dann verlassen hast.

Was hat Dir hier gefehlt?
Welche Qualität war nicht da?
Was war es, das Dich dazu veranlaßt hat, zu gehen?
Schreibe es jetzt auf!

3. Als nächstes erinnere Dich an eine Freundschaft – zu einem Mann oder einer Frau – aus der Du Dich verabschiedet hast. Stell Dir noch einmal die Beziehung zu diesem Freund oder dieser Freundin vor und auch, daß Du Dich bewußt gegen diese Form des Miteinander entschieden hast.

Was hat Dir hier gefehlt?
Welche Qualität war nicht da?
Was war es, das Dich dazu veranlaßt hat, zu gehen?
Schreibe die Worte, die jetzt kommen, auf!

Steh jetzt, da wir die Hälfte der Übung beendet haben, kurz auf und schüttle Dich aus. Über Verabschiedungen nachzudenken, schafft auch eine ganz bestimmte Stimmung im Raum und in Dir. Schließe diese Gedanken jetzt ab und schüttle sie von Dir weg, damit wir weitermachen können.

Für den zweiten Teil der Übung solltest Du Dich an Situationen aus dem Berufs-, Partnerschafts- und Freundschaftsbereich erinnern, wo Du gerne geblieben bist.

4. Erinnere Dich als erstes an eine Situation aus dem Arbeitsbereich, wo Du Dich wohlgefühlt hast und wo alles so war, wie Du es Dir gewünscht hast. Was bedeutet für Dich angenehmes Arbeiten? Es muß nicht über einen längeren Zeitraum sein, es kann auch ein Arbeitstag oder nur einige Stunden gewesen sein. Finde diese Arbeitssituation, in der Du gerne geblieben bist.

Was war da, was diese Situation so besonders werden läßt?
Welche Qualität hast Du in dieser Situation besonders geschätzt?
Was möchtest Du davon öfter und intensiver erleben?
Schreibe die Begriffe, die das ausdrücken, jetzt auf!

5. Als nächstes erinnere Dich an eine Situation in einer intensiven Beziehung, einer Partnerschaft, wo für Dich alles vorhanden war, was Du Dir von einer Partnerschaft wünschst. Es kann eine kurze Sequenz sein, in der Du gerne geblieben bist, weil alles da war, was Du mit Partnerschaft verbindest.

Was war da, was diese Situation so besonders werden läßt?
Welche Qualität hast Du in dieser Situation besonders geschätzt?
Was möchtest Du davon öfter und intensiver erleben?
Schreibe all die Qualitäten auf, die für Dich wichtig waren und dazugehörten!

6. Dann erinnere Dich an eine Situation mit einem Freund oder einer Freundin, in der Du gerne geblieben bist. Eine Situation, in der für Dich klar war, daß dies für Dich echte Freundschaft ist. Wo alles an Qualitäten da war, was Du mit Freundschaft verbindest.

Was war da, was diese Situation so besonders werden läßt?
Welche Qualität hast Du in dieser Situation besonders geschätzt?
Was möchtest Du davon öfter und intensiver erleben?
Schreibe die Worte, die das beschreiben und jetzt da sind, auf!

7. Zum Abschluß laß noch eine Erinnerung an eine Situation kommen, in der Du allein glücklich warst und mit Dir im Einklang. Eine Situation, wo keine anderen Menschen da waren, sondern wo Du allein mit Dir in Verbindung warst und glücklich.

Was war da, was diese Situation so besonders werden läßt?
Welche Qualität hast Du in dieser Situation besonders geschätzt?
Was möchtest Du davon öfter und intensiver erleben?

Schreibe auch hier das auf, was Dir zu dieser Situation gerade einfällt und welche Begriffe für Dich diese Qualitäten am besten beschreiben.

Wenn Du mit den Notizen zum Abschluß gekommen bist, dann schau sie Dir jetzt in Ruhe an und streiche die Begriffe oder Qualitäten an, die öfter vorkommen. Welche Qualitäten kommen in mehreren Bereichen vor? Welche Werte nennst Du mehrmals und sind Dir besonders wichtig?

Notiere Dir auf einem anderen Blatt die zehn wichtigsten Werte, die Du aus dieser Übung herausgefunden hast, und tausch Dich mit einem Partner oder einer Partnerin darüber aus.

Variation: Wertehierarchie (ca. 40 Min.)

Anmerkung: Mit Hilfe der Übung „Wertegespräch“ hast Du bereits für Dich die wichtigsten Werte aufgeschrieben. Wenn Du die Wichtigkeit der Werte herausfindest, kannst Du mehr Klarheit darüber gewinnen, weshalb Dir bestimmte Situationen Spaß machen und Dich motivieren und andere Dich eher langweilen und ärgern. Dir wird vielleicht deutlich, warum Du Dich von einer Gruppe oder einem Team angezogen und von einem anderen eher abgestoßen fühlst. Gerade für Teams ist die Kenntnis der Werte wichtig. Die Werte müssen nicht gleich sein, sie sollten sich jedoch zumindest nicht gegenseitig behindern.

Folgende Werte können u. a. in Teams vertreten sein:

Sicherheit	Kreativität	Einfluß	Verantwortung
Vertrauen	Wissen	Anerkennung	Innovation
Aktivität	Vielfalt	Ästhetik	Reichtum
Freiheit	Genauigkeit	Bestätigung	Offenheit
Autorität	Harmonie	Freude	Lernen
Fortschritt	Gleichberechtigung	Gemeinschaft	Altruismus

„Wenn ein Mensch nichts gefunden hat, für das er sterben würde, so ist er auch nicht fähig zu leben.“ – *Martin Luther King*

Beschreibung:
Stell Dir vor, daß Du Dich voller Freude einem Team angeschlossen hast. Es ist alles so, wie Du es Dir vorstellst. Du fühlst Dich wohl und bleibst gerne in diesem Team.

1. Was müßte passieren, daß Du keine richtige Lust mehr auf dieses Team hast (leichtes Unwohlsein)?

   Welches Verhalten, welche Qualität, welcher Wert würde Dich jetzt dazu bewegen, dieses Team zu verlassen?

2. Wenn Du das für Dich beantwortet hast, dann frage Dich als nächstes, welches Verhalten, welche Qualitäten im Team sein müßten, damit Du im Team bleibst, obwohl das Verhalten oder die Qualität aus 1. Dich zum Verlassen des Teams bewegen würde. Welche Qualität oder welcher Wert würde den Wert aus 1. übersteigen? Was würde Dich dazu veranlassen, trotzdem im Team zu bleiben?

3. Wenn die Qualität aus 1. (Dich zum Weggehen veranlassen) und 2. (Dich zum Bleiben veranlassen) eingetreten ist: Was müßte eintreten, damit Du das Team wieder verläßt? Welcher Wert würde Dich zum Gehen veranlassen, wenn 1. und 2. eingetreten sind?

4. Dann frage Dich wieder, welcher Wert oder welche Qualität Dich dazu bewegen würde, im Team zu bleiben, obwohl 1., 2. und 3. eingetreten ist. Welcher Wert würde Dich trotz 3. zum Verbleiben im Team bewegen?

5. Frage Deine Werte solange ab, bis es nichts mehr gibt, was Dich zum Bleiben bewegen würde. Irgendwann gibt es einen sehr hohen Wert für Dich. Wenn dieser Wert für Dich verletzt ist, gibt es kein Zurück mehr in das Team. Wenn dieser Wert da oder ein anderer Wert nicht vorhanden ist, wirst Du Dich von diesem Team innerlich verabschieden.

Dies sind die höchsten Werte, die für Dich persönlich die größte Wichtigkeit haben. Mit ihnen kannst Du im Team motiviert und begeistert werden. Wenn Du diese Werte von anderen kennst, kannst Du aktiv an einem Rahmen mitwirken, in dem sich jedes Teammitglied wohlfühlt und konstruktiv arbeiten kann.

Variation: Wertetabelle erstellen (ca. 25 Min.)
Notiere die zehn wichtigsten Werte und erstelle eine Hierarchie, indem Du die Werte numerierst. Frage Dich bei der Numerierung, welche Werte für Dich unbedingt da sein müssen, damit Du Erfüllung erfährst und welche Werte andere

Werte bereits beinhalten und dadurch nicht ganz so wichtig sind. Welche Werte sind wegzudenken, wenn andere Werte da sind und welche müssen unbedingt da sein, damit Du glücklich bist.

Werte	Persönliche Gewichtung
1. ______________	Nr. ______
2. ______________	Nr. ______
3. ______________	Nr. ______
4. ______________	Nr. ______
5. ______________	Nr. ______
6. ______________	Nr. ______
7. ______________	Nr. ______
8. ______________	Nr. ______
9. ______________	Nr. ______
10. ______________	Nr. ______

Notizen

Frieden schließen

Form: **Übung ❐ Spiel ❐ Phantasiereise ☒**

Ziel:
Blockaden beseitigen, unerledigte Geschäfte abschließen

Gruppengröße: ☺
In der Gruppe

Dauer:
30 Min.

Material:
Decken; *Kitaro*: Silkroad

Ort:
Auf dem Boden in einem ruhigen, warmen, gemütlichen Raum

Anmerkungen:
„Frieden schließen" ist eine Phantasiereise, die sich anbietet, um eine unabgeschlossene Situation mit einer Person zu beenden und die eigene Energie wieder frei werden zu lassen. Solange Du in einer unabgeschlossenen Situation steckst, können sich die Beziehung und Deine emotionalen Fähigkeiten nicht weiterentwickeln. Man befindet sich in der Rolle eines Opfers – und Opfer sein heißt immer, Verantwortung abzugeben für das, was einem passiert – und all die Emotionen wie Wut, Schmerz, Kummer – auch Peinlichkeit –, Enttäuschung, Zorn nicht anzunehmen. Was immer es ist, was Dich da noch hält – innerlich –, steht Dir nicht als Energie zur Verfügung – hält Dich in der Zeit – und es gibt nur ein Mittel, dies loszulassen: Abschied zu nehmen. Manche Sachen sind einfach verlorengegangen in Deinem Leben, manche Dinge sind vielleicht verschwunden oder manche Menschen sind einfach weggegangen – oder vielleicht hast Du Dich auch aktiv entschieden, sie nicht mehr zu sehen. Unabgeschlossene Situationen sind immer dadurch gekennzeichnet, daß Du noch gefühlsmäßig daran hängst und immer noch ein Teil von Dir in dieser Zeit verhaftet ist. Wenn alte Muster nicht vollendet werden oder alte Bindungen nicht gelöst, alte Kreise nicht geschlossen werden und wir diese Energie nicht loslassen können, dann bedeutet das oftmals, daß für neue

Bindungen oder neue Situationen, neue Beziehungen kein Platz und keine Energie da ist – jeder Groll und jede Möglichkeit der Rache oder des Ausgleiches oder des Ringens um Gerechtigkeit beraubt Dich selbst um wertvolle Kräfte, die Du für Dich oder für andere nutzen kannst.

Anleitung:
Mach es Dir auf dem Boden ganz bequem und spür hinein, was Du für Dich verändern kannst, damit Du jetzt eine Weile ruhig hier liegen bleiben kannst – und Dich entspannen kannst – loslassen kannst – und Dich nun auf eine Reise begeben kannst, um Abschied zu nehmen – alle Situationen beenden – vollenden kannst, die Du bisher noch nicht beendet und vollendet hast. Laß Dich mitnehmen von der Musik in einen Zustand von Gelöstsein – von Loslassen – oder erinnere Dich, wann Du das letzte Mal vollständig losgelassen hast – und was Dich darin unterstützt hat – geh auf Deine Art in diesen Zustand des Gelöstseins – der Gelöstheit – des Loslassens – so, wie es für Dich richtig ist – und Du kannst Dich entscheiden – jetzt – und während der ganzen Reise, was Du für Dich tun willst – ob Du einfach nur hier liegst und Dich ausruhst – oder ob Du meiner Stimme folgen magst und all den Assoziationen, die sie in Dir weckt – ob Du Dich mitnehmen läßt von der Musik – oder einfach nur treiben läßt – rückwärts – in Deine Vergangenheit.

Während Du hier auf dem Boden liegst und spüren kannst, wie Du mehr und mehr loslassen kannst – einfach indem Du Dein Gewicht an den Boden abgibst und wahrnimmst, wie Du hier liegst, kannst Du Dich treiben lassen – rückwärts – in Deine Vergangenheit – weiter und weiter – an Deinem eigenen Zeitstrahl – rückwärts – bis Du zu einer Situation kommst, die für Dich noch unabgeschlossen ist – zu einer Situation mit einer Person, die Du für Dich innerlich noch nicht losgelassen hast – und laß Dich überraschen, was es ist, was jetzt klarer und klarer wird – erinnere Dich – zurücktreiben in Deiner Vergangenheit, bis Du diese Situation wiedergefunden hast, die für Dich noch nicht abgeschlossen ist – und dann laß es klarer werden und deutlicher, was für Dich alles dazugehört zu dieser Situation – und was Dich mit dieser Person verbindet – laß diese Person deutlicher vor Deinen Augen werden – spürbarer – wahrnehmbarer für Dich – alles, was für Dich dazugehört – schau noch mal, wie die Person aussieht – was alles in dieser Situation da ist – und hör mal, was in dieser Situation alles wichtig ist – was gesprochen wird – was Du hören kannst – und wie Du Dich dabei fühlst – und welche Gefühle Du jetzt noch mit dieser Person verbindest – mit dieser Situation – was da hochkommt an Erinnerungen – an Gefühlen – an Gedanken – und was alles wichtig ist, was Du dieser Person noch sagen möchtest – oder zeigen möchtest – laß all Deine Gefühle, was immer es ist, in Dir noch mal wach werden – und nimm wahr, daß sie da sind – mit dieser Person in Verbindung sind – so daß Du weißt, wo sie hingehören – oder auf welche Art sie Dich mit dieser Person verbinden. Nimm Dir dafür einige Minuten Zeit, dies wahrzunehmen und der Person zu zeigen und zu sagen, was für Dich heute noch wichtig ist – was Du ihr jetzt noch sagen möchtest – zeigen – auf welche Art auch immer – teile es mit, so daß Du es loslassen kannst – und nimm einfach wahr, wie es auf diese Person wirkt – all das, was da war – vielleicht, was Dich gestört hat – oder auch, was Du gut fandest – und nimm einfach wahr, wie es wirkt auf diese Person – nimm wahr, daß diese Person auf irgendeine Art zu Deinem Schicksal – zu Deiner eigenen Lebensgeschichte gehört – daß sie dazu beigetragen hat, daß Du heute so bist wie Du jetzt bist – daß dieses Ereignis – diese Person mit dazu beigetragen hat, in Dir Fähigkeiten und Ressourcen zu entwickeln – auf die eine oder andere Art – daß Du gewachsen bist – und gereift bist – nimm wahr, welchen Sinn diese Person in Deinem Leben hatte – oder welche positive Absicht diese Person hatte, daß sie so gehandelt hat, wie sie gehandelt hat – nimm wahr, was es für Dich ist, was Du aus dieser Situation lernen kannst – was für Dich das Wichtige ist – was Du daraus machen kannst – und dann teile auch dies dieser Person mit. Und dann laß Dir von dieser Person noch all das mitteilen, was sie Dir mitteilen möchte – laß Dich überraschen, was da kommt – was sie mit Dir erlebt hat – was für sie wichtig war – was an Gefühlen – an Erinnerungen – an Gedanken noch da ist – und laß Dich überraschen, was es ist – und dann spüre, wie Du innerlich an dieser Situation und an dieser Person festgehalten hast – wie Du sie gehalten hast – und Dich selbst festgehalten hast – so daß auch Du in dieser Verbindung – in dieser Zeit stehengeblieben bist und Dich innerlich unfrei gemacht hast – und dann gib Dir und ihr innerlich das Versprechen, daß Du heute loslassen wirst – daß Du sie heute freilassen wirst – und heute Dich freilassen wirst – und versuche, dieser Person zuzulächeln und ihr zu danken – auf Deine Art zu danken, daß sie bereit war, Dich ein Stück auf Deinem Lebensweg zu begleiten.

Du kannst Dich auf Deine Art verabschieden – auf Deine Art all das sagen, was noch wesentlich ist – um sie dann freizulassen – loszulassen – und um Dich freizulassen und loszulassen – verabschiede Dich – und dann spür, wie es ist, sie gehenzulassen. Du kannst winken – und Dich dann umdrehen und Deines Weges gehen – und einfach wahrnehmen, wie diese Person in den Hintergrund zurückgeht und ihren Lebensweg geht – und Du Dich verabschieden kannst – und innerlich loslassen kannst – und in Dein Leben gehen – neugierig entdecken, was da alles auf Dich wartet – vielleicht sogar mit einer neuen Qualität – mit einer Dankbarkeit

– mit einer Freude – neugierig auf das, was jetzt hier auf Dich wartet, und dann komm zurück in diesen Raum – und nimm wahr, wie Du hier auf dem Boden liegst – und welche Qualität Du jetzt hier entdecken kannst – welche Energie Du in Dir kreieren kannst, um hierher zurückzukommen – ganz wach und ausgeruht.

Notizen

Skulptur

Form: **Übung ❐** **Spiel ☒** **Phantasiereise ❐**

Ziel:
Beziehungsmuster verdeutlichen und verändern

Gruppengröße: ☺
Alle im Team

Dauer:
20 Min.

Material:
–

Ort:
Im Raum oder auf einer Wiese

Beschreibung:
Eine Möglichkeit, die Beziehungen in einer Gruppe auszudrücken, ist eine Skulptur aus den Mitspielern zu bauen, wobei jeder in einer Pose verharrt, die etwas über die Beziehung zu diesem Team ausdrückt. Jeder nimmt eine Position ein, die seine Beziehung oder seine Rolle in der Gruppe ausdrückt. Die anderen beziehen sich in ihrer Position und Pose zu dem jeweils bereits Vorhandenen, so daß ein komplexes Ganzes entsteht. Wenn alle Beteiligten zu einer Skulptur zusammengekommen sind, dann ca. 1 Min. in dieser Position verharren – und nachspüren, wie sich jeder Einzelne in dieser Position fühlt – in Beziehung zu den anderen – in Beziehung zu seiner eigenen Körperhaltung – Atmung – innen oder außen – was wichtig ist in dieser Position – zu- oder abgekehrt zu den anderen – und nach 1 Min. darf jeder eine Kleinigkeit in seiner Position verändern – einen Schritt machen – eine Bewegung – auf etwas zu oder von etwas weg – jeder darf eine Veränderung in seiner Position vornehmen – danach wieder ruhen – 1 Min. lang – nachspüren, was diese Veränderung für Dich gebracht hat – nachspüren, was jetzt anders ist – und dann diskutieren – die unterschiedlichen Gefühle – die unterschiedlichen Rollen – die unterschiedlichen Positionen – was es für den Einzelnen bedeutet hat – wie sich jeder Einzelne dabei gefühlt hat. Oft wird schon durch die erste Skulptur

deutlich, warum es manchmal zu Spannungen kommt und daß sie durch eine kleine Bewegung – eine kleine Veränderung – leicht zu lösen sind.

Variation:

Alle Teammitglieder können solange ihre Position verändern, bis alle in der Gruppe sich wohl fühlen.

Notizen

Stadtspiel

Form: **Übung ❐** **Spiel ☒** **Phantasiereise ❐**

Ziel:
Fähigkeiten spielerisch erweitern, sich gegenseitig über Grenzen führen

Gruppengröße: ☺☺☺☺☺

Dauer:
4 Stunden

Material:
–

Ort:
In der Stadt

Beschreibung:
Vor dem Stadtspiel noch einmal einstimmen auf Spielen – auf Lust – auf Kreativität – auf Miteinander – und sich in einen guten Zustand bringen – „Moment of Excellence". Dann Aufgaben sammeln lassen – Ideen sammeln lassen, was die Teilnehmer schon immer machen wollten – schon immer ausprobieren wollten – wozu sie schon immer Lust hatten, sich aber allein nicht getraut haben. Diese Vorschläge überprüfen, prüfen was sie von dieser Lust heute noch verwirklichen wollen – in ihrem heutigen ethischen Rahmen, mit den heutigen Möglichkeiten und Fähigkeiten, die Dinge zu erleben und einzuordnen. Und dann eine Liste herstellen lassen von all den Aktionen, die die Teilnehmer spielerisch am Nachmittag miteinander ausprobieren wollen – und eine eigene Liste an Übungsvorschlägen vorlegen.

Beispielliste:

1. Einen giftgrünen BH besorgen oder eine lilafarbene Männerunterhose,
2. sich ein paar Fischgräten schenken lassen,
3. eine Rede halten,
4. andere zu einem Spiel einladen,
5. einen Weihnachtskalender besorgen (wirkt am besten um die Osterzeit!!!),

6. sich etwas schenken lassen oder etwas erbetteln,
7. etwas verschenken, jemandem eine Freude machen,
8. ein imaginäres Tier von Fremden streicheln lassen,
9. gemeinsam ein Lied singen und andere dazu einladen,
10. eine Schlange ins Nichts bilden und andere dazu bewegen, sich an dieser Schlange anzustellen,
11. ein Bild malen und andere dazu einladen mitzumalen,
12. eine Meinungsumfrage machen und andere dazu einladen zu diskutieren,
13. ein Fünfmarkstück für DM 4,- verkaufen.

Das Team hat drei Stunden Zeit, sich in der Stadt zu amüsieren und gemeinsame Strategien zu entwickeln, um sich gegenseitig zu motivieren, Unmögliches möglich zu machen und sich gegenseitig über Grenzen zu führen.

Achtet darauf, daß ein Zusammentreffen mit Euch auch für die anderen Menschen heute ein schönes und bereicherndes Erlebnis ist. Behutsam, mit Respekt und Liebe andere einzuladen, könnte das Ziel sein.

Nach vier Stunden wieder treffen: Erzählen – oder inszenieren – vorspielen – und all die wichtigen Begegnungen noch einmal durchleben, um Ideen zu finden, wie Ihr all das, was Ihr heute an neuen Möglichkeiten erlebt habt, an neuen Qualitäten entdeckt habt, mitnehmen könnt in die Situationen im Alltag, wo Ihr es wirklich gebrauchen könntet.

Notizen

Trust fall

Form: **Übung ❐** **Spiel ☒** **Phantasiereise ❐**

Ziel:
Vertrauen und Unterstützung, Mut

Gruppengröße: ☺
Alle in der Gruppe

Dauer:
30 Min.

Material:
Stein, Tisch oder 1,50 Meter hoher Baumstamm

Ort:
In der Natur

Anmerkungen:
Es empfiehlt sich, vorher alle Brillen, Ohrringe, Uhren und Schmuck abzunehmen.

Beschreibung:
Einen genügend hohen Balken suchen oder einen Tisch aufstellen – so hoch, daß die Füße desjenigen, der sich vertrauensvoll in das Team fallenlassen wird, ungefähr auf Höhe der Arme der Mitspieler sind. Dann das Team in Zweierreihen aufstellen lassen – seitlich vom Tisch oder dem Baum. In Zweierreihen und im *Reißverschlußverfahren die Arme gegeneinander strecken – nicht festhalten,* sondern einfach nur im Reißverschlußverfahren die Arme bis fast an den Körper des gegenüberstehenden Partners hinstrecken. Und der erste, der sich jetzt dem Team anvertrauen wird, kann auf den Baum steigen. Das Team unterstützt denjenigen, der loslassen möchte, darin, sein Ziel zu visualisieren – einen Tonfilm zu machen, und ruft während des Fallens die Ressourcen, die denjenigen unterstützen werden, sein Ziel zu erreichen. Gib Anweisung, wie sich die Ressourcen anhören sollen, wie Dein Team Dich mit den Rufen lockt und unterstützt.

Dann nimm die Arme vorne auf dem Bauch zusammen und stell Dir Dein Ziel vor: „Was ist es, wofür es sich lohnt, etwas zu tun – was ist es, was Du gerne in Deinem Leben verwirklichen und erleben möchtest. Mach Dir einen Tonfilm so genau wie möglich, und dann laß Dich locken von Deinen höchsten Werten – hör, wie Dein Team ruft – und laß Dich hineinfallen in Dein Ziel – und laß Dich unterstützen von Deinen Ressourcen – und dann weitertragen lassen – immer wieder Deine Ressourcen hören und dann wieder den Boden unter Deinen Füßen spüren und wahrnehmen, wie es sich anfühlt, den Mut gehabt zu haben, zu vertrauen."

Such Dir am Ende einen Platz, wo Du noch einen Moment Ruhe hast und nachspüren kannst.

Notizen

Regeln

Form: **Übung ☒ Spiel ❐ Phantasiereise ❐**

Ziel:
Persönliche Einschränkungen erkennen, behindernde Regeln aufspüren

Gruppengröße: ☺☺

Dauer:
60 Min.

Material:
Schreibzeug

Ort:
In einem Raum mit viel Platz für die Zweiergruppen

Beschreibung:
Zuerst eine Wertehierarchie erstellen von den zehn positiven Werten, wofür es sich lohnt, etwas zu tun, wofür es sich lohnt, morgens aufzustehen, wofür es sich lohnt, aktiv zu werden. Und dann die Regeln erfragen, die erfüllt werden müssen, um diese Werte zu erreichen, um dieses Gefühl, was zu diesen Werten gehört, zu erleben:

Beim ersten Wert, z.B. Liebe, erfragen: „Was ist wichtiger, zu lieben oder geliebt zu werden? Und was muß passieren, damit Du Dich geliebt fühlst?" – oder: „Was muß passieren, damit Du liebst?" Neugierig sein, was die Regeln sind – oftmals sind in diesen Regeln Fußangeln enthalten, die es uns ganz schwer machen, diese Werte zu erleben – oftmals sind es unfaire Regeln für uns selbst, die wir im Laufe unsere Lebens aufgestellt haben – und Regeln kann man ändern! Besonders aufmerksam bei komplizierten oder unfairen Regeln nachfragen: „Er muß mich immer anschauen." – „Wirklich immer?" – oder: „Jeder muß mich gerne haben." – „Wirklich jeder?" Spezifisch genaue Fragen stellen, um genaue Informationen zu bekommen: „Was muß passieren, damit Du Dich geliebt fühlst?" Die ganze Wertehierarchie durchgehen – für alle Werte die Regeln ermitteln und herausfinden, welche Regeln unfair sind – und für diese unfairen Regeln neue Regeln entwickeln.

Erinnere Dich an eine Situation, wo Du Deine Werte schon einmal erlebt hast – und wo dies in Deiner eigenen Kontrolle war. Um neue Regeln zu entwickeln, die fair sind, die es Dir leicht machen, diesen Wert zu leben, kannst Du Dich jeden Tag fragen, was es Dir erleichtern wird, Deine Werte zu leben. Richte Deine Aufmerksamkeit darauf, welche Erfahrungen dieses neue Gefühl stützen und weiter festigen.

„Immer dann, wenn ich in den Spiegel schau, kann ich meine Sicherheit spüren – kann ich mich geliebt fühlen."

Notizen

Satir-Übung

Form: **Übung ☒** **Spiel ❐** **Phantasiereise ❐**

Ziel:
Vorurteile und Voraussetzungen in Zweifel ziehen

Gruppengröße: ☺☺

Dauer:
20 Min. für jeden Mitspieler

Material:
Schreibzeug

Ort:
Schöner, großer Raum

Anleitung:
Such Dir einen Partner für diese Zweierübung, nehmt Euch Schreibzeug und macht es Euch ganz bequem. Ihr braucht für die Übung einen Glauben, eine Gewißheit über die Welt, die Dich hindert, Dinge in Deinem Leben zu verwirklichen, die Du gerne verwirklichen möchtest. Einen Glaubenssatz, der Dich daran hindert, Dich so einzubringen in Dein Team, wie Du Dich einbringen möchtest. Teile diesen Glauben in einem kurzen Satz Deinem Partner mit. Und spüre diesem Satz nach, auch wenn Du intellektuell meinst, der sei nicht wahr, so kannst Du doch emotional spüren, ob dieser Satz für Dich stimmt oder nicht stimmt. Dein Partner hat die Aufgabe, Dich zu begleiten und zu unterstützen und Dich jeweils in die Erinnerung hineinzuführen. Erinnere Dich jetzt, wie sich das anfühlt, wenn Du das von Dir oder von der Welt glaubst, wenn Du glaubst, daß das wahr ist.

Und dann finde in Deiner eigenen Erinnerung mindestens drei Gegenbeispiele für diesen Glauben, drei eigene Gegenbeispiele, wo Du es genau andersherum erlebt hast, z.B. wenn Du denkst: „Ich muß alles alleine machen", dann finde drei Gegenbeispiele, wo Du Unterstützung von jemandem hattest und es für Dich gut war. Finde drei Gegenbeispiele in Deinem Leben, die sich für Dich positiv ausgewirkt haben. Und dann laß Dich von Deinem Partner in jede einzelne Erinnerung hineinführen, möglichst genau: was Du sehen, hören, spüren, riechen und schmecken kannst und was für Dich wichtig war bei dieser Erfahrung, so daß Du ein Gefühl dafür bekommen kannst, daß es in Deinem Leben sowohl die eine als auch die andere Situation gegeben hat. Sowohl Situationen, in denen dieser Glaube gestimmt hat, als auch Situationen, in denen dieser Glaube nicht gestimmt hat, in denen Du anderes erlebt hast, Gegenteiliges.

Und laß erste Zweifel an der Richtigkeit dieses Glaubens aufkommen, so daß Du für Dich formulieren kannst: „Manchmal ist es so, wie ich gedacht habe, und manchmal ist es auch anders, und ich weiß das."

Schließ die Übung damit ab, daß Du Dich von Deinem Partner unterstützen läßt, einen neuen Satz oder einen neuen Glauben zu finden, den Du sinnvoller und günstiger findest, um das zu erreichen, was Du gerne erreichen möchtest.

Notizen

Motorinspektion

Form: **Übung ❐ Spiel ☒ Phantasiereise ❐**

Ziel:
Klarheit über die emotionale Beteiligung am Teamgeschehen

Gruppengröße: ☺
Alle im Team

Dauer:
10 Min.

Material:
–

Ort:
Im Raum

Anmerkungen:
Dieses Spiel bietet sich an, es dann zu spielen, wenn Ihr merkt, daß der Teammotor schon etwas unregelmäßig läuft – manchmal läßt sich eine niedrige Motivation der Teammitglieder ganz leicht erkennen – leblose Gesichter – steife Körperhaltung – geringe verbale Beteiligung – festgefahrene Standpunkte – intellektuelle Stagnation. Dies sind Anzeichen dafür, daß eine Motorinspektion angebracht ist.

Durch die physische Bewegung der Gruppenmitglieder kommt die Gruppe auch psychisch wieder in Gang.

Anleitung:
Ich habe den Eindruck, daß der Motor unseres Teams etwas stotternd läuft. Ich schlage daher eine Motorinspektion vor, an der alle mitwirken können. Geht bitte zunächst im Raum herum ohne zu sprechen und hört mir einfach zu. Ich möchte Euch jetzt ein Spiel vorschlagen, das verdeutlichen wird, wie stark zum augenblicklichen Zeitpunkt das Engagement jedes einzelnen hier an der Arbeit des Teams ist. Ich stelle in die Mitte dieses Raumes einen Stuhl und bitte Euch, Euch so dicht daran hinzustellen, wie es Eurem inneren Engagement, Eurer Motivation im Augenblick entspricht. Wenn Du zur Zeit stark beteiligt bist, dann stell Dich hier dicht heran

– bist Du weniger stark beteiligt, dann stell Dich entsprechend weiter entfernt auf. Wähle in jedem Fall den Abstand zum Mittelpunkt so, daß er das Ausmaß Deines Engagements zur Zeit deutlich macht. Du hast den ganzen Raum zur Verfügung, um Dir einen geeigneten Standort auszuwählen. Bei Bedarf kannst Du auch die Tür öffnen und aus dem Raum gehen. Versuche jetzt, Deinen Platz zu finden, ohne dabei zu reden – nonverbal.

Die Gruppe braucht sicher einige Zeit, um sich im Raum entsprechend zu verteilen. Sobald jeder Mitspieler seinen Platz gefunden hat, den er nicht mehr verändern möchte, geht es weiter.

Schau Dich jetzt um, damit Du sehen kannst, wie die anderen stehen – wie fühlt sich Dein Platz an, den Du gewählt hast – und was sagt er über Deine innere Beteiligung? Wie schätzt Du Deine Beteiligung im Vergleich zu den anderen ein? Wie empfindest Du die Plätze der anderen? Und was sagt Dir das? Äußere Dich ganz kurz darüber, was für Dich das Wichtigste ist und was Dir diese Situation sagt. Während Du das sagst, kannst Du auf Deinem Platz bleiben – und einfach spüren, wie es sich da an diesem Platz anfühlt. Und dann laßt uns noch einmal zum Kreis zusammenkommen und kurz auswerten. Wie fühle ich mich jetzt? Was möchte ich noch verändern? Hat sich etwas verändert in der Gruppe? Wie geht unsere Gruppe mit Störungen um? Darf bei uns Langeweile ausgedrückt werden? Hat irgend etwas meine Aktivität gelähmt? Oder was war für Dich wichtig?

Notizen

Vertrauensspaziergang

Form: **Übung ❐** **Spiel ☒** **Phantasiereise ❐**

Ziel:
Vertrauen spüren, Führen und Geführt werden

Gruppengröße: ☺☺

Dauer:
20 Min. pro Spieler

Material:
Augenbinden

Ort:
In der Natur

Anleitung:
Such Dir einen Partner/eine Partnerin und laß Dir Deine Augen verbinden, denn als nächstes kannst Du Deine Fähigkeiten testen, Vertrauen zu empfinden und Dich auf andere zu verlassen, Dich führen zu lassen. Dein Partner wird Dich jetzt hier durch die Umgebung führen und Dir viele unterschiedliche Möglichkeiten eröffnen, die Umgebung neu und anders wahrzunehmen, mit anderen Sinnen Deine Umwelt zu erfahren – vielleicht mit geschärften Sinnen. Wenn Du jetzt der Führer bist, dann spür Dich einen Moment ein in Deinen Partner/ in Deine Partnerin, in die Größe und den Bewegungsspielraum des anderen und beginne dann, so vertrauenwürdig wie es Dir möglich ist, dem anderen zu vermitteln, daß Du für ihn sorgen wirst, daß Du dafür sorgen wirst, daß es ihm gut geht, daß Du dafür sorgen wirst, daß er alle Hindernisse leicht und einfach bewältigen kann und daß Du ihm hilfst, die Welt auf eine neue Art zu entdecken.

Und dann führe Deinen Partner die nächsten 20 Minuten hier durch das Gelände und laß ihn unterschiedliche sinnliche Erfahrungen machen und die Intensität der anderen Sinne erleben, wenn der visuelle Sinn ausgeschaltet ist. Nach 20 Minuten kommt hierher zurück und wechselt und tauscht Euch dann aus, wenn Ihr beide diese Erfahrung gemacht habt, so daß wir hier nach einer Stunde alle wieder zusammenkommen können, vielleicht um einige Erfahrungen reicher, vielleicht um einige Möglichkeiten, die Welt zu erleben, erweitert.

V. Identität

Wegweiser

Identität

Teambildung beschreibt den Weg vom Ich zum Wir. Alle Übungen, Spiele und Phantasiereisen zielen darauf ab, genau diesen Prozeß zu begleiten. Aus einzelnen Identitäten entsteht eine Gruppen-Identität, ein Wir-Gefühl, eine intensive Verbindung und ein enger Zusammenhalt.

„Zwischenmenschliche Beziehungen gründen auf zwei Werten: Sich jemandem nahe fühlen und doch von ihm getrennt sein. Das Gefühl der Nähe befähigt uns dazu, die Beziehung herzustellen, unsere Gefühle zu teilen und Worte und Gedanken auszutauschen. Das Gefühl der Entferntheit ermöglicht uns, unser Ich aufrechtzuerhalten." – *Deepak Chopra*

Es geht nicht darum, seine Individualität aufzugeben und das Ich einem Wir zu opfern, sondern es geht darum, genau dieses Ich in ein Wir einzubringen, damit ein starkes, schönes und bereicherndes Wir entstehen kann.

Für Teams bedeutet das, gerade seine persönliche Individualität aufrechtzuerhalten und als ein Ich in einem Wir zusammenzukommen. Wir brauchen unsere Eigenständigkeit und Besonderheit nicht vor der Teamtür abzugeben – ganz im Gegenteil: Jede einzelne Persönlichkeit läßt die Vielfalt des Ganzen deutlich werden. Jedes einzelne Ich ist voller Ressourcen, Talente und Fähigkeiten, hat eine eigene Geschichte und ist damit reich an Erfahrungen. Eine Farbe für sich genommen ist sehr schön, aber die Vielfalt des Regenbogens und das Zusammenspiel mehrerer Farben strahlt Lebendigkeit und Schönheit aus. Erst dadurch wird es zu einem wunderschönen ganzen Erlebnis.

Die Identität ist das Selbstbild und der Selbstwert. Sie beschreibt alles, was Du über Dich oder über Dein Team glaubst.

Inwieweit hängen die Vorstellungen von mir und meinem Team zusammen?

Menschen mit einem sehr hohen Selbstwertgefühl sind in einem Team leichter zu einer Teamidentität fähig, weil sie nicht um ihre eigene Individualität fürchten und weil sie nicht auf ihrer Einzigartigkeit bestehen müssen. Sie müssen nicht ständig um ihre Einmaligkeit kämpfen, müssen sich nicht abgrenzen oder dafür sorgen, daß andere sie wahrnehmen. Menschen mit einem hohen Selbstwert sind für ein Team außerordentlich wichtig und vor allen Dingen außerordentlich beflügelnd. Jemand, der seinen eigenen Wert kennt und von sich selber weiß, daß sein Wert geschätzt wird, kann es auch erleben, daß andere ihn wertschätzen und diese

Resonanz annehmen. Jemand mit einem gesunden Selbstbewußtsein und Selbstachtung wird selbstverständlich nachfragen, wenn es Kommunikationsstörungen gibt, und derjenige wird als ein wertvolles Teammitglied seine eigene Position vertreten.

Die besondere Fähigkeit eines sich selbst wertschätzenden Menschen ist, sich darüber im klaren zu sein, daß Selbstbewußtsein nicht von irgendeiner Fähigkeit, von irgendeinem Können her entsteht, sondern aus der Gewißheit heraus, jede Fähigkeit erlernen zu können, die notwendig für das Leben ist. Dies ist eine wunderbare Basis für Teamlernen. Denn das ermöglicht die Offenheit, Fehler auch zuzugeben und ehrlich in der Gruppe Schwächen und Stärken anzusprechen. Mit dieser Fähigkeit der eigenen Wertschätzung entsteht bei den Teammitgliedern die Offenheit, die die Grundlage dafür bietet, unsere Handlungen zu korrigieren, zu überdenken und neu auszurichten.

Wenn jedes Mitglied für sich selber weiß, daß es allein lebensfähig und erfolgreich sein kann, wird das gemeinsame Spiel zu einer Bereicherung. Dann werden all die Herausforderungen, die sich dem Team stellen, zu einer Möglichkeit, wieder neue Dinge zu meistern, neue Grenzen zu überschreiten und gemeinsam in neue Dimensionen vorzudringen.

Ein ausgeprägtes Selbstwertgefühl hängt ganz eng mit Selbstverantwortung zusammen, mit dem Übernehmen der Verantwortung für sich, sein Handeln und sein Leben. Jemand, der sich selbst als Opfer fühlt, wird auch andere zu Opfern machen. Verantwortung zu übernehmen, bedeutet gleichzeitig, sich seiner persönlichen Power und seines Handlungsspielraumes bewußt zu werden. Die Verantwortung für sein Leben zu übernehmen ist keine Last, sondern ein wunderbarer kraftvoller und kreativer Gedanke, der Menschen die Möglichkeit gibt, das Ruder ihres Lebens wieder selbst in die Hand zu nehmen. Menschen, die daran interessiert sind, sich selbst zu verwirklichen, sich weiterzuentwickeln, mehr und öfter diesen kreativen Fluß zu spüren, wollen dies meist mit anderen Menschen teilen.

In einem Team von Mitgliedern, die einen starken Selbstwert haben, kann Kreativität entstehen, da jeder sich traut, offen zu sein und jeder in der Lage ist, seinen Standpunkt zu vertreten, andere Standpunkte einzunehmen, weiterzudenken und mit Ergebnissen zu konfrontieren. All dies entsteht durch ein gesundes Selbstbewußtsein und Selbstvertrauen. Ein Team, das sich aus sich selbst achtenden Mitgliedern zusammensetzt, hat eine gute Chance, daß Respekt und Toleranz ganz wichtige Werte sind, die ganz selbstverständlich gelebt werden.

Wenn jemand mit Leidenschaft in solch einem Team seinen Beitrag leistet, dann wird er sich sicher und wertvoll fühlen. Es gilt, dafür zu sorgen, daß jeder seine Fähigkeiten mit einbringen kann und daß alle Fähigkeiten entsprechend gewürdigt und wertgeschätzt werden. Ein Teil einer Gruppe von Menschen zu sein, die sich gegenseitig vertrauen und ein gemeinsames Ziel verfolgen, eine gemeinsame Vision haben und wo man all seine Stärken und Schwächen ganz selbstverständlich zeigen kann, ist eine sehr erfüllende Erfahrung, die einen starken Einfluß auf die persönliche Entwicklung und damit auf die eigene Identität hat. Ich-Identität und Team-Identität stehen in einem Wechselspiel der gegenseitigen Bereicherung.

Mit Team-Identität oder dem Wir-Gefühl im Team meinen wir nicht Freundschaft, sondern Kollegialität, was eine andere Beziehungsqualität beschreibt.

Wenn das Wir-Gefühl in einer Gruppe darüber entsteht, daß die Mitglieder im gemeinsamen Arbeiten ihre höchsten Werte leben, dann gibt es eine Gruppenidentität, einen Zusammenhalt, der für sich allein spricht und der dafür sorgt, daß die Mitglieder Lust haben, in diesem Team weiterzuarbeiten.

Land der Phantasie

Form: **Übung** ❐ **Spiel** ❐ **Phantasiereise** ☒

Ziel:
Märchen und Mythen wiederbeleben und für gemeinsames Wachstum und Selbstentfaltung nutzen

Gruppengröße: ☺

Dauer:
20 Min.

Material:
Musik: Keltische Harfe von Patrick Ball

Ort:
Warmer, ruhiger, schöner Raum

Anmerkungen:
Diese Phantasiereise ist besonders schön vor einem Märchenspiel oder einer Theaterimprovisation; vor der Reise 7-10 Minuten schnell und intensiv tanzen (Musik, Trommelmusik von Gueme Zaka oder Rupesh, Laughing Drums).

Anleitung:
Nimm den Wechsel von Bewegung und Ruhe wahr und vor allen Dingen, daß Du derjenige bist, der sich bewegt.

Mit dem Tanzen hast Du Deinen Kreislauf in Schwung gebracht, und Du kannst jetzt daliegen und loslassen – einfach alles loslassen, was Du jetzt an den Boden abgeben möchtest – Deinen Atem wieder frei fließen lassen – lang und tief und noch mal spüren, ob es so, wie Du jetzt daliegst, bequem ist oder ob Du noch etwas ändern kannst – vielleicht noch einen Knopf aufmachen oder was es für Dich ist, was Du machen kannst, damit Du es wirklich bequem hast.

Dies wird eine Reise ins Land der Phantasie sein, und Du hast die Wahl, ob Du einfach Deiner eigenen Phantasie nachhängst – oder ob Du Dich mitnehmen läßt von der Musik in ein Land, wo alles möglich ist – oder ob Du meiner Stimme folgen magst und den Assoziationen, die sie bei Dir weckt. Du kannst entscheiden, jetzt und später, was Du heute für Dich machen willst und wie tief Du heute loslassen kannst – so wie es für Dich stimmt. Du hast immer die Wahl – denn was Du wahrnimmst, kann Dich darin unterstützen, noch mehr zu Dir zu kommen und ganz bei Dir zu bleiben. Du kannst für Dich entscheiden, worauf Du Deine Aufmerksamkeit richtest, und wenn Du magst, zu Dir nach innen gehen. Spüre noch einmal durch Deinen Körper, wo Du überall aufliegst auf dem Boden und was Du jetzt noch an den Boden abgeben kannst – loslassen, mit jedem Ausatmen ein kleines bißchen tiefer in den Boden sinken lassen. Was Du jetzt loslassen möchtest, das lasse einfach los – laß es weich werden oder weit oder ein bißchen wärmer – oder ein kleines bißchen schwerer. Denn Du weißt, daß dies Dein Körper für Dich ganz allein tun kann, einfach indem Du ihn das tun läßt, was er jetzt machen möchte – loslassen, diesen Zustand für Dich herstellen, wo Du zur Ruhe kommen kannst – locker und gelöst – wo Du einfach nur auf dem Boden liegen kannst und Dein Körper sich ausruhen darf ...

Und während Dein Körper das jetzt weiter für Dich tut, kannst Du in Gedanken in eine Zeit zurückkehren, in der Du gerne Märchen gehört hast – in eine Zeit, wo Du Märchen erlebt hast – oder gehört oder gesehen – in eine Zeit, wo Du Dich gefreut hast über Deine eigene Phantasie und die phantastischen Geschichten, die Dir vielleicht jemand erzählt hat – oder vorgelesen oder gezeigt. Erinnere Dich – erinnere Dich, wann das war und was für Dich alles dazugehört – was für Dich das ganz Besondere war an dieser Zeit und welche Märchen Du besonders gern gehört hast – welches Dein Lieblingsmärchen war. – Wo bist Du? – Und mit wem bist Du? – Was gehört für Dich dazu an Farben und Formen – an Bildern und Phantasien – an Vorstellungen? Was gibt es für Töne und Geräusche – Worte und Melodien? – Welche Personen sind wichtig – welche Bewegungen und welche Berührungen? Und was ist die ganz besondere Atmosphäre in dieser Zeit der Märchen und Geschichten? Erinnere Dich. Vielleicht gibt es einen ganz bestimmten Geruch, der all das wieder wachruft, und einen ganz bestimmten Geschmack, der dazugehört – vielleicht einen ganz bestimmten Tonfall – und eine ganz bestimmte Berührung – eine ganz besondere Atmosphäre. Mach es Dir hier ganz bequem, so bequem, daß Du Deine Phantasie fliegen lassen kannst – so bequem, daß Du einfach loslassen kannst und Dich mitnehmen lassen kannst über die Schwelle ins Land der Phantasie. Laß Dich überraschen, was Dich in diesem Land der Phantasie, im Land der Märchen und Mythen erwartet. Laß Dich mitnehmen über die Schwelle ins Land der Phantasie, wo Du Deiner Phantasie Flügel wachsen lassen kannst – sie frei fliegen lassen kannst – loslassen kannst – in ein Land, wo alles möglich ist – wo Du kreativ bist – wo Du spielen kannst – wo Du neugierig sein kannst, all das zu entdecken, was hier für Dich möglich ist – Phantastisches und Reales – Denkbares und Undenkbares – vielleicht Bekanntes oder Unbekanntes – ganz Ungewohntes oder Neues – vielleicht auch etwas Altvertrautes. Laß Dich mitnehmen, denn Du hast die Wahl, wie Du Dich hier fortbewegen möchtest, Du kannst alles ausprobieren, was Dir Spaß macht – Du kannst neugierig sein auf alles, was Du hier entdecken willst. Du kannst hier in ferne Länder reisen – oder in der Zeit vorwärts und rückwärts und seitwärts, wie Du magst. Nimm Dir Deine Zeit, hier all das zu entdecken, was Du gern entdecken möchtest – neugierig, all das kennenzulernen – vielleicht nur kurze Szenen und Segmente – vielleicht ganze Filme, Geschichten – Theaterstücke oder Erlebnisse. Laß Dich mitnehmen von Deiner Phantasie in unbekannte Länder – in neue Gebiete, wo Du vielleicht ganz unbekannte, neue Formen kennenlernst – oder vielleicht die Wesen aus Deiner Märchenzeit wiedertriffst – altbekannte, vertraute, liebgewordene Freunde – und auch die alten Widersacher – alle diejenigen, mit denen Du spielen und wachsen kannst – auf die Du neugierig bist oder die auf Dich neugierig sind. Laß Dich überraschen, was es hier für Gestalten gibt – für Figuren – für Formen – was für Orte hier sind – wie der Himmel hier ist und die Erde – ob es Häuser gibt oder wo die Menschen wohnen – was alles wichtig ist – interessant – aufregend – was es für Dich zu einem besonderen Ort macht – all das, ob es das Licht ist – oder die Farben – vielleicht gibt es hier Melodien oder Klänge, die ganz besonders sind – oder ein Lachen – eine ganz besondere Atmosphäre, die auf ganz eigene Art berührt. Vielleicht gibt es hier Bewegungen, die ungewöhnlich sind – neu – die leicht sind und Spaß machen – vielleicht auch ein bißchen erstaunen oder verwundern. Vielleicht hat hier auch die Stille eine ganz besondere Qualität. Laß Dich mitnehmen von Deiner Lieblingsgestalt, die Dir jetzt was zeigen will, die Dir jetzt was zeigen kann, die Dir jetzt zeigt, was das Wichtige für sie ist hier in diesem Land ...

Laß Dich von einer Gestalt oder von einer Figur – einem Menschen – einem Tier – einem Helfer zur Bibliothek führen, wo alle Märchen und Geschichten gesammelt werden – zur Bibliothek, wo all das Wissen – diese Phantasien – diese Kreativität – diese Welt des Phantastischen dokumentiert sind. Laß Dich überraschen, auf welche Art die Märchen hier aufgezeichnet sind – auf welche Art die Märchen hier für die Welt zur Verfügung stehen. Vielleicht ganz neue Methoden, vielleicht aber auch ganz uralte Traditionen, wie Wissen für die Nachwelt dokumentiert werden kann, wie Wissen für die Nachwelt zur Verfügung steht. Laß Dich mitnehmen in die Bibliothek, wo all die Märchen dieser Erde, dieser Welt, dieses Universums zusammengetragen wurden – wo alle Märchen da sind. Laß Dich zu Deinem Märchen führen – auf Deine Art – zu dem Märchen, was für Dich wichtig ist im Moment, jetzt. Es ist nicht wichtig, ob Du das Märchen ganz oder vollständig kennst – oder ob Dir ganz klar ist, wie es anfängt und wie es aufhört. Laß Dich überraschen, laß Dich mitnehmen zu Deinem Märchen, das im Moment für Dich richtig ist, das jetzt für Dich stimmt, von dem Du vielleicht sogar schon vorher wußtest, daß es diesen Titel hat, daß es Dein Märchen ist – oder vielleicht auch erst jetzt klar wird, daß es heute diese Geschichte für Dich ist. Nimm wahr, auf welche Art Dein Märchen Dir zur Verfügung steht – ob es als Film ist – oder als ein Bild – als Buch oder als Schriftrolle. Vielleicht ist es ein Video – vielleicht ein Bilderbuch – vielleicht sind es einzelne Blätter – oder vielleicht etwas ganz anderes – vielleicht etwas ganz Neues, wie Du Dein Märchen jetzt findest – für Dich – mit allem, was für Dich dazugehört, mit all dem, was Du jetzt davon erinnerst – was Du jetzt davon weißt – was Du jetzt davon noch erfahren kannst, damit Du es hierher mitbringen kannst ...

Und dann bedanke Dich auf Deine Art für die Unterstützung und für alles Neue, was Du hier kennenlernen durftest. Und verabschiede Dich, vielleicht indem Du Dich wieder verabredest, oder vielleicht, indem Du Dir noch etwas schenken läßt oder selber etwas schenkst. Verabschiede Dich auf Deine Art und komm hierher zurück mit Deiner ganzen Aufmerksamkeit, hierher zurück. Nimm den Weg, wie Du ihn für Dich gemacht hast – gelaufen oder geschwebt. Komm her zurück in diesen Raum und in Deinen Körper und finde eine Bewegung oder eine Berührung, die Dich ganz wach macht – die Dich vielleicht neugierig macht hierherzukommen – um herauszufinden, was wir jetzt damit noch Schönes machen werden, heute, mit all den schönen Verkleidungssachen, mit all den schönen Märchen. Und fang einmal mit so einem Guten-Morgen-Räkeln und -Strecken an, während Du nachspüren kannst, welches Dein Märchen ist oder wie Dein Märchen heißt ...

Notizen

Märchenspiel

Form: **Übung ❐** **Spiel ☒** **Phantasiereise ❐**

Ziel:
Muster erkennen, Lebensdramen gemeinsam verändern

Gruppengröße: ☺☺☺☺☺☺

Dauer:
1 Tag

Material:
Schminke, Verkleidungssachen

Ort:
In einem sehr großen Raum oder mehreren Räumen

Anmerkungen:
Legt Euch Schmink- und Verkleidungssachen bereit und macht vor dem Spiel eine Aufmerksamkeitsübung, um die Sinne zu schärfen und über Muster und eingefahrene Verhaltensgleise nachzudenken.

Oftmals fällt den Mitspielern, deren Märchen gerade inszeniert wird, überhaupt nichts ein, um eine neue Dimension zu betreten. Dabei bleiben sie manchmal an der ehemals gesteckten Grenze hängen und kommen nicht darüber. Es ist hilfreich, eine Idee zu haben, wie Ihr demjenigen über diese Grenze helfen könnt und auch einmal aushalten könnt, daß eine Spannung aufkommt und derjenige neue Wege finden kann. Oftmals löst sich diese Spannung und diese Einschränkung in der Inszenierung für andere.

Wenn die Märchen schon klar sind, könnt Ihr sofort mit dem eigentlichen Märchenspiel beginnen, wenn nicht, dann hat es sich bewährt, eine Phantasiereise zu machen, z.B.: *Das Land der Phantasie.*

Beschreibung:
Bildet Gruppen mit fünf bis acht Leuten und macht es Euch an einer Stelle wirklich ganz bequem. Der Mitspieler, der jetzt beginnt, entscheidet sich dann für sein

Lieblingsmärchen – für das Märchen, was er schon immer besonders gern gemocht hat oder was ihm jetzt einfällt, und er erzählt es Euch. Die Mitspieler werden sich Notizen machen, ganz genau zuhören und darauf achten, wo mehr Aufregung bei der Erzählung ist – all das, was Aufregung und Wichtigkeit bei dieser Übung signalisiert. Achtet darauf, was Ihr glaubt, was das Muster desjenigen ist, oder was die Glaubenssysteme sind, die ihn einschränken, sein Ziel zu erreichen. Achtet darauf, wo Verallgemeinerungen daran hindern, den Rahmen weiter zu stecken. Seid mit all Euren Sinnen bei demjenigen, der erzählt. Wenn Du Dein Märchen erzählt hast, dann geh nach draußen und mach Dir ungefähr eine halbe Stunde eine nette Zeit, während Ihr in der Gruppe besprecht, was Ihr gehört habt – was habt Ihr gesehen – was habt Ihr an Veränderungen wahrgenommen – an wichtigen Signalen – und was sein Muster ist, wo seine Grenzen sind – was glaubt Ihr, was derjenige nicht kann oder noch nicht kann – und findet heraus, wie Ihr demjenigen gemeinsam helfen könnt, eine neue Erfahrung zu machen – entscheidet, was Ihr glaubt, welches eine neue Erfahrung, eine neue Idee, eine neue Grenzüberschreitung für denjenigen wäre. Dann besprecht, wie Ihr das miteinander inszenieren wollt – verkleidet Euch, legt die Verkleidung für Euren Mitspieler fest – und auch dessen Rolle. Überlegt, welche Beschreibung Ihr ihm gebt, was seine Rolle ist – überlegt, welche Sequenz Ihr spielen wollt. Achtet darauf, daß Ihr ihm nicht die Lösung sagt, die das neue Verhalten sein sollte. Überlegt Euch, wie Ihr denjenigen begleiten und unterstützen könnt – wie Ihr ihm helfen könnt, diese Grenzen zu überwinden und ein neues Verhalten zu finden – und dann holt den Mitspieler herein, schminkt ihn, verkleidet ihn – und inszeniert das Märchen – bis Ihr denkt, derjenige hat eine neue Lösung gefunden – hat etwas Neues ausprobiert, seine eigenen Grenzen verändert – ist in eine neue Dimension seines eigenen Handelns eingestiegen. Vereinbart ein Stichwort oder Zeichen, um gemeinsam abzuschließen. Und dann feiert miteinander – feiert und belohnt denjenigen dafür, daß er etwas Neues gemacht hat – feiert auf Eure Art – wie es für Euer Team paßt. Macht eine kurze Pause und fahrt dann mit dem Märchen für den Nächsten fort – wieder erzählen – wieder darauf achten mit allen Sinnen – und wieder besprechen und inszenieren und gemeinsam feiern.

Abschluß:
Achte darauf, in welchen Rollen Du heute jeweils warst, und nimm wahr, ob Du vielleicht in einem anderen Märchen ganz spielerisch und leicht über Deine Grenzen gegangen bist, weil Du loslassen und spielen konntest, und den Mut hattest Neues zu testen. Schließt das am Abend gemeinsam ab, indem Ihr feiert und es Euch miteinander gutgehen laßt.

Teamlied

Form: **Übung ❐ Spiel ☒ Phantasiereise ❐**

Ziel:
Ressourcen schaffen, Wir-Gefühl stärken

Gruppengröße: ☺
Alle in der Gruppe

Dauer:
70 Min.

Material:
Verschiedene Musikinstrumente, überwiegend Rhythmusinstrumente

Ort:
Einen Raum, wo Ihr ungestört seid und laut sein könnt

Anmerkungen:
Musik zu hören kann berühren – gemeinsam Musik zu machen kann verbinden. Wenn wir Musik improvisieren, drücken wir unsere Art zu denken, zu fühlen und zu handeln auf einer anderen Ebene aus. In der Musik stehen uns der Klang, der Rhythmus, die Melodie, die Dynamik und die Form zur Verfügung, um uns auszudrücken. Der Rhythmus ist dabei symbolisch für das Leben, der Klang steht für das Gefühl, die Melodie für die eigene Meinung, die Dynamik für das Spiel der Kräfte und die Form bietet den Rahmen für das Spielen. Jeder kann sich in einer oder mehrerer dieser Ausdrucksformen bewegen. In der Improvisation geht es nicht um das perfekt gespielte Musikstück, sondern um den Ausdruck des derzeitigen inneren Zustandes, also des Gefühls und dessen, was uns gerade beschäftigt.

Improvisation ist ein Spiel mit der Phantasie. Wenn Du mit Deinem Instrument mit anderen zusammen improvisierst, dann spielst Du nicht nur Deine Ideen und Vorstellungen und Gefühle heraus, sondern bekommst auf unterschiedliche Art auch Geschenke.

Bei einer Gruppen-Improvisation ist es vorteilhaft, wenn Ihr vorher Zeichen vereinbart, wann die Improvisation beginnt und wann sie endet.

Anleitung:
Ihr habt jetzt fünf Minuten Zeit, um Euch mit den Instrumenten bekannt zu machen und Euch das Instrument auszusuchen, mit dem Ihr Lust habt zu spielen.

Setzt Euch im Kreis so hin, das jeder jeden sehen kann und daß Ihr genügend Platz zum Spielen habt.

Für das gemeinsame Lied fängt eine Person mit einem Rhytmus, einem Geräusch, einem Ton oder einer Melodie an, die durchgängig gleich gespielt wird. Anschließend steigt der rechte Nachbar in diesen Beginn ein und läßt sich etwas Passendes (oder Unpassendes) einfallen. Jetzt spielen bereits zwei zusammen. Nun spielt jeweils der rechte Nachbar mit seinem Instrument in das bereits Vorhandene hinein. Jedes Teammitglied gibt seinen Teil mit dazu. Wenn jedes Instrument in den gemeinsamen „Groove" eingebunden ist, können einzelne etwas auffälliger spielen und damit der Gruppe „sagen", was sie mitteilen möchten.

Bleibt einige Zeit bei einem gemeinsamen Rhythmus, einem gemeinsamen Lied, was die Basis für einzelne Improvisationen darstellt, sie trägt und einbindet.

Wichtig bei dieser gemeinsamen Improvisation ist eigentlich nur Euer gemeinsamer Spaß. Vergeßt Eure Vorstellungen von „guter" oder „richtiger" Musik für einen Moment und genießt es, mit anderen etwas Gemeinsames, etwas Neues zu entwickeln und seid neugierig, ob Euch eine Melodie oder ein Rhythmus in Erinnerung bleibt, oder einfach nur der gemeinsame Spaß am Spielen.

Variation: Musikalische Reise zum Ziel (ca. 60 Min.)
Beschreibt als Team Eure Ziele, Eure Befürchtungen, Eure Wünsche und Träume, wie Ihr miteinander umgehen und wie Ihr Euch belohnen wollt.

Nehmt Euch dann Instrumente und beschreibt Euren Weg zur Erreichung Eurer Ziele mit Hilfe der Instrumente. Vereinbart ein Zeichen, wie die neue Phase eingeleitet wird, damit Ihr gemeinsam musikalisch Eure Ziele erreicht. Schreibt die Phasen, die Ihr spielen wollt, vorher an. So z.B.: 1. Wir haben uns kennengelernt, 2. Wir haben ein gemeinsames Ziel, 3. Erste Schwierigkeiten, 4. Schwierigkeiten werden erfolgreich gemeistert, 5. Team wächst mehr und mehr zusammen, 6. Respekt und Toleranz, 7. Ziel erreicht, 8. Wir feiern.

Variation: Einzigartigkeit (50 Min.)
Falls eine Hälfte der Gruppe sich lieber bewegen möchte, könnt Ihr die Übung auch so gestalten, daß eine Hälfte der Gruppe musikalisch und die andere Hälfte der

Gruppe mit der Bewegung improvisiert. Ihr könnt mit der Musik beginnen und dann den Tanz und die Bewegung antworten lassen. Nach einiger Zeit führt die Bewegung und die Musik stellt sich auf die gemachten Bewegungen der Gruppe ein. Zum Abschluß könnt Ihr dann aufeinander eingehen und etwas Gemeinsames entstehen lassen.

Notizen

Deinen Ton finden

Form: **Übung ❐** **Spiel ☒** **Phantasiereise ❐**

Ziel:
Gruppenzugehörigkeit und Individualität spüren

Gruppengröße: ☺
In der Gruppe

Dauer:
20 Min.

Material:
–

Ort:
In der Natur oder einem Raum, wo man auch mal laut sein kann

Anleitung:
Stellt Euch so im Kreis auf, daß jeder seinen Platz hat und jeder jedes Teammitglied sehen kann. Spüre, wie Du gerade dastehst und verändere Deine Haltung so, daß Du eine sichere und feste Verbindung zum Boden hast. Vielleicht unterstützt es Dich, wenn Du leicht in die Knie gehst und nachwippst, um zu spüren, wie Du jetzt mit der Erde verbunden bist.

Während Du diese Verbindung zur Erde spürst, kannst Du Deine Arme locker hängen lassen und Deine Aufmerksamkeit auf Deine Atmung richten. Nimm wahr, was jetzt gerade Dein Rhythmus ist und spüre, wie selbstverständlich sich Ein- und Ausatmen abwechseln.

Du kannst gleich mit dem Ausatmen einen Ton kommen lassen. Zum Singen eignen sich besonders die Selbstlaute. Zu Beginn werden wir die Selbstlaute alle zusammen jeweils einmal in der Reihenfolge A-E-I-O-U singen. Du kannst während des Singens in Deinen Körper spüren und wahrnehmen, welcher Ton sich für Dich angenehm anfühlt und leicht und trotzdem kraftvoll zu singen ist.

Stellt Euch danach so auf, daß Ihr alle mit dem Rücken zur Kreismitte steht. Stellt Euch wieder so hin, daß Ihr stabil und fest mit der Erde verbunden seid. In dieser Position laßt den Selbstlaut kommen, der Euch am liebsten war, den Ihr am leichtesten und zugleich am kraftvollsten singen konntet. Achtet beim Singen darauf, daß Ihr den Ton ausklingen laßt, wenn Ihr noch Luft in der Lunge habt, damit das anschließende Einatmen entspannt ist und Du das Singen Deinem Atemrhythmus anpaßt. Jeder singt seinen Selbstlaut insgesamt fünfmal in seinem Tempo. Nehmt wahr, wie es ist, in dieser Position zu singen. Wie nehmt Ihr Euch und die anderen jetzt wahr?

Anschließend dreht Euch wieder zur Kreismitte und findet einen gemeinsamen Ton für die Gruppe. Laßt Euch überraschen, welcher Selbstlaut es sein wird und wie Du Dich in diesen Gruppenton mit einbringen kannst. Es ist ein Ton, der durchgängig von allen Mitspielern gehalten wird – der gemeinsame Gruppenton. Dann kann jeder einmal einzeln den gemeinsamen Kreis verlassen und außen um den Kreis herumgehen, bis er wieder an seinem Platz ist. Dabei kannst Du Deinen Ton kommen lassen. Du kannst Dich hier ausprobieren, wie es ist, wenn Du Deinen Ton deutlich und kraftvoll gegenüber dem Gruppenton singen kannst. Es geht dabei nicht um eine besonders schöne Melodie, sondern darum, daß Du Deinen Ton nach außen bringen und spüren kannst, wie es ist, wenn Du aus dem Kreis herausgehst und danach wieder hineinfindest. Es kann auch ein Lachen, ein Stöhnen oder aneinandergereihte Töne sein. Laß Dich überraschen, was es für Dich in dem Augenblick sein wird.

Wenn alle einmal ihren Ton gesungen haben, könnt Ihr den gemeinsamen Ton – den Gruppenton – allmählich ausklingen lassen und Euch über Eure gemachten Erfahrungen austauschen.

Notizen

Team zu verkaufen

Form: **Übung ❑** **Spiel ☒** **Phantasiereise ❑**

Ziel:
Teamanalyse und Aktionsplan, Team präsentieren

Gruppengröße: ☺
In der Gruppe

Dauer:
2 Stunden

Material:
Papier, Schere, Klebstoff, Farbstifte, Flipchart

Ort:
Großer, heller Raum

Beschreibung:
Macht Euch als Team mit der Situation vertraut, daß sich die Auftragslage verschlechtert hat und das Überleben der Firma davon mit abhängt, daß Ihr als Team Eure Leistung auch Außenstehenden und anderen Unternehmen anbietet. Die Firma hat immer zu Euch gehalten und Euch unterstützt. Ihr seid froh, in dieser Organisation eingebettet zu sein, und die Situation ist im Moment so, daß Euch die Organisation nur halbtags beschäftigen kann. Um alle Arbeitsplätze zu erhalten und um Euch als Team in dieser Organisation zu behalten, müßt Ihr Euer Know How und Eure Angebote, Euer Team, Eure Teamleistung an Fremde verkaufen.

Ihr habt eineinhalb Stunden Zeit, Eure Fähigkeiten und Talente zu analysieren und zu besprechen, welchen Unternehmen in welcher Branche diese Fähigkeiten von Nutzen sein können. Ihr könnt Eure Mängel analysieren und überprüfen, ob Ihr noch zusätzliches Know How einkaufen müßt, um auf dem Markt wirklich konkurrenzfähig zu sein. Ihr habt eine sechsmonatige Vorbereitungszeit, in der Ihr Euch auf diese neue Situation einstellen könnt und Ihr könnt Euch überlegen, welche Maßnahmen Ihr ergreifen wollt, um in diesen sechs Monaten optimal marktfähig zu werden. Entwerft in der Zeit einen Prospekt, der Eure Dienstleistungen anbietet, oder eine Werbemaßnahme, wie Ihr neue Kunden ansprechen wollt. Entwickelt einen Aufgabenkatalog, einen Maßnahmenplan, wie Ihr bis dahin vorgehen wollt, wie Ihr aktiv werden wollt, was Ihr unternehmen wollt, und nehmt Euch dann eine halbe Stunde Zeit, über Eure Ergebnisse nachzudenken und gemeinsam zu reflektieren.

Notizen

Werbespot

Form: Übung ☒ Spiel ☐ Phantasiereise ☐

Ziel:
Kreativität lockern, Image stärken, Gruppendynamik transparent machen

Gruppengröße: ☺
Alle in der Gruppe

Dauer:
90 Min.

Material:
Kassettenrecorder, Kassette mit 90 Min. Spielzeit

Ort:
Kreativraum

Anmerkungen:
Die ersten 45 Minuten dieser Übung sollen zwar schon auf die Kassette aufgezeichnet werden, aber noch nicht der Endfassung des Werbespots dienen. D.h. die Gruppe darf erst nach 45 Minuten mit ihrer Aufnahme des kreierten Werbespots beginnen, der nur fünf Minuten betragen soll.

Anleitung:
Euer Einkommen hängt davon ab, wie gut Ihr Eure Arbeit als Team und Euer Produkt verkaufen könnt. Ihr habt jetzt 45 Minuten Zeit, ein Manuskript zu erarbeiten für einen Werbespot von fünf Minuten Sendezeit, der im Radio gesendet werden soll. In diesem Spot könnt Ihr für Eure Gruppe, Eure Arbeit oder Euer Produkt, Eure Dienstleitung werben und dafür sorgen, daß die Hörer von Euch und Eurer Professionalität wissen. Nach 45 Minuten, wenn Ihr Euer Manuskript erarbeitet habt, könnt Ihr mit der Bandaufnahme Eures Werbespots beginnen. Ihr habt dann noch genügend Band, um Euren Werbespot in der endgültigen Fassung aufzusprechen. Wenn Ihr Euren Werbespot verfaßt habt, dann könnt Ihr Gästen Euren Spot vorspielen und Euch von diesen Feedback geben lassen. Danach nehmt Euch Zeit, das gesamte Band noch einmal anzuhören und Euch über Eure Dynamik im Team und Eure Zusammenarbeit, Schwächen und Stärken klarzuwerden und

zu überlegen: Was würden wir das nächste Mal genauso machen, was würden wir das nächste Mal anders machen?

Variation: Videospot

Notizen

Achtmal Ich und achtmal Wir

Form: **Übung ☒** **Spiel ❐** **Phantasiereise ❐**

Ziel:
Einzigartigkeit und Teamzugehörigkeit in Einklang bringen, Wir-Gefühl

Gruppengröße: ☺
In der Gruppe

Dauer:
60 Min.

Material:
Flipchartpapier, Stifte, Klebeband

Ort:
Raum mit der Möglichkeit, Plakate aufzuhängen

Beschreibung:
Jeder Mitspieler des Teams bekommt ein Flipchartplakat, auf dem er achtmal ‚Ich' und achtmal ‚Wir' aufschreiben kann. Achtmal ‚Ich' heißt achtmal einen Satz beginnen mit ‚Ich bin', ‚Ich habe', ‚Ich möchte' und auf die andere Seite achtmal ‚Wir' – ‚Wir haben', ‚Wir sind', ‚Wir möchten', so daß jeder für sich entdecken kann: Was möchte ich auf diesem Plakat von mir zeigen, von mir zum besten geben, und was möchte ich hier in die Gruppe mit einbringen. Ihr habt dafür 20 Minuten Zeit, und nach 20 Minuten werden wir eine Vernissage veranstalten, wo wir gemeinsam bei Kaffee oder Tee die entstandenen Plakate anschauen und Fragen gemeinsam klären können.

Variation: Wappen
Jeder nimmt sich ein Flipchartpapier und kann daraus die eigene Form für das eigene Wappen erstellen. Auf diesem Wappen werden eingezeichnet ‚Mein größter Erfolg', ‚Mein größtes Versagen', positive Eigenschaften, negative Eigenschaften und das Motto. Du hast die Möglichkeit, Farbe, Form und Anordnung Deines Mottos selbst zu wählen.

Wenn jeder sein Wappen nach den eigenen Vorstellungen entworfen hat, kann das Team ein Wappen für die gesamte Gruppe entwerfen, auf dem jeder seinen wichtigsten Teil beisteuern kann.

Notizen

Erkennungsmelodie

Form: **Übung ❐** **Spiel ☒** **Phantasiereise ❐**

Ziel:
Wahrnehmung und Gruppenzugehörigkeit

Gruppengröße: ☺
Alle in der Gruppe

Dauer:
30 Min.

Material:
Augenbinden

Ort:
Auf einer großen Wiese

Anmerkungen:
Dieses Spiel eignet sich hervorragend für die Teamolympiade, wo mehrere Teams gemeinsam an einer größeren Veranstaltung teilnehmen.

Beschreibung:
Jedes Team kann für sich gemeinsam eine Erkennungsmelodie entwickeln. Entwickeln heißt, etwas ganz Neues zu erfinden oder eine altbekannte Melodie, die für die Gruppe und das Motto paßt, als Erkennungsmelodie auszuwählen. Wenn das Team die Erkennungsmelodie gefunden hat, sollten alle gemeinsam singen oder summen und sich so darauf einstimmen, diese Erkennungsmelodie allein wiederzuerkennen und zu wissen: Wenn diese Melodie ertönt, habe ich einen Mitspieler aus meiner Gruppe vor mir oder ich habe meine Gruppe wiedergefunden. Dann erhalten alle Teams und alle Mitspieler eine Augenbinde und verteilen sich auf einer Wiese so, daß der Platz genutzt wird.

Wenn alle Mitspieler gut gemischt und verteilt sind, beginnt das Spiel mit einem Gong, und jeder Mitspieler singt oder summt seine Erkennungsmelodie. Dabei gilt es, sich über diesen Platz oder diese Wiese zu bewegen und nach Mitspielern aus dem eigenen Team Ohr zu halten. Wenn sich zwei gefunden haben, wird sich diese Erkennungsmelodie schon etwas lauter und kräftiger anhören und so die Chance bestehen, relativ schnell das eigene Team vollständig wiederzufinden. Wenn ein Team vollständig ist, kann es die Erkennungsmelodie gemeinsam singen und bekommt in der Teamolympiade die dafür vorgesehene Anerkennung.

Notizen

Identitätskarussell

Form: **Übung ☒ Spiel ❐ Phantasiereise ❐**

Ziel:
Neue Identität entwickeln, Einbettung ins Team

Gruppengröße: ☺
In der Gruppe

Dauer:
90 Min.

Material:
Schreibzeug

Ort:
Sehr großer Raum

Anleitung:
Such Dir einen Partner und nimm Dir mehrere lose Blätter Papier und einen Stift mit und setzt Euch so gegenüber, daß Ihr Euch gut sehen und gut hören könnt. Entscheidet dann, wer von Euch beiden beginnt, und derjenige, der beginnt, hat jetzt zwei Minuten Zeit, all die Fähigkeiten und Eigenschaften, all das, was er über sich selbst denkt, was positiv ist und wichtig ist für Euer gemeinsames Team, aufzuzählen. Zwei oder drei Minuten im Telegrammstil, jeden Satz beginnen mit ‚Ich bin ...', ‚Ich habe ...', ‚Ich kann ...'. All die positiven Ressourcen aufführen, die dazu beitragen, daß Du ein wichtiges Mitglied in diesem Team bist, daß Du Deinen Beitrag leisten kannst. All das, was Du über Dich selbst glaubst, was Du kannst und bist. Dein Partner wird Dein Sekretär sein und das für Dich jetzt aufschreiben.

Nach diesen drei Minuten schließe einen Moment die Augen und spür dem nach, was es ist, was Du jetzt vergessen hast, was Du nicht gesagt hast, was Du Dich vielleicht nicht gewagt hast zu sagen, und vervollständige noch eine Minute lang Deine eigene Liste. Und dann schreib Du für Deinen Partner auf, was dieser zu Eurem Team, zur Einzigartigkeit Eurer Zusammenarbeit beizutragen hat. Drei Minuten aufschreiben und eine Minute nachspüren, um die Liste zu vervollständigen.

Und dann schreib auf Deine Liste alles das, was Du über Dich glauben möchtest, was Dich zu einem wertvollen Teammitglied machen würde, was es noch verbessern würde, daß Du dazugehörst, daß Du wichtig bist, daß Du Deinen Teil dazu beitragen kannst. Was wäre eine Qualität in Dir, die Du verbessern möchtest, die Du öfter, mehr und intensiver erleben willst?

Wie viele Teammitspieler gibt es noch außer Dir? Diese Zahl kannst Du durch zwei teilen. Und dann nimm Dir einen neuen Zettel und schreib je nach dieser ermittelten Zahl, die z.B. sechs ist, sechs von den Eigenschaften auf, die Du bereits hast, sechs Dinge, die Du über Dich denkst. Schreib sechs Dinge davon auf, von denen Du weißt, daß sie wirklich schon da sind. Das kann dann wie folgt dastehen: ‚Ich bin mutig, ich bin ein Organisationstalent, ich bin pünktlich, ich bin zuverlässig ...' Und dann wähle aus dem Pool der Dinge oder Eigenschaften, die Du noch erreichen möchtest, weitere sechs aus, so daß Du insgesamt zwölf Möglichkeiten hast, zwölf Aussagen über Dich. Sechs, von denen Du weißt, daß sie wahr sind, und sechs, von denen Du weißt, daß Du sie gerne erreichen möchtest, Du sie gerne über Dich glauben möchtest oder sie gerne verwirklichen willst.

Dann such Dir ein Symbol, ein Bild, einen Ton, den Anblick Deines Schreibtisches, etwas, das Dich an diese Eigenschaften erinnern wird, wenn Du in Deinem Team bist. Es kann ein Stift sein, es kann Dein Schlüssel sein, es kann ein kleiner Stein sein.

Dann stellen wir in der Mitte des Kreises einen Stuhl auf, und das Team stellt sich locker im Kreis drumherum. Der erste Mitspieler des Teams setzt sich in die Mitte auf den Stuhl – nimmt seinen Stein, seinen Schlüssel oder seinen Stift in die Hand – und liest den übrigen Teammitgliedern vor, was er alles ist und wie er ist. ‚Ich bin mutig, ich bin ein Organisationstalent, ich bin selbstbewußt' usw., so daß die Gruppe ein buntes Spectrum an Möglichkeiten zu wählen hat. Dann liest der Mitspieler noch einmal seine Aussagen vor, und jeder aus dem Team kann eine Aussage wählen. ‚Ich bin selbstbewußt' oder ‚Ich bin mutig'. Jede der Aussagen sollte einmal besetzt sein. Dann kann der Mitspieler in der Mitte sein Blatt beiseite legen, und das Team wird ihm einmal reihum die gewählten Aussagen zurufen.

1. Runde: ‚Ich bin mutig', der nächste ‚Ich bin selbstbewußt', ‚Ich bin ein Organisationstalent', ‚Ich bin stark', ‚Ich bin zuverlässig' usw.;

2. Runde: die Aussage wird in eine Du-Aussage verwandelt: ‚Du bist zuverlässig', ‚Du bist stark', ‚Du bist ein Organisationstalent' usw.;

3. Runde: Alle flüstern gleichzeitig ihre Aussage und bewegen sich dabei im Uhrzeigersinn um denjenigen, der in der Mitte sitzt. Wenn Du in der Mitte sitzt, kannst Du Deine Augen schließen und einen Moment zuhören, was Du von dem, was um Dich herum gesprochen wird, wahrnehmen kannst oder was ganz automatisch mit in Dein Unbewußtes geht. Laß Dich überraschen, was das für ein Gefühl ist, diesen Singsang um Dich herum zu hören. Alle gleichzeitig, möglichst alle in einer ähnlichen Lautstärke: ‚Du bist selbstbewußt', ‚Du bist ein Organisationstalent'.

Notizen

Meditation zur Zentrierung

Form: **Übung ☒ Spiel ❐ Phantasiereise ❐**

Ziel:
Eigene Mitte finden, Energie spüren, sich Raum nehmen

Gruppengröße: ☺
In der Gruppe

Dauer:
35 Min.

Material:
CD: Meditation of the four directions, Movements von Jabrane Mohamed Sebnat

Ort:
Im Raum oder in der Natur

Anmerkungen:
Diese Sufi-Meditation gehört zu den schönsten Bewegungsmeditationen und bewährt sich besonders bei regelmäßiger Durchführung. Wunderschön ist diese Übung in der Natur.

Beschreibung:
Die Meditation gliedert sich in sechs Phasen.

Phase 1: Wenn die Musik beginnt, dann mach einen Schritt mit dem rechten Fuß nach vorn, strecke Deine rechte Hand nach vorn und atme mit einem Zischen hörbar aus. Komm dann in die Ausgangsposition zurück. Mach dann mit dem linken Fuß einen Schritt nach vorn, linke Hand nach vorn und zischend ausatmen, Ausgangsposition, ca. 7 Minuten, bis Du eine neue Ansage hörst.

Phase 2: Rechts einen Schritt zur Seite, Hand nach rechts strecken und laut ausatmen; Ausgangsposition, Schritt nach links, Hand nach links und ausatmen, Ausgangsposition, ca. 7 Minuten.

Phase 3: Über rechts umdrehen, mit dem rechten Fuß einen halben Schritt nach hinten machen, Hand nach hinten strecken und ausatmen; Ausgangsposition, über links umdrehen, mit dem linken Fuß einen halben Schritt nach hinten machen, Hand nach hinten strecken und ausatmen, Ausgangsposition, ca. 7 Minuten.

Phase 4: In alle vier Richtungen, Schritt, Hand und ausatmen, ca. 7 Minuten.

Phase 5: Um die eigene Achse drehen, im Uhrzeigersinn, Arme ausbreiten, um das Gleichgewicht zu halten, ca. 7 Minuten.

Phase 6: Auf den Boden legen und nachspüren. Einstimmen mit den sechs Fragen:
1. Was macht mich glücklich?
2. Wofür bin ich dankbar?
3. Worauf bin ich stolz?
4. Wen und was liebe ich?
5. Wer liebt mich?
6. Was kann ich heute tun, um aus meiner Mitte heraus zu handeln?

Notizen

Teamjacke

Form: **Übung** ❐ **Spiel** ☒ **Phantasiereise** ❐

Ziel:
Eigene Identität mit der Team-Identität verbinden, Team-Profil maßschneidern

Gruppengröße: ☺
Im Team

Dauer:
90 Min.

Material:
Flipchartbögen, Stifte, Wachsmalkreiden, Scheren

Ort:
Großer, heller, gemütlicher Raum

Beschreibung:
Wir werden heute eine Teamjacke basteln, die für jedes Teammitglied ihre eigene Paßform und ihr eigenes Material, ihre eigene Farbe, Muster und Form hat, wo jeder für sich die eigenen Verzierungen anbringen und bestimmen kann, was an dieser Jacke das ganz Besondere ist. Wir benötigen dazu Papier, Schere, Farben und Ideen, Kreativität. Jeder kann für sich seine ganz persönliche Teamjacke basteln. Du kannst wählen.

1. Das Material für Deine Teamjacke sind Deine Fähigkeiten und Deine Talente.
2. Die Grundfarbe, das Muster und die Form sind Deine Botschaft und das, was Dich mit diesem Team verbindet, ist die Vision.
3. Die Verzierungen sind Deine persönlichen Ressourcen, die Du in dieses Team mit einbringst.
4. Die Nähte sind Deine Werte und Beliefs, die Dich und Dein Team stützen.
5. Die Taschen sind das Symbol dafür: Wovon willst Du noch mehr haben?
6. Die Knöpfe und der Reißverschluß sind Deine Kollegen, Partner oder Freunde, die Dich unterstützen.

Laß Dich überraschen, welches Dein Material, Deine Form, Dein Muster, Deine Verzierungen sind, wie Du Deine Teamjacke für Dich herstellst und was das ganz Besondere daran ist: Ist sie innen gefüttert? Was stützt Dich von innen, was hält das Ganze zusammen? Was unterstützt es, daß in diesem Team sowohl Du mit Deinen Fähigkeiten und Ressourcen Deinen Beitrag leisten kannst, als auch Ihr als Team die Möglichkeit habt, alle individuellen Ansätze und Möglichkeiten wertzuschätzen.

Veranstaltet eine Modenschau, bei der die unterschiedlichen Modelle vorgestellt, die Vorzüge und Besonderheiten betont werden und die Einzigartigkeit gewürdigt wird.

Aus diesen Ideen und Vorlagen entwickelt jetzt eine gemeinsame Teamjacke, wo jeder seine wichtigen Anteile mit einbringen kann. Achtet darauf, daß alle Ressourcen und Talente genutzt werden und das Modell für das ganze Team paßt.

Notizen

Gruppenleiter-Spiel

Form: **Übung ☒ Spiel ❐ Phantasiereise ❐**

Ziel:
Gruppendynamik transparent machen

Gruppengröße: ☺
Alle im Team

Dauer:
20 Min.

Material:
Metaplankarten

Ort:
Sitzkreis im Raum

Anmerkungen:
Dieses Spiel ist dazu geeignet, entweder demokratisch einen Gruppen- oder Spielleiter zu wählen, oder eine Entscheidungsstrategie im Team zu ermitteln.

Beschreibung:
Es gilt, einen Gruppenleiter zu wählen. Wer die meisten Karten hat, hat gewonnen. Es gibt Regeln für den Erhalt der Karten:

1. Schlägt ein Teilnehmer sich selber vor, bekommt er von jedem eine Karte.
2. Lehnt ein Teilnehmer sich selber ab, gibt er jedem anderen Mitspieler eine Karte.
3. Wenn er jemand anderen vorschlägt, muß er begründen, warum er denjenigen vorschlägt und kann ihm dann eine Karte geben.
4. Wenn er jemanden ablehnt, dann kann er demjenigen eine Karte abnehmen, muß dies allerdings auch begründen.

Auswertung: 5 Min.
Jeder kann für sich nachspüren, wie hast Du Dich dabei gefühlt? – Was hat dazu geführt, daß Du Dich wohlgefühlt hast? – Was hat dazu geführt, daß Du Dich nicht wohlgefühlt hast? – Hattest Du eine Strategie? – Hast Du diese durchgängig benutzt oder hast Du während des Spiels Deine Strategie verändert? – Was war für Dich das Wichtigste bei dieser Aufgabe? Ist Dein Favorit gewählt worden?

Dann mit Metaplankarten visualisieren, was zu positiven und zu negativen Gefühlen geführt hat.

Notizen

Drehbuch zum Abenteuerfilm

Form: **Übung ☒** **Spiel ❐** **Phantasiereise ❐**

Ziel:
Regisseur des eigenen Lebens sein, Lebenslust entwickeln

Gruppengröße: ☺

Dauer:
90 Min.

Material:
Schreibzeug

Ort:
Gemütliches Plätzchen

Anleitung:
Nimm Dir ein Blatt Papier und mach es Dir an Deinem Platz ganz bequem. Und dann stell Dir vor, Dein Leben sei ein Roman – und laß all das, was für Dich wichtig ist, in diesem Roman klarer und deutlicher werden – und stell nun fest, ist es eine Tragödie – ist es eine Komödie – ist es ein Krimi – was ist es für Dich? Nimm Dir einige Minuten Zeit, Dir klarer darüber zu werden, was in Deinem Roman bereits passiert ist; um zu wissen, wie der Anfang und das Ende ist – wie der Spannungsbogen verläuft. Und dann stell Dir vor, Du müßtest eine Buchbesprechung machen über den Helden, die Heldin dieses Romans; beschreibe die Person, von der dieser Roman handelt – beschreibe in allen Einzelheiten, was zu ihr gehört – welche Einstellungen sie hat – welches Verhalten – was sie sich selber sagt – welche Gefühle diese Person erlebt – was sie über die Welt glaubt – was sie über sich selbst glaubt – beschreibe diese Person in allem, was für Dich dazugehört – wie sie mit anderen ist – mit sich selbst. Und dann schau Dir an, was Dir an dieser Person ganz besonders gefüllt – und schau Dir an, was Du an dieser Person verändern möchtest – was ist es, was Dich noch nicht ganz glücklich macht – was sind die kritischen Punkte.

Stell Dir vor, wenn Du die Möglichkeit hättest, dieses Buch in ein Drehbuch für einen Film zu verwandeln – und diese Person so werden zu lassen, wie Du schon immer gerne sein wolltest, wie würdest Du Dein Drehbuch gestalten? Als Drehbuch für einen Film, der Spannung hat – der Spaß macht – der interessant ist und den Du Dir gerne ansehen möchtest, und laß die Person entstehen, die für Dich interessant ist – die das Leben lebt, das Du schön und spannend findest – mit all dem, was dazugehört – wie die Person sich verhält – wie sie aussieht – wie sie sich bewegt – was sie denkt – was sie fühlt – mit welchen Leuten sie zusammen ist – was sie über die Welt glaubt und über sich selbst – laß diese Person entstehen in Deinem Drehbuch für einen spannenden Film – laß Dich überraschen, was es ist.

Und dann stell Dir vor, wie Du diesen Film als Regisseur anleiten kannst – dieses Drehbuch verwirklichen und diesen Film entstehen lassen kannst – laß alles genau so werden, wie Du es Dir vorstellst – wie Du es Dir wünschst – und dann steig hinein als Hauptdarsteller – und spüre, wie sich das anfühlt, in diesem Film mitzuwirken – Deinen eigenen Film zu kreieren – Dein eigenes Leben zu inszenieren. Und dann komm hierher zurück und nimm wahr, daß Du das jeden Tag für Dich neu entdecken kannst – daß Du jeden Tag Dein Drehbuch neu schreiben kannst – Deinen Film neu anleiten kannst – und Dein Leben neu erschaffen kannst.

Notizen

VI. Sinn

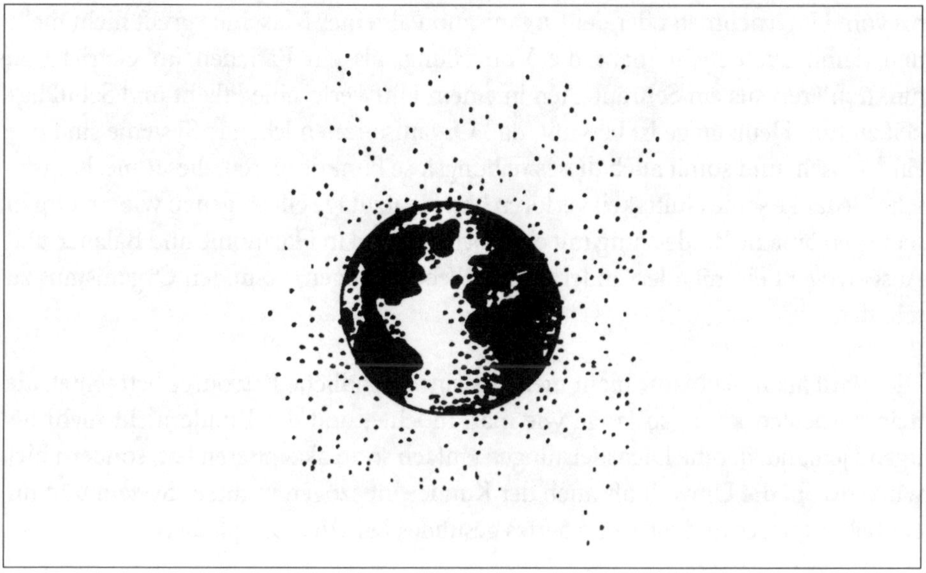

Wegweiser

Sinn

In den letzten Jahren hat sich ein Paradigmenwechsel vollzogen. Das alte Verständnis vom Unternehmen oder der Organisation als einer Maschine greift nicht mehr und damit auch nicht mehr die Vorstellung, als ein Rädchen im Getriebe zu funktionieren, als ein Schräubchen in einem Uhrwerk seine Pflicht und Schuldigkeit zu tun. Heutzutage ist bewußt, daß Organisationen lebende Systeme sind wie ein Mensch, und somit auch dieses reibungslose Funktionieren, dieser mechanistische Gedanke seine Gültigkeit verloren hat. Heutzutage gilt es, genau wie ein Organ seine persönliche Bestleistung mit einzubringen und in Harmonie und Balance und Ausgewogenheit mit allen anderen einen lebensfähigen, gesunden Organismus zu schaffen.

Hier wird auch die Natur nicht mehr als eine unendliche Ressource betrachtet, die man ausbeuten kann, so lange wie man möchte, und der Kunde nicht mehr als irgend jemand, der die Dienstleistungen einfach so zu akzeptieren hat, sondern hier wird sowohl die Umwelt als auch der Kunde einbezogen in dieses System und für ein reibungsloses und ausbalanciertes gesundes Miteinander plädiert.

Die meisten Menschen haben eine Vorstellung davon, was der Sinn ihres Lebens ist, und wenn genau dieser Lebenssinn in Zweifel gezogen wird, dann entstehen große persönliche Krisen. Trotz der Geschäftigkeiten, den Alltag zu bewältigen, haben die meisten Menschen eine sehr klare und eindeutige gefühlsmäßige Vorstellung davon, daß dieses Leben einen Sinn für sie hat und welches ihr Teil in diesem Miteinander ist und welches ihre Lebensaufgabe ist. Es ist wichtig, herauszufinden, inwieweit die persönliche Vision oder die eigene Lebensaufgabe mit der Vision des Teams oder mit der Vision des Unternehmens in Einklang steht.

Es gilt, ganz wichtige Übereinstimmungen zu finden oder zu schauen, wie es Anpassungen geben kann, die ein Miteinander, In-Resonanz-Sein ermöglichen.

Es geht um eine qualitative Beschreibung, wo alle hinwollen. Sie sollte das Dach sein oder das Zusammenfassende, unter dem sich alle Teilziele und alle Teams vereinen können zu einer gemeinsamen Vision.

Eine Vision ist ein Leitbild, was alle anderen Maßnahmen bestimmt, die zu dieser Zielerreichung notwendig sind. Sie sollte innovativ und kreativ sein und sich auch an die eigenen Grenzen heranwagen. Eine Vision stellt immer ein Abenteuer dar.

Es ist wichtig, ein Bild davon zu haben: Was wollen wir erschaffen? Wie soll das aussehen? Wie soll das realisiert werden?

Schöpfung heißt in diesem Fall, Zukunftsbilder oder -filme zu entwerfen, wie wir uns Unternehmen wünschen, was das Wichtige ist, was in den Unternehmen der Zukunft seinen Platz haben muß, beachtet werden sollte und was zu einer ausgewogenen Mischung von Ökonomie und Ökologie führt.

Eine Vision spricht sowohl den Intellekt als auch das Gefühl an. Es geht darum, ganzheitlich mit Kopf, Herz und Bauch die Ideen für den nächsten Quantensprung vorzubereiten.

Wenn eine Vision, eine Mission da ist und eine Identifikation stattgefunden hat und die Mitarbeiter engagiert sind, dann gibt es eine Ausrichtung, die gemeinsame Ziele, einen gemeinsamen Sog schaffen. Wenn diese Ausrichtung ausbleibt, dann kann man das an der Verschwendung, an dem Verschleiß und an der Abnutzung der Energie feststellen. In der Regel läßt sich eine gute Ausrichtung an der Potenzierung von Energie, an Synergie erkennen, am Fließen, an einer ganz speziellen Stimmung, an einem ganz bestimmten Miteinanderschwingen, In-Resonanz-Sein in einem Team.

Wenn diese Art des Miteinanderschwingens entsteht, dann gibt es eine ganz einzigartige, einmalige Beziehung unter den Teammitgliedern. Es gibt ein Verhältnis von Vertrauen, von Geborgensein, von Freiheit und Annehmen und Angenommensein.

Gerade das Problem der inneren Kündigung, das in den letzten Jahren in aller Munde ist, ist sehr oft auf den Verlust der Sinnhaftigkeit zurückzuführen. Es ist auf den Verlust der Identifikation mit den höheren Zielen oder mit den Visionen des Unternehmens zurückzuführen. Wenn es hier keine Resonanz gibt mit den eigenen Werten, Vorstellungen, Visionen, dann geht auch die Lust und die Energie verloren, für dieses Unternehmen seine persönliche Bestleistung einzusetzen. Wenn hier über eine gemeinsame Vision, über eine gemeinsame Zielsetzung die Energie wieder gebündelt werden kann, dann entstehen aus Teams heraus, aus der Vernetzung der Ressourcen aller Mitarbeiter heraus Energieeffekte, die mehr sind als die Summe aller Beteiligten.

Visionen sind kräftebündelnd und belebend. Sie begründen die Zielgerichtetheit, die Arbeitshaltung und die Gemeinsamkeit in einer Organisation.

Wenn auf dieser Ebene starke, anziehende, einen Sog herstellende Visionen entwickelt werden, dann wird sich auf allen darunterliegenden Ebenen ganz automatisch das entsprechende zugehörige Denken, Fühlen und Handeln mit einstellen.

Sinn, Zugehörigkeit, das ist ein innerer Zustand, der Menschen beflügelt und inspiriert und das Unmögliche möglich macht. Und wer diesen Zustand kennt und erlebt, wird alles in seiner Macht Stehende, in seiner Kraft Stehende dazu beitragen, die Vision wahr werden zu lassen. Das bedeutet, Menschen dazu zu inspirieren, sich einzusetzen, mit ihrem ganzen Herzen dabeizusein, sich zu engagieren.

Menschen sind daran interessiert, einen bleibenden Beitrag auf dieser Welt zu leisten, etwas zu schaffen, das über ihren Tod hinaus dasein wird, so daß sie einen Baustein, einen kleinen Beitrag dazu geleistet haben, hier auf dieser Welt etwas zu ändern. Sie wollen über sich und ihre Welt hinauswachsen und an etwas Größerem mitwirken. Das ist eine Sehnsucht im Menschen, die dazu führt, daß er seine Kreativität, seine Energie, seine Zeit dazu verwendet, etwas zu schaffen, was bleibend in Erinnerung ist. Es geht darum, Visionen zu entwickeln und die eigene persönliche Vision mit der Teamvision in Einklang zu bringen, und nicht nur den eigenen Traum zu leben, sondern einen gemeinsamen Traum zu entwerfen und diesen Traum realisierbar zu machen. Es geht dabei nicht so sehr ums Denken als vielmehr darum, ganzheitlich mit Kopf, Herz und Bauch zu erleben. Visionen können nicht verordnet werden, sie können auch nicht analytisch durchdacht und kreiert werden, sondern sie bedürfen der ganzheitlichen Näherungsweise durch Intuition, Träume und Meditation. So kann etwas erschaffen werden, was Menschen berührt, was Menschen in Bewegung setzt, was die Sehnsucht nährt und genug Motivation und Energie zur Verfügung stellt, ein Ziel zu erreichen, über sich selbst hinauszuwachsen. Das ist es, was Menschen immer wieder als einen inneren Zustand beschreiben: von Glückseligkeit, von Glücklichsein, von In-Fluß-Sein, In-Flow-Sein oder mit der Quelle-in-Verbindung sein, mit der eigenen Kraftquelle in Kontakt sein, eingebunden und geborgen sein, in dieses Gefühl von Urvertrauen, von Sinnhaftigkeit.

Elementespiel

Form: **Übung ❒** **Spiel ☒** **Phantasiereise ❒**

Ziel:
Unterschiedlichkeit wertschätzen, seinen Beitrag leisten

Gruppengröße: ☺☺☺☺☺☺
In der Gruppe

Dauer:
3 Stunden

Material:
–

Ort:
In der Natur

Anmerkungen:
Parcour abstecken – ein Teil des Waldes für die Wasserleute – ein Teil für die Erdleute – ein Teil für die Luftleute – und ein Teil für die Feuerleute. Am schönsten ist es, wenn bei den Wasserleuten Wasser im Wald ist – und bei den Feuerleuten ein Lagerfeuer gemacht werden kann.

Es vereinfacht die Durchführung des Spieles, wenn man sich vorher eine Skizze anfertigt, die den Ablauf und die Reihenfolge überschaubar macht.

Zum Einstimmen ist es schön, Texte zu den jeweiligen Elementen vorzulesen.

Beschreibung:
Das Team einteilen nach den Sternzeichen:

1. Erdzeichen: Stier, Jungfrau und Steinbock
2. Luftzeichen: Zwilling, Waage und Wassermann
3. Wasserzeichen: Skorpion, Fisch und Krebs
4. Feuerzeichen: Schütze, Widder und Löwe.

Jede Gruppe hat eine Stunde Zeit, ihren Teil des Waldes zu ergründen – zu erforschen und Strategien zu entwickeln, wie sie den anderen Mitgliedern des Teams ihr Element nahebringen will – ob als Phantasiereise – als Spiel – als Übung – als sinnliche Erfahrung – miteinander oder allein – was sie wählen wollen, um die wesentlichen Aspekte, d.h. das Wichtige des eigenen Elementes deutlich zu machen. Nach einer Stunde treffen sich alle am Ausgangsort – da, wo das Wasserterrain beginnt.

Die Wassergruppe besetzt als erste Gruppe ihr Terrain und beginnt, die Erdleute hindurchzuführen. Dann nehmen die Erdleute ihre Position ein – und die Luftleute gehen durch die Erfahrung des Elementes Wasser und durch die Erfahrung des Elementes Erde und nehmen dann ihre Position als Luft ein.

Als letzte Gruppe kommen die Feuerleute, die durch das Wasser gehen – durch die Erde – durch die Luft – und ihren Platz im Feuerterrain einnehmen.

Nun gehen die Wasserleute durch die Erde und die Luft zum Feuer – und treffen sich dort am Lagerfeuer – und die Erdleute gehen durch die Luft zum Feuer – und die Luftleute kommen zum Feuer – und am Schluß wird ein Abschiedskreis um das Feuer gemacht, wo alle Elemente sich vereinen und alle noch einmal reflektieren, was sie gemacht haben – wie sie ihr Element dargestellt haben – was daran Spaß gemacht hat – was daran neu war – und was sie erlebt haben mit den anderen Elementen – vielleicht war ihnen das vertraut – vielleicht war das ganz fremd – was war es, was schön war – was neu war – was gut war.
Abschließen – trommeln – und feiern!

Notizen

Medizinrad

Form: **Übung** ❐ **Spiel** ☒ **Phantasiereise** ❐

Ziel:
Ganzheitlichkeit, Entwicklungsprozesse initiieren

Gruppengröße: ☺
In der Gruppe

Dauer:
15 Min.

Material:
Kompaß

Ort:
In der Natur

Anleitung:
Stellt Euch in einem Quadrat auf, so daß Ihr Euch in die vier Himmelsrichtungen ausrichtet, nach Norden, Süden, Osten und Westen. In einem Team sind alle unterschiedlichen Wertigkeiten und Wichtigkeiten geschätzt und gewürdigt, wenn jeder eine Idee davon entwickelt, wie wichtig der eigene Beitrag zum Ganzen ist und wie wichtig der Beitrag aller anderen ist. Beim Medizinrad gibt es die Möglichkeit, unterschiedliche Standpunkte und Perspektiven zu durchlaufen.

Und wir beginnen im Süden, und die, die hier jetzt im Süden stehen, sind an der Stelle, den Herzenswunsch zu entdecken. Hier im Süden wohnt die kleine grüne Maus, die ganz geschäftig dafür sorgt, daß alles seinen Platz hat, daß es für alle kuschelig und gemütlich ist, die ganz emsig ist und Tag für Tag viel unternimmt, daß der Herzenswunsch gelebt werden kann. Hier im Süden wohnt das Feuer und auch der Coyote, der Trickser, der einfach über alle Grenzen hinwegtrickst, und wenn er dann da ist, dazugehört und dableiben darf. Und hier im Süden rufen wir, wenn wir an diesem Ort sind: „Ja, Herzenswunsch!"

Und dann kommen wir zum Westen, hier wohnt der große braune Bär und das Wasser, dies ist der Platz zum Träumen. Wenn man seinen Herzenswunsch kennt, dann ist es sinnvoll, ihn visualisieren zu können, sich Bilder, Filme davon machen zu können, träumen zu können, wie dieser Herzenswunsch Wirklichkeit werden kann. Hier im Westen werden wir rufen: „Ja, träumen!" Wie der Volksmund sagt: „Das fällt mir nicht im Traume ein", so muß ein Herzenswunsch, ein Ziel erst geträumt werden, um es verwirklichen zu können.

Und dann kommen wir in den Norden, dies ist der Platz des weißen Büffels, der Platz der Weisheit, hier, wo die Erde wohnt. Dieses ist der Platz der inneren Freiheit, des Loslassens von alten Mustern, das Erkennen von alten Beschränkungen und Freiwerden von alten Verstrickungen. Und wenn wir hier im Norden sind, dann ist dies der Platz für: „Ja, frei sein!" Und wenn man seinen Herzenswunsch kennt und geträumt hat, wie er zu verwirklichen ist, dann gilt es, sich zu befreien von alten Fesseln, um ihn zu verwirklichen.

Denn dann kommen wir in den Osten. Hier ist der Ort des Adlers, der den Wind vor jedem Sturm wahrnimmt und mit dem warmen Aufwind sich weit über den Sturm hinaus erhebt und immer darüberfliegt und in keine Turbulenzen verstrickt wird. Der Adler, der seinen Jungen das Fliegen beibringt, indem er sie auf den Rücken nimmt und sie die Flügelbewegungen spüren läßt, bis sie den Rhythmus von selbst erfaßt haben, dann unter ihnen wegtaucht und sie alleine fliegen läßt, um sie dann wieder zu unterstützen, wenn er bemerkt, daß sie müde werden und sie so leicht und spielerisch lernen können. Hier im Osten ist der Platz, das Gewünschte und Erträumte und nun Befreite umzusetzen. Hier im Osten, wo die Luft wohnt, heißt es: „Ja, leben!"

Und um das Medizinrad für das Team vollständig zu machen, können wir uns alle ein- oder zweimal im Uhrzeigersinn in diesem Medizinrad weiterbewegen und jeweils an der Stelle, wo wir dann sind, das Entsprechende gleichzeitig rufen: „Ja, Herzenswunsch!", „Ja, träumen!", „Ja, freisein!", „Ja, leben!" Traut Euch wirklich, aus vollem Herzen mit dem ganzen Mut zu rufen und Euch dabei in Eurem Medizinrad zu bewegen.

Notizen

Evolutionsspiel

Form: **Übung ❐ Spiel ☒ Phantasiereise ❐**

Ziel:
Große zeitliche und räumliche Perspektiven einnehmen, großer sinnhafter Zusammenhang

Gruppengröße: ☺
In der Gruppe

Dauer:
2 Stunden

Material:
–

Ort:
Großer Raum, Turnhalle oder eine Wiese

Anmerkungen:
Dies ist eine Übung von Jean Houston, um das Evolutionsgedächtnis zu aktivieren.

Diese Übung sollte in einem Stück, in der vorgegebenen Reihenfolge hintereinander durchgeführt werden. Schön ist es, sie draußen in der Natur zu machen, auf dem Rasen oder am Strand oder in einem großen Raum oder auf einem Platz – jedenfalls so, daß möglichst viel Platz für alle Beteiligten da ist. Bevor Du beginnst, bitte alle Teilnehmer, Brillen, Uhren, Ringe, Gürtel oder Schuhe abzulegen, alles was stören könnte und möglicherweise ein Übereinanderkriechen, miteinander spielen beeinträchtigen könnte. Selbstverständlich hat jeder für sich die Freiheit aufzuhören – sich auszuruhen – einen Moment einfach nur dazuliegen – an irgendeiner Stelle – jeder entscheidet für sich, was er machen möchte. Achte darauf, daß die Teilnehmer vorher noch einmal auf die Toilette gehen und ca. zwei Stunden vorher möglichst nur leichte Kost zu sich genommen haben. Achte während der ganzen Übung darauf, daß jeder sich so tief wie möglich in das jeweilige Bewußtseinsstadium einfühlt – sich diesem Spiel hingibt und seine eigenen Erfahrungen sammelt. Es ist leicht, wahrzunehmen, daß Sprache sich erst relativ spät in unserer Evolution entwickelt hat, d.h. daß die ersten Stadien nonverbal und nur durch Töne und Geräusche – durch Berührung und andere Signale gekennzeichnet sind.

Überprüfe am Ende der Übung, ob es allen gut geht oder ob jemand noch etwas sagen möchte und noch ein Austausch gewünscht wird.

Anleitung:
Nimm wahr, wie Du Dich bei der ganzen Übung fühlst – und mach es Dir für die erste Phase – den Fisch – ganz bequem – leg Dich flach auf den Boden, auf den Bauch – mit den Armen an den Seiten – und roll Dich sanft von einer Seite auf die andere – sorge dafür, daß Dein Körper als eine Einheit rollt – Kopf, Rumpf und die unteren Körperteile alle zusammen – es gibt noch keine Verbindungsglieder – dieses alles ist in einem Stück – sanft hin- und herwiegen – als Fisch hin- und herrollen. Was ist wichtig in Deiner Wahrnehmung als Fisch – wie erlebst Du die Welt – wie nimmst Du Deine Umgebung wahr – kannst Du andere Fische wahrnehmen – wie sieht die Welt aus – wie hört sie sich an – wie fühlt es sich an, Fisch zu sein – wie riecht und schmeckt das – wie empfindest Du die Schwerkraft – wie empfindest Du Deine Perspektive? – immer weiter rollen und wahrnehmen, was an Erinnerungen aus Deinem Gehirn zum Thema Fisch wieder auftaucht – ungefähr 7 Min.

Danach die Amphibie. Ruh Dich einen kleinen Moment aus, bevor Du mit der Amphibie beginnst. Aus dieser rollenden Fischbewegung heraus oder aus dem Ausruhen heraus kannst Du Dich zur Amphibie entwickeln und dabei nach und nach Deine Unterarme benutzen, um Deinen Unterkörper vorwärts zu schleppen – gleichzeitig mit dem linken und dem rechten Arm ziehen. Dadurch entsteht die Möglichkeit, sich im Raum weiter zu bewegen – und Du wirst andere treffen, über die Du hinweg oder unter denen Du durchkriechen kannst. Dies ist ein ganz normaler Bestandteil des Lebens einer Amphibie – schiebe Dich weiter vorwärts, indem Du Dich mit Deinen Unterarmen nach vorne ziehst – nimm wahr, daß Du den Kopf heben kannst und Dein Rückgrat sich ausdifferenziert – und nimm wahr, wie Du Deine Welt als Amphibie erlebst – was Du wahrnehmen kannst, wie weit sich Dein Gesichtskreis vergrößert hat – wie ist es, anderen zu begegnen – sie zu berühren – sie zu sehen – vielleicht auch auf die eine oder andere Art zu hören – zu riechen und zu schmecken – wie erlebst Du die Schwerkraft und die Perspektive? – ca. 5 bis 7 Min.

Dann einen kleinen Moment ausruhen oder direkt von der Amphibie sich in ein Reptil entwickeln – weiterhin auf dem Bauch kriechen – und die Entwicklung der

Beine spüren – die Beinbewegungen mit den Armbewegungen koordinieren – erst zur einen Seite Arm und Bein gleichzeitig, dann zur anderen Seite hin Arm und Bein bewegen – einfach die größere Beweglichkeit eines Reptils erfahren – die Möglichkeit, die Welt zu erkunden – eine größere Strecke zurückzulegen – immer noch den Bauch auf dem Boden – aber rechts und links koordiniert – Beine und Arme – und die Reptilstrukturen in Deinem Gehirn aktivieren – vielleicht auch eine Erinnerung daran, wie es war, als Säugling auf alle Viere zu kommen und die Welt krabbelnd zu erkunden – zu koordinieren – zu lernen, wie man Beine und Arme gleichzeitig koordiniert – erst noch auf dem Bauch – Arme und Beine jeweils einer Seite – später erst die Überkreuzbewegung. Nimm wahr, wie sich Deine Umwelt verändert, wenn Du als Reptil größeren Bewegungsspielraum hast – koordinieren kannst – und laß in Deinem Bewußtsein all die Erinnerungen aufsteigen, die Dich an diese Zeit erinnern – wie erlebst Du Deine Welt – wie sieht Deine Welt aus – was kannst Du hören – wie kannst Du spüren, daß andere da sind – was kannst Du tasten – wie fühlt sich die Koordination der Gliedmaßen an – was riechst und was schmeckst Du? – 5 bis 7 Min.

Und dann tritt in das frühe Säugetierstadium ein. Dies ist ein Halbaffe – ein gewaltiger Sprung vom Boden, an dem Dein Bauch normalerweise als Reptil geschleift hat – vom Boden erhebend und auf alle Viere kommen. Hier können bewußt Laute eingesetzt werden, um sowohl Freude als auch Gefahr mitzuteilen und mit den Artgenossen zu kommunizieren. Es gibt eine weitaus größere Beweglichkeit und Koordinationsfähigkeit – die Fähigkeit, den Kopf unabhängig vom Rest des Körpers zu bewegen – die Schultern – die Koordination der Gliedmaßen erfordert jetzt Überkreuzbewegungen – es gibt eine größere Möglichkeit an Flexibilität, die Welt zu erkunden – anderen zu begegnen – und nimm auch hier wahr, was an Erinnerungen aus Deinem Gehirn aufsteigt – was an Erinnerungen wieder da ist aus der Zeit der frühen Säugetiere – wie sieht die Welt aus – was kannst Du wahrnehmen – was kannst Du sehen – was kannst Du hören – was kannst Du spüren – tasten – riechen und schmecken? – wieder 5 bis 7 Min.

Danach kommst Du in das Stadium des frühen Affen. Dieser Affe kann springen und klettern und dabei eine größere Beweglichkeit und Leichtigkeit erleben – eine ganz andere Art, die Schwerkraft zu überwinden und sie für sich selbst zu nutzen und zu erleben – eine große Beweglichkeit des Rückgrats – des Kopf- und Nackenbereiches. Hier gibt es Laute und Möglichkeiten der Kommunikation – und Verspieltheit und Neugierde zu kommunizieren, um gemeinsam Spaß zu haben. Dies ist in der eigenen Entwicklungsgeschichte der Beginn des Laufenlernens – ab und zu spielen und toben – auf allen Vieren schnell durch die Welt – und dann wieder einige Sekunden und Minuten aufrecht stehen – und die ersten Schritte erkunden – aktiv die Welt entdecken – die Hände benutzen – die Dinge zum Mund führen – und nach all dem Schönen in der Welt greifen – nimm wahr, wie sich Deine Perspektive verändert – was Du wahrnehmen kannst, wie Deine Welt sich verändert – die Schwerkraft – was Du sehen – hören – spüren – riechen und schmecken kannst – wieder ca. 7 Min., um diese Welt zu entdecken und all die Erinnerungen aus dem Gehirn wieder ins Bewußtsein kommen lassen, die mit diesem frühen Stadium des Affen verbunden sind – um dann überzugehen in die Zeit des Menschenaffen. Der Körper wird größer und schwerer – es bilden sich starke Muskeln und Du kannst jetzt mühelos aufrechtstehen und die Welt aus dieser Perspektive betrachten – wahrnehmen, wie die Schwerkraft sich verändert hat – aber wenn Du Dich schnell fortbewegen möchtest, dann kannst Du auf allen Vieren laufen – laß all die Gesten und Laute dazukommen – all das, was dazugehört – die passenden Bewegungen – die dazugehörenden Sinneswahrnehmungen – wie sieht Deine Welt aus – was kannst Du wahrnehmen – wie ist Deine Perspektive – wie ist Deine Beziehung zu anderen – was kannst Du erleben – was kannst Du hören – wie kannst Du Dich verständlich machen – was gehört für Dich mit dazu, was Du spüren kannst – tasten kannst – wie fühlt sich das an – wie riecht und schmeckt das – wie wirkt die Schwerkraft auf Dich – auf Deine Wahrnehmung – auf Deine Bewegungen – auf Dein Gleichgewicht – auf Deine Perspektive – laß all die Erinnerungen kommen, die Dich an diesen Abschnitt Deiner eigenen Entwicklung erinnern.

Und vom Menschenaffen entwickle Dich langsam – nach 7 Min. ungefähr – zum Urmenschen. Du verlierst jetzt Dein Fell – Du kannst auf beiden Beinen stehen und bist inzwischen verwundbar – ungeheuer erfinderisch und anpassungsfähig – Du kannst Erfindungen machen – Entdeckungen machen – Du bist in der Lage, Deine Umwelt zu gestalten – Du kannst Sprache entwickeln – die Kunst – Musik und Werkzeuge entdecken – Deine Kiefer sind vorgeschoben – und Dein Körper erinnert noch ganz an den Affen – und dennoch entwickelt sich die Intelligenz – Deine Wachheit – Deine Fähigkeit zu planen – Deine Fähigkeit, mit anderen zusammenzusein – Geselligkeit zu genießen – und Dich über die Bedingungen des tierischen Lebens zu erheben – laß Dich überraschen, was an Erinnerungen kommt an den Urmenschen in Dir – was aus den Tiefen Deines Gehirns wieder in Dein Bewußtsein kommt an Empfindungen – an Erlebnissen – an Fähigkeiten – vielleicht an Möglichkeiten – an Neugierde – laß noch einmal die Schwerkraft auf Dich wirken – und nimm Deine Perspektive wahr, wie Du die Welt jetzt erlebst – wie Du Deine Beziehung zu anderen erlebst – wie Du Deine Probleme bewältigst – wie Du erfinderisch, spielerisch wirst – Dich zu einem sozialen Wesen entwickelst auf einer anderen Bewußtseinsstufe als die Tiere – nimm wahr, was da in dieser Welt für Dich wichtig ist – was Du sehen kannst – was Du wahrnehmen kannst – was Du hören kannst – was es ist, was Du spüren kannst in bezug auf Deine Umwelt – in bezug auf die anderen – was Du riechen kannst oder schmecken. Nimm Dir dafür 5 bis 7 Min. Zeit, um das für Dich so intensiv wie möglich zu erleben – und einfach wahrzunehmen, was für Dich dazugehört.

Und dann entwickle Dich zu einem modernen Menschen. Achte darauf, wie sich Deine Sinne mehr und mehr verfeinern – wie sich Deine Bewegungen verändern – wie sich Deine Beziehung zu den Menschen und der Umwelt verändert – nimm wahr, was sich für den modernen Menschen in Dir verändert hat, indem Du anfängst, in Dörfer zu ziehen – Handel zu treiben – Zivilisation aufzubauen – Kultur zu erleben – Traditionen weiterzugeben – Ware zu entdecken – Geschichten – geschriebene Bücher – komplizierte Werkzeuge – komplizierte Gedanken – nimm einfach wahr, was sich für Dich verändert, wenn Du in dieses Stadium des modernen Menschen übertrittst – was für Dich Zivilisation bedeutet – was die Errungenschaften der Zeit – der Traditionen – der Zivilisation für Dich darstellen – nimm wahr, wie sich das auf Deine Beziehung zur Umwelt, zu den Mitmenschen – zu Dir selbst – zur Natur auswirkt – was ist für Dich wichtig, in dieser Phase zu entdecken – was kannst Du wahrnehmen – von der Welt sehen – wie sieht es aus – was ist Deine Perspektive – wie nimmst Du die Dinge wahr – was kannst Du hören – wie kannst Du Dich verständlich machen – wie kannst Du in Kontakt mit anderen kommen – was hast Du für Probleme oder Bedenken – oder was ist Dir wichtig in Deinem Denken – Fühlen – Handeln – was kannst Du riechen und schmecken – nimm Dir Zeit, ungefähr 7 bis 10 Min.

Und dann entwickle Dich zum Menschen der Zukunft: Was soll für Dich wahr werden?

Notizen

Schild bauen

Form: **Übung ❐** **Spiel ☒** **Phantasiereise ❐**

Ziel:
Persönliche Vision mit der Team-Vision in Einklang bringen, Vision sichtbar machen

Gruppengröße: ☺☺
In der Gruppe

Dauer:
4 Stunden

Material:
Material aus der Natur, Pappe, Kleber, Blumendraht, Scheren, Stifte, Zangen, Band

Ort:
Großer, heller Raum

Beschreibung:
Geh in die Natur mit der Frage: „Was ist mein Teil an unserer gemeinsamen Vision? Was ist mein Anteil, mein Beitrag zu unserer gemeinsamen Team-Vision?" Nimm Dir eine Tüte mit oder eine Tasche und laß Dich überraschen, welches Material Du unterwegs findest, welches Material aus der Natur Du mitbringen kannst, was vielleicht ganz klar in Zusammenhang mit Deiner Vision, mit Deinen Zielen, mit Deinen Ressourcen und Fähigkeiten steht, vielleicht aber auch damit noch gar keinen Zusammenhang hat. Laß Dich überraschen, was Du findest. Was ist Dein Teil an der gemeinsamen Vision? Was ist Deine Vorstellung von der gemeinsamen Vision, die Ihr als Team habt?

Kommt nach 40 Minuten jeder mit einer Tasche voll Material zurück und laßt Euch überraschen, welches Material Euch findet. Laßt Euch überraschen, was Ihr mitbringt. Vielleicht ganz Ähnliches, vielleicht ganz unterschiedliche Dinge. Schafft Euch einen Platz in der Mitte, wo Ihr das Material gut übersichtlich ausbreiten könnt, wo Ihr sehen könnt, was Ihr an Material gefunden habt, und such Dir dann einen Partner, mit dem Du das Material gemeinsam aufbereiten möchtest. Nimm den ersten Teil Deines mitgebrachten Materials und leg es vor Dich hin, so daß Du es gut sehen kannst, und laß Assoziationen kommen, was dieses Material für Dich bedeutet. Vielleicht ein Symbol, vielleicht eine Metapher, vielleicht ein Bild oder eine Geschichte im Telegrammstil, ein Wort oder ein Satz. Dein Partner schreibt das für Dich auf. Geh nun auf diese Art und Weise Deine Materialien durch, bis Du Stichpunkte oder Symbole für jedes von Dir mitgebrachte Material hast.

Leg dann das Material beiseite und stell Dir die Frage: Was ist mein Teil zu einer gemeinsamen Vision? Versuche herauszufinden, was die gefundenen Symbole oder Bilder oder Beschreibungen Dir als Antwort geben. Dein Partner schreibt wieder alles Wichtige für Dich mit. Wenn Ihr das eine Material aufgearbeitet habt, dann wechselt und arbeitet das Material des anderen Partners auf.

Sichte danach Deine Notizen und schreib Dir die wichtigen Bestandteile, die Du mit in diese Team-Vision hineingeben kannst, auf ein Extrablatt, auf ein schönes Papier, vielleicht mit einem wunderbaren Stift, so daß Du nachher in der Gruppe Deinen Beitrag dazu vortragen kannst. Kommt dann als Team zusammen, und jeder stellt seinen Beitrag und sein Material vor, das er zu dieser Team-Vision beitragen kann. Wenn alle ihren Beitrag vorgestellt haben, jeder seine Schönheiten und Stärken und seine Ressourcen dazu beigetragen hat, dann beginnt die Bastelphase. Laßt Euch überraschen, wie Ihr ein fließendes, kreatives gemeinsames Miteinander findet, um aus Eurem mitgebrachten Material ein Schutzschild für das Team zu basteln, ein Schild, das für Eure Vision steht, ein Schild, das Euren Sinn und Zweck als Team versinnbildlicht, ein Schild, das Euch schützen wird vor negativen Einflüssen und Euren Zusammenhalt symbolisieren kann, weil jeder von Euch seinen Teil dazu beitragen kann, jeder seine Ressourcen auf seine Art dort mit hineingeben kann. Nehmt Euch ca. eine Stunde Zeit, um ein gemeinsames Schild zu basteln, Eure Vision mit den vorgefundenen Materialien aus der Natur und dem jetzt gefundenen Material so für Euch zu kreieren, daß Ihr denkt, so stimmt es für Euch. Stellt Euer Kunstwerk aus oder anderen vor, macht ein Foto davon und nutzt dieses Schild als Erinnerung an Eure Vision.

Notizen

Einen neuen Mythos entwickeln

Form: **Übung ❐ Spiel ☒ Phantasiereise ❐**

Ziel:
Team-Biographie neu schreiben, Team-Vision mitteilen

Gruppengröße: ☺
Alle im Team

Dauer:
2 Stunden

Material:
Schreibzeug

Ort:
Kreativraum

Anmerkungen:
Wenn Ihr als Team aus den vorher gemachten Erfahrungen aus der Bastelei für das Teamschild weiterschöpfen wollt, so bietet es sich hier an, die Notizen mit einfließen zu lassen.

Anleitung:
Entwickelt aus Euren Daten ein Märchen, einen Mythos, eine Sage – Eure Geschichte als Team, wie es einmal begann, was Euch zusammengeführt hat, was Euer gemeinsames Motto ist, Euer gemeinsames Ziel, was jeder von Euch dazu beizutragen hat. Wie jeder seine ganz eigene Einzigartigkeit in dieses Team mit eingefügt hat, was Eure gemeinsame Vision ist, und dann laßt Phantasien entstehen, wie Ihr diese Vision umgesetzt, erreicht habt. Laßt Euch inspirieren, was alles dazu beigetragen hat, daß Eure Vision wahrgeworden ist, und was das bedeutet hat für Euch, für Euer Team, für das Netz, in das Ihr eingebettet seid, für die Gesellschaft, für die Zeit, für die Welt, in der Ihr lebt.

Laßt Euch Euren Mythos einfallen, gemeinsam oder in kleinen Gruppen, Bruchstücke zusammentragen, Teile der Geschichte, so daß Ihr als Team zusammen einen eigenen Mythos entwickelt, was Eure Aufgabe war und wie Ihr sie umgesetzt habt, was Euch befähigt hat, was Euch unterstützt hat, was Euch den Weg geebnet hat, was es an Schwierigkeiten gab, die es zu überwinden galt und auf welche Art Ihr diese gemeistert habt. Laßt Euch Euren Mythos einfallen, wie Ihr Euer Ziel erreicht habt, wie Ihr Eure Vision wahrgemacht habt.

Variation: Buchbesprechung

Schreibt eine Buchbesprechung über ein Team, das auf dem Mars gelandet ist, Euer Team, und gebt eine treffende und interessante Charakteristik der Helden Eures Buches. Laßt den Leser die Dynamik in diesem Team erleben. Findet das Motto heraus, nach welchem dieses Team arbeitet und was es zu dieser Höchstleistung befähigt hat, wie es zu diesem kreativen Miteinander kommen konnte. Entwerft eine gemeinsame Buchbesprechung für dieses Team, für dieses Buch, das die Landung eines kreativen Teams auf dem Mars beschreibt. Wenn Ihr Eure Buchbesprechung fertiggestellt habt, dann entwickelt daraus einen Tonfilm, eine Phantasiereise mit allen Sinnen und laßt sie innerlich auf dem eigenen Projektor abspulen als Tonfilm mit Farben, Formen, Bewegungen, Licht, Tönen und Geräuschen, mit all dem, was dazu gehört, was diesen Tonfilm lebendig und ausdrucksstark macht. Was genau die Umsetzung darstellt, was in Eurem Buch von Eurem Team erreicht worden ist.

Notizen

Visionstreppe

Form: **Übung ☒** **Spiel ❐** **Phantasiereise ❐**

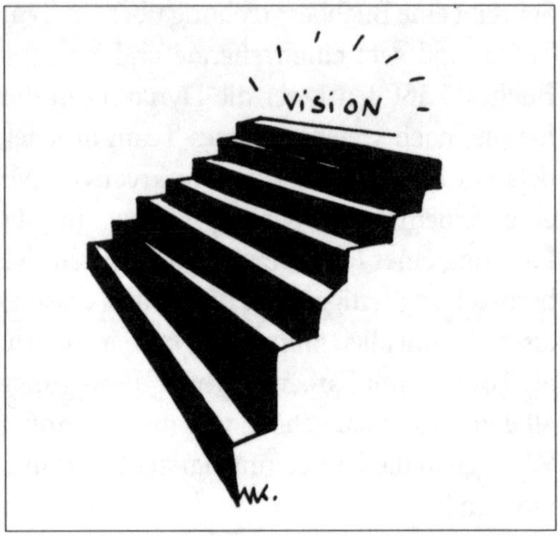

Ziel:
Ausrichtung, übergeordnete Verbindung schaffen, Motivation

Gruppengröße: ☺
In der Gruppe

Dauer:
60 Min.

Material:
Schreibzeug

Ort:
Einen schönen, ruhigen Raum

Beschreibung:

1. Nenne als erstes Deinen nächsten Wunsch oder Dein nächstes Ziel.

Dann tu so, als ob Du es schon vollständig erreicht hast. Wie siehst Du aus, Deine Körperhaltung und Dein Gesicht? Wie hörst Du Dich an, wenn Du sprichst und was sagst Du Dir innerlich? Wie fühlt es sich an, wenn Du Dein Ziel erreicht hast? Woher kommt das Gefühl und wie genau kannst Du es wahrnehmen? Welche Gerüche oder welcher ganz spezielle Geschmack gehört zu Deinem Ziel dazu?

2. Benenne das Ergebnis, das Du erhältst: „Was ist das Schönste, Beste, Wichtigste an diesem Ziel?"

3. Stell Dir vor, daß Du dieses Ziel mit diesem Ergebnis nun schon einige Zeit in Deinem Leben erreicht hast. Es ist ganz selbstverständlich in Dein Leben integriert. Was Du vorher erreichen wolltest, ist nun in Deinem Leben präsent. Stell Dir vor, daß Du Dein voriges Ziel lebst. – Was wäre Dir nun besonders wichtig? Was nimmst Du Dir als nächstes vor?

Was ist Dein nächstes Ziel?

4. Wiederholung: Durchlaufe die Schritte 1, 2 und 3 mit dem jeweils nächsten Ziel. Stell Dir vor, daß Du das Ziel erreicht hast und wie es aussieht, sich anhört und anfühlt (1). Benenne wieder für Dich persönlich das Wichtigste und Schönste an diesem Ziel (2) und formuliere Deinen nächsten Schritt, Dein nächstes Ziel, wenn Du das vorige erreicht hast (3). Nähere Dich Schritt für Schritt Deiner persönlichen Vision.

5. Erkenne Deine Vision: „Wann hast Du das Gefühl, daß Du Deine Vision lebst? Woran erkennst Du Deine Vision? Wie sieht Deine Vision aus? Wie hörst Du Dich dabei? Welches Gefühl hast Du, wenn Du Deine Vision lebst? Sind andere Menschen in dieser Vision?"

6. Komm zurück in die Gegenwart und nimm wahr, daß Du noch nicht da bist (Schade).

Entscheide Dich jetzt, mit welchem Schritt Du beginnen möchtest. Was möchtest Du als nächstes tun, um Deiner Vision ein Stück näher zu kommen? Was kannst Du vielleicht jeden Tag tun, um Deine Vision zu erreichen und lebbar zu machen? Was wird Dich jeden Tag an Deine Vision erinnern und daß Du bereit bist, dafür etwas zu tun?

Nehmt Euch jetzt die Zeit, Euch über Eure Visionen auszutauschen. Seid neugierig darauf, was die anderen für sich als Vision gefunden haben. Welche Aufgaben geben Eurem Leben einen Sinn? Was haben Eure Visionen mit Eurem Team zu tun? Inwieweit können Euch andere Menschen darin unterstützen, Eure Vision zu leben? Gibt es etwas Verbindendes zwischen Euren Visionen? Wie könnt Ihr etwas Gemeinsames entdecken?

Begeht dann als ganzes Team Eure Visionstreppe.

Notizen

Visionsbild malen

Form: **Übung ❒** **Spiel ☒** **Phantasiereise ❒**

Ziel:
Visionen sichtbar machen, persönliche Visionen mit der Team-Vision verbinden

Gruppengröße: ☺
In der Gruppe

Dauer:
2 Stunden

Material:
Malsachen, DIN-A4-Papier, Flipchartpapier oder besser Metaplanwand-Papier und Metaplanwand, Stifte, Schreibzeug

Ort:
Großer, heller Raum

Anmerkungen:
Visionen beschreiben einen erwünschten Zustand, der in Wirklichkeit noch nicht existiert, dessen Bilder und Vorstellungen jedoch nach Verwirklichung streben. Um gemeinsame Visionen zu entwickeln ist es vorteilhaft, daß sich jedes Teammitglied zunächst über seine eigenen Visionen klar wird. Visionen können nicht verordnet werden, sondern berühren Menschen entweder im Innersten und stimmen damit mit eigenen Interessen überein oder aber sie berühren nicht und werden boykottiert. Wenn Visionen in der Lage sind, viele Einzelinteressen zu bündeln, dann haben sie eine gute Chance, von mehreren Menschen getragen und umgesetzt zu werden. Diese Übung soll die Entwicklung einer gemeinsamen Vision unterstützen. Es ist der Anfang, um über gemeinsame Visionen nachzudenken.

Anleitung:
Du hast jetzt die Zeit, für Dich aufzuschreiben, welche persönliche Vision Du von der Zusammenarbeit in Deinem Team hast.

Folgende Fragen können Dich dabei unterstützen:

- Was möchte ich hier erreichen?
- Was wäre idealerweise mit diesem Team erreichbar?
- Welche Atmosphäre wäre für mich optimal?
- Welche Art der Zusammenarbeit gehört zu meiner Vision?
- Wie kann ich mir das optimale Team vorstellen?

Schreibe alles auf, was Dir zu Deiner Vision einfällt. Markiere anschließend die wichtigsten Punkte Deiner Vision. Schau Dir an, was für Dich bedeutend ist und laß innerlich ein Symbol kommen, was für Dich die wichtigen Teile Deiner Vision beschreibt.

Nimm Dir ein Blatt Papier und die Malstifte und zeichne dieses Symbol auf. Es geht nicht um Schönheit, sondern um den Spaß und darum, dieses Symbol für andere nach außen zu bringen und den anderen dieses Symbol mitzuteilen.

Wenn Du fertig bist, lege Dein Blatt in die Mitte. Jeder kann jetzt die Symbole der anderen Teammitglieder sehen. Schau Dir an, welches Symbol am besten zu Deinem paßt oder von welchem Du Dich jetzt angezogen fühlst und finde Dich mit Deinem Partner zusammen. Tauscht Euch aus, was dieses Symbol mit Deiner Vision zu tun hat. In dieser 2er Gruppe könnt Ihr nun ein gemeinsames Bild entwerfen, in dem beide Symbole ihren Platz finden. Ihr könnt einen neuen Entwurf machen oder nur etwas Neues hinzufügen oder aber den Bezug zwischen beiden Symbolen verdeutlichen. Laßt Euch überraschen, was Euch jetzt einfällt und beginnt mit der gemeinsamen Zeichnung.

Wenn Ihr fertig seid, kann sich jede 2er-Gruppe eine andere 2er-Gruppe suchen und ein gemeinsames Visionsbild entwerfen. Jedes Team-Mitglied achtet dabei darauf, daß bei dem Neuentwurf das eigene Symbol dabei ist und bei dem gemeinsamen Bild nur Sachen hinzugefügt werden und nicht weggenommen werden.

Die 4er-Gruppen können sich im nächsten Durchgang mit anderen zu 8er-Gruppen zusammentun und auf einem größeren Blatt (z.B. Flipchartpapier) das gemeinsame Visionsbild entstehen lassen.

Dieses Visionsbild könnt Ihr für alle kopieren oder aber an einen Ort hängen, an dem alle dieses Bild sehen und sich damit an ihre gemeinsame Vision erinnern können.

Geschichten schreiben

Form: **Übung ❐ Spiel ☒ Phantasiereise ❐**

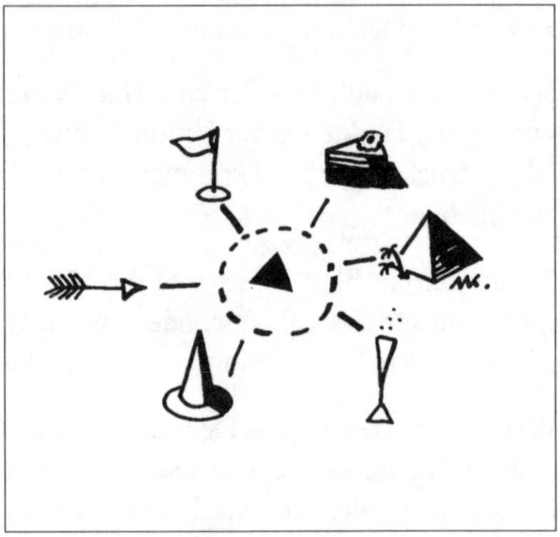

Ziel:
Ressourcen stärken, Kreativität, sich gegenseitig beschenken, seinen Beitrag dazugeben

Gruppengröße: ☺☺☺☺

Dauer:
90 Min.

Material:
Schreibzeug

Ort:
Gemütlicher, ruhiger, großer Raum

Beschreibung:
Ihr benötigt in einer Vierergruppe mindestens acht leere Blätter und einen Stift. Wenn Ihr vorher gemeinsam ein Schild gebastelt habt für Euer Team, dann habt Ihr sehr viele Informationen, und es empfiehlt sich, diese Informationen in diese Geschichten mit einfließen zu lassen.

Es werden reihum alle vier Mitspieler mit einer Geschichte beschenkt werden. Entscheidet, wer zuerst beschenkt wird. Alle in der Kleingruppe schreiben jetzt eine Geschichte für diesen Mitspieler, auch der Mitspieler selbst. Dann laß Dich inspirieren durch all die Erfahrung, die Du mit demjenigen gemacht hast und all die Informationen, die Du bereits über denjenigen bekommen hast, und male auf das erste Blatt in die Mitte einen Kreis, in den Du ein Symbol, was Dir zu Deiner Person einfällt, einzeichnest. Wenn Du für Dich schreibst, dann natürlich ein Symbol, das Dir zu Deiner Person einfällt. Zeichne in die Mitte das Symbol, was Dir zu dieser Person oder zu Dir selbst einfällt. Schau auf dieses Symbol und laß Dich inspirieren, was Dir einfällt an Ideen, an weiteren Symbolen, an Assoziationen, die Du dazu hast. Male relativ schnell diese Assoziationen, die Dir zu diesem Symbol in der Mitte einfallen. Lege nun dieses Blatt Papier neben Dich, nimm ein neues Blatt Papier und beginne zu schreiben, indem Du alle diese Symbole zu einer Geschichte zusammenfügst, und laß Dich überraschen, was Dir dabei einfällt.

Nehmt Euch dazu ungefähr 20 Minuten Zeit und lest Euch dann die erfundenen Geschichten vor und bedankt Euch beieinander. Schreibt für jeden aus Eurer Gruppe eine Geschichte. Am Ende sollte jeder Mitspieler, jeder Teamspieler vier Geschichten geschenkt bekommen haben, die Ihr dann zu einem großen Ganzen zusammenbasteln könnt. Vielleicht wird es zu einer Teamgeschichte, wenn Ihr alle Eure Teile zusammenbringt und schaut, wie das zusammenpassen kann, wie diese Geschichten miteinander harmonieren oder vielleicht ganz gegensätzlich sind. Laßt Euch überraschen, was Ihr kreativ geschaffen habt. Vielleicht steht jede Geschichte für sich, vielleicht gibt es Verbindungen, vielleicht gibt es Ähnlichkeiten, vielleicht gibt es Übergreifendes, was Euer ganzes Team zusammenführen kann. Erstellt ein Märchenbuch für Euren Geschichtenerzähler in Eurer Organisation.

Notizen

Lebensaufgabe

Form: **Übung ❐** **Spiel ❐** **Phantasiereise ☒**

Ziel:
Ressourcen stärken, Lebensaufgabe entdecken, Teamgeist fördern

Gruppengröße: ☺

Dauer:
25 Min.

Material:
Decken

Ort:
Gemütlicher, ruhiger, großer, warmer Raum

Mach es Dir auf dem Boden ganz bequem, und Du hast wie immer die Wahl – Du kannst entscheiden, ob Du jetzt Deinen eigenen Gedanken nachhängst und Dir Ideen kommen läßt, was wohl Deine Lebensaufgabe sein könnte, was Dein Beitrag ist zu einem friedlichen Miteinander, was Dein Beitrag auf dieser Erde ist, was Dein Part ist, den Du dazu beitragen kannst, daß die Lebensqualität aller ein klein wenig steigt – Du hast die Wahl, ob Du jetzt einfach nur daliegst und der Musik lauschen magst und Dich mitnehmen läßt in einen Zustand von Entspannung, von Gelöstsein, von Loslassen oder ob Du meiner Stimme folgen magst und all den Assoziationen, die sie bei Dir weckt. Spür hinein, wie Du heute daliegst und wie Du Kontakt mit der Erde hast, wie Du in Verbindung mit der Erde bist – der Erde, die es Dir ermöglicht, jeden Tag zu handeln – sicher, daß der Boden Dich trägt und daß Du die Möglichkeit hast, Deine Träume wahr werden zu lassen, Deine Ideen umzusetzen, zu handeln und Deine Visionen hierher zu bringen, in Deinen Alltag, jeden Tag. Nimm wahr, was Du alles an den Boden abgeben kannst und abgeben willst, loslassen, einfach hinter Dir lassen, als wenn Du es mit jedem Ausatmen ein wenig tiefer in den Boden sinken lassen kannst – mit jedem Ausatmen mehr loslassen, mehr an den Boden abgeben. Und die Kraft der Erde spüren, um Dich zu erinnern, was alles die Erde Dir schenkt, ganz selbstverständlich jeden Tag. Und indem Du die Schwerkraft spüren kannst und wie sie Dich mit der Erde verbindet, kannst Du Dich lösen und in Gedanken in die Luft emporschwingen und mit dem Wind spielen, Dich mitnehmen lassen, leicht werden und in Gedanken an einen Ort in der Natur gehen, einen Ort in der Natur, wo Du schon Ruhe und Frieden erlebt hast – einen Ort, wo Du ganz selbstverständlich Du bist – wo Du weißt, daß Du Teil der Natur bist – ein Ort, wo Du dazugehörst, ganz selbstverständlich ein Teil bist – wo Du weißt, daß Du willkommen bist und wertgeschätzt wirst – wo Du nur so zu sein brauchst, wie Du bist – wo Du alles ablegen kannst, was Du ablegen möchtest, und nur Du sein kannst – Du selbst. Und mache es Dir an diesem Ort ganz bequem, so bequem, daß Du die Umgebung und dieses Eingebettetsein in die Natur so genießen kannst, wie es heute für Dich stimmt. Mache es Dir an diesem Ort ganz bequem und nimm wahr, welche Elemente Dich unterstützen, ganz bei Dir zu sein. Was ist es genau, was Dir hilft, ganz bei Dir zu sein, Dich ganz im Einklang mit der Natur zu fühlen – was ist es, was an diesem Ort diese besondere Atmosphäre ausmacht – diese Atmosphäre von Geborgenheit, von Sicherheit, von Getragensein? Nimm wahr, was für Dich dazugehört an Farben, an Formen, welche Bewegungen und welche Töne und Klänge, vielleicht eine ganz bestimmte Art von Stille oder Stille in Dir, vielleicht ein ganz bestimmter Geruch oder Geschmack oder eine ganz einzigartige Berührung oder Bewegung. Was ist es, was dieses Gefühl von Aufgehobensein noch intensiver macht, so daß Du es ganz deutlich spüren kannst – und wo in Deinem Körper dieses Gefühl von Ruhe, von Geborgenheit, von Sicherheit beginnt – von wo in Deinem Körper es sich ausbreiten kann in Deinem eigenen Tempo. Spür, wo es beginnt und wie es sich dann weiter ausbreitet wie eine Welle, so daß es mehr und mehr Deinen ganzen Körper ausfüllen kann bis in jede Zelle, bis überall hin, bis in Deine Zehenspitzen oder Deine Fingerspitzen oder Deine Haarspitzen. Und während sich das ganz von allein weiter ausbreiten kann in Dir, Dich anfüllen kann mit einem Gefühl von Leichtigkeit, vielleicht mit einem Licht in Deiner ganz speziellen Farbe oder vielleicht mit einem Klang, kannst Du wahrnehmen, ob es eher ein Fließen ist oder ein Strömen oder ein Prickeln oder Pulsieren und kannst Du Dich erinnern an eine Zeit, in der Du Deine Energie voll gespürt hast – in der Du Deine eigenen Grenzen verändert hast, ausgetestet, überschritten hast – neue Wege gegangen bist, Neues ausprobiert hast. Erinnere Dich an eine Zeit, in der Du so neugierig warst, eine Aufgabe zu erfüllen, etwas Neues zu kreieren, daß Du Dich ganz hingegeben hast – Deine persönliche Bestleistung ganz selbstverständlich angestrebt hast – ganz selbstverständlich alles gegeben hast. Und erinnere Dich, welche Werte dabei wichtig waren, ob da Freude oder Liebe dabei war, Vertrauen, Sicherheit oder Abenteuer, was es für Dich ist, was Dich lockt, was Dich motiviert, was Dich in Bewegung setzt – was Dich darin unterstützt, Du zu sein – Deine Chancen wahrzunehmen – den

Mut zu haben, Dich zu zeigen. Was ist es, was Dich unterstützt, Deine Bedürfnisse wahrzunehmen und danach zu leben? Und je mehr Du Dir jetzt erlaubst, Dich zu erinnern, was Dir diesen Mut gibt, Deine Werte zu leben, Deine Harmonie zu spüren, die Sicherheit und Intensität oder Freiheit und Geborgenheit, die Kreativität und die Schönheit, desto mehr kann es von ganz allein werden, desto intensiver kannst Du das erleben, desto leichter kannst Du das jetzt und hier spüren. Einfach indem Du Dich selbst wahrnimmst, in Dich hineinhorchst, schaust, spürst – einfach indem Du Dich selbst ernstnimmst und annimmst, kannst Du mehr und mehr von dem erfahren, was Dir wichtig ist – und mehr und mehr erleben, wie dieses Gefühl von Kraft, von Energie, von Mut in Dir steigt, so daß Du ganz selbstverständlich jeden Tag mehr von Deinen Werten lebst, mehr Deine eigene Lebendigkeit und Leidenschaftlichkeit in Deinem Leben gestaltest. Und das kann ganz von allein weitergehen – ganz selbstverständlich, so wie Du jeden Tag Luft holst, kannst Du jeden Tag Mut holen, um Deine Werte, Deine Ziele, Deine Vision zu leben. Und während Du an diesem Ort in der Natur ganz entspannt bist, kannst Du Deine Gedanken schweifen lassen und fliegen lassen, loslassen, Deine Phantasie reisen lassen, zu all den Wünschen und Vorstellungen, die Du schon in Deinem Leben hattest und die Du verwirklicht hast.

Erinnere Dich an all die Dinge, die Du Dir in Deinem Leben schon gewünscht hast und die Du schon erreicht hast – wo Du Erfolge erzielst hast, all die Dinge, die Du in Deinem Leben schon erreicht, bewegt hast. Und nimm wahr, wie viel Du davon jetzt genießen kannst – auf wie viel von diesen Dingen Du stolz sein kannst oder stolz sein könntest, wenn Du es Dir erlauben würdest. Und was ist es, was Dich unterstützen wird, Dir selbst diese Erlaubnis zu geben: Du darfst – Du darfst Dich an Deinen Erfolgen freuen – Du darfst stolz auf Deine Leistungen sein – auf Deine Fähigkeiten – auf das, was Du bisher geschaffen hast. Und vielleicht kannst Du genießen, daß Du nicht allein bist, daß Du mit anderen Menschen in Beziehung bist – daß es andere gibt, mit denen Du Ziele erreichen kannst, Visionen leben kannst – Deine Werte jeden Tag neu entdecken kannst – daß Du nicht alles allein machen mußt, sondern daß andere da sind, die ihren Teil dazu beitragen. Und laß Ideen kommen, was Dein Beitrag ist zu einem friedlichen, lebendigen Miteinander, was Dein Beitrag sein kann, um die Lebensqualität vieler mit anzuheben. Laß Ideen kommen, wozu Du Lust hast, Deine Energie, Deine Zeit einzusetzen – wofür Du glaubst, daß es sich lohnt, etwas zu tun – worauf hast Du Lust, mit anderen gemeinsam etwas aufzubauen, etwas zu verwirklichen, etwas wahr werden zu lassen? Da, wo jeder seinen Teil beiträgt – jeder seine Energie und seine persönliche Bestleistung einsetzt, und Du nur Deins mit dazugeben brauchst, nur Deins hinzuzufügen brauchst, so daß Ihr Euch gegenseitig unterstützt, helft, tragt – daß sich Energie potenziert, daß Ihr Quantensprünge machen könnt – Quantensprünge des Lernens –, daß Ihr diesen Effekt erlebt, den man Synergie nennt, wo sich Energie ganz automatisch potenziert, wo Kreativität ganz von allein fließen kann. Und was ist es, was Dir jetzt in den Sinn kommt, was Dir jetzt einfällt? Und laß Dich überraschen und gerade, wenn es Dir sehr groß erscheint oder sehr umfangreich, dann bist Du auf der richtigen Spur – dann bist Du nah an dem, was Deine Lebensaufgabe sein kann. Laß Dich überraschen, was Dir jetzt in den Sinn kommt, was Du mit anderen gemeinsam kreieren möchtest, was Ihr erschaffen wollt für Euch in Eurer Zukunft. Laß Dich überraschen, was Dein Projekt ist, was Deine Aufgabe ist, und laß es Dir einfach schenken, jetzt. Und nimm wahr, wer jetzt schon alles da ist, um an diesem Projekt, an dieser Aufgabe mitbeteiligt zu sein – wer jetzt schon dabei ist – wer Dich jetzt schon darin unterstützt, genau dahin zu kommen – wen es schon heute in Deinem Leben gibt, mit dem Du planen, mit dem Du umsetzen kannst, mit dem Du vorbereiten oder auch schon tun kannst. Nimm wahr, was schon an Ressourcen da ist – was Du schon hast an wichtigen Grundlagen und Ressourcen, die zu dieser Aufgabe, zu diesem Projekt beitragen werden. Genieße all die Dinge, die Du jetzt hast, die heute schon da sind, um Grundlage zu sein für Deine Lebensaufgabe. Laß Ideen kommen, wen Du noch dazu einladen möchtest, um an diesem Projekt teilzunehmen – und wie Du Menschen begeistern kannst, daß sie Lust haben, mit dabeizusein, wie Du andere dazu einladen kannst, daß sie gern mit Dir zusammen sind, daß sie gern an Deinem Projekt, an Deiner Lebensaufgabe ihren Teil dazu beitragen. Was kannst Du tun, um Dich und andere zu motivieren, daß Ihr heute anfangt, und wie kann der erste Schritt aussehen – heute – der erste Schritt hin zu einer Zukunft, die Ihr gemeinsam erschaffen könnt, die Ihr gemeinsam schöpferisch und kreativ herstellen werdet? Und Du kannst Dir ohne weiteres vorstellen, daß Dich eine strahlende Zukunft erwartet, voller Licht und voller Freude. Und laß Deine Vision von Deiner Lebensaufgabe klarer und klarer werden, Deine Vision, die Dich in der Zukunft erwartet, klarer, mit all dem, was für Dich dazugehört an Farben, an Licht, an Menschen, an Bewegungen, was für Dich dazugehört an Klängen und Tönen, vielleicht an Stille, welche Atmosphäre Dich in Deiner Zukunft in diesem Projekt erwartet und welche Atmosphäre Du schaffen wirst, welche Stimmung, welches Miteinander. Und wie wird sich das anfühlen? Wie wird es sein, mit all dem, was für Dich dazugehört? Laß es klarer werden, deutlicher, greifbarer, so daß es für Dich stimmig ist – wie Du Dich bewegst, wie Du auf andere zugehst, wie sich Deine Stimme anhört, mit all dem, woran Du erkennen kannst, daß Du in Fluß bist, daß Du in Deiner Mitte bist, daß Du in Verbindung mit Deiner Quelle, mit Deiner Kreativität bist. Und dann laß die Idee entstehen, wie es sein wird, wenn Du Tag für Tag in Deiner Zukunft Deine Lebensaufgabe lebst, Deine Lebensaufgabe umsetzt, mit anderen gemeinsam die Werte lebst, die Dir wichtig sind, die Projekte angehst, die Dir wichtig sind, die Aufgaben übernimmst, die Du gern übernimmst, von denen Du glaubst, daß es sich lohnt, dafür etwas zu tun, von denen Du glaubst, daß es sich lohnt, dafür aufzustehen, daß es sich lohnt, dafür aktiv zu werden. Und laß Dich anziehen von Deiner Zukunft, strahlend, mit all dem, was Dich locken wird. Und genieße einen Augenblick dieses Wissen, welche Aufgabe auf Dich wartet, welche Chance Du hast, einen Beitrag zu leisten – und daß es an Dir ist, Deine persönliche Bestleistung mit dazu zu geben.

Schließ das in Deinem Tempo ab, und komm hierher zurück – mit Deiner ganzen Aufmerksamkeit zurück in diesen Raum und setze all die Ideen ein, die Dich jetzt ganz wach machen können und neugierig für den Tag.

4. Team heute und morgen

Unsere Vision von einem Team ist, daß Menschen eine Möglichkeit haben, lustvoll und leidenschaftlich miteinander zu arbeiten. Wenn Arbeit als eine Form der Selbstentfaltung und Selbstverwirklichung angesehen und genutzt wird, kann die Chance, gemeinsam zu wachsen, weiter ausgebaut werden, so daß Menschen voller Freude miteinander neue Ideen kreieren, spielerisch wie die Kinder. Wenn Teammitglieder sich der Lust hingeben, zu denken und miteinander zu spielen, dann fällt es leicht, sich auszutauschen, engagiert und voller Energie zu arbeiten, um Ergebnisse zu erzielen.

Die Ausrichtung aller auf ein gemeinsames Ziel hin schafft eine neue Form des Zusammenspielens. Wie durch Zauberhand werden Kräfte freigesetzt, die aus einem Zustand von Verbundenheit und Verbindung entspringen.

Selbstverständlich geschieht dies nicht von allein, sondern durch die Kompetenz und das Wissen um lebendige Beziehungsgestaltung.

Unsere Vision vom Team von morgen wird symbolisiert durch unser Zeichen auf dem Cover, wo alle Farben des Spectrums nebeneinander stehen und jede mit ihrer eigenen Schönheit und Leuchtkraft für sich strahlen kann und alle zusammen ein wunderbares Ganzes ergeben. Im Mittelpunkt steht die Spirale – als ein dynamisches Symbol für gemeinsame Weiterentwicklung.

Wir glauben, daß der Schritt zu menschlicheren Arbeitsbedingungen einen großen Schritt für die gesamte Menschheit darstellen wird. Wir freuen uns darüber, daß dies in unserer Zeit passieren konnte und in dieser Zeit auch passieren wird und werden das Notwendige an Energie und Zeit darin investieren, um an dieser Entwicklung teilzuhaben.

Wir wollen unseren Beitrag leisten, daß dieses Experiment, die Kreativität von vielen zu nutzen und miteinander in Einklang zu bringen, gelingt und daß wir darauf aufbauen, weitere Kreise zu ziehen und dieses Getrenntsein von den anderen aufzuheben und zu einem *Wir* zu gelangen, zu einem größeren Ganzen.

Wir sehen unsere Aufgabe darin, die Offenheit in Gruppen herzustellen und einen Rahmen zu bieten, in dem die Freiheit besteht, die eigenen Grenzen kennenzulernen und darüber hinauszuwachsen. Wir wollen Menschen dazu einladen, daß sie gern das Abenteuer Team ausprobieren wollen und gestärkt und beflügelt aus diesem Prozeß hervorgehen.

Wir glauben: Es lohnt sich, die höchsten Werte zu leben und jeden Tag das Zusammensein mit anderen lebendig, respektvoll und liebevoll zu gestalten.

Es lohnt sich, leidenschaftlich zu arbeiten und seinen Teil zum Ganzen beizutragen. Es lohnt sich, die Verantwortung für sein Leben zu übernehmen und nach seiner persönlichen Bestleistung zu streben. Es lohnt sich, mit allen Sinnen am Leben teilzunehmen, in Berührung und Austausch mit anderen Menschen.

Wir über uns

Wir, Evelyne Maaß und Karsten Ritschl, leiten seit Jahren gemeinsam das Weiterbildungsinstitut **Spectrum KommunikationsTraining** in Berlin.

Wir und unser Team schaffen eine Lernatmosphäre, in der es möglich ist, spielerisch und mit Lust Neues zu entdecken. In einem angenehmen Rahmen kann jeder neugierig sein, die eigenen Möglichkeiten, Talente und Brillanzen zu erfahren und zu erweitern.

Lernen kann und soll Spaß machen.

Wer daran interessiert ist, unsere Arbeit persönlich kennenzulernen, ist herzlich eingeladen, an einem unserer offenen Seminare teilzunehmen.

- Coach-Ausbildung
- NLP-Ausbildungen aller Stufen
- Seminar „Die Macht der Sprache“
- Seminar „Erfolgreiches Team-Coaching“
- Seminar „Selbst-Management“
- Seminar „Die Freiheit zu lieben“
- Seminar-Abend: NLP erleben

Wir informieren Sie gerne über unser aktuelles Programm:

Spectrum KommunikationsTraining
Stierstraße 9
12159 Berlin
Fon 030/852 43 41
Fax 030/852 21 08
e-mail info@nlp-spectrum.de
Internet: www.nlp-spectrum.de

Sollten Sie an firmeninternen Fortbildungsmaßnahmen zu den Themen:

- Coaching
- Kommunikation und Teamentwicklung
- Kreativität und Persönlichkeitsentwicklung

interessiert sein, nehmen Sie mit uns Kontakt auf.

Wir würden uns über eine Zusammenarbeit freuen.

Glossar

Ankern ist die Verbindung eines wiederholbaren Reizes mit einer bestimmten Reaktion. Mit Ankern kannst Du gewünschte innere Zustände gezielt aufrufen. Es gibt „natürliche" Anker (z.B. wenn der Geruch von Lebkuchen Dich sofort an Weihnachten erinnert) und „künstliche" Anker (z.B. wenn Du das Gefühl von Kompetenz an die Berührung der Türklinke des Beratungszimmers ankerst).

Assoziiert bist Du, wenn Du Dich aus Deiner Person heraus erlebst. Du siehst aus Deinen Augen, Du hörst mit Deinen Ohren, Du spürst Deinen Körper. Günstig, um angenehme Erlebnisse vollständig und intensiv zu erleben. Ungünstig bei stark negativen Erlebnissen (vgl. dissoziiert).

Auditiv heißt den Gehörsinn betreffend. Benutzte Worte, die auf eine auditive Wahrnehmung hinweisen oder zu auditiven Halluzinationen anregen, sind z.B.: hören, abstimmen, ansprechen, eintönig, klangvoll, laut, Töne, Geräusche ...

Bewußt sind Dir all die Dinge, denen Du zum gegenwärtigen Zeitpunkt Deine Aufmerksamkeit schenkst. Du nimmst in einem Augenblick nur sehr begrenzt Ausschnitte Deiner Umwelt, Deines Denkens und Deiner Handlungen bewußt wahr. Der überwiegende Teil unserer Kommunikation verläuft auf der unbewußten Ebene. Das Bewußtsein kann uns dabei unterstützen, unsere Fähigkeiten mit unseren Glaubenssätzen in Einklang zu bringen.

Dissoziiert bist Du, wenn Du Dir vorstellst, Deine Person von einem außenliegenden Punkt zu sehen und zu hören. Du erlebst Dich nicht in Deiner Person, sondern aus einer Beobachter-Position heraus. Hilfreich, um von negativen Erlebnissen Abstand zu gewinnen. Hinderlich, um z.B. seine Gefühle voll wahrzunehmen (vgl. assoziiert).

Glaubenssätze sind allgemeine Aussagen, z.B. über Dich selbst, Deine Beziehungen, Deinen Körper, Deinen Lebensalltag, Deine Arbeit usw., Aussagen also, an die Du persönlich glaubst. Die Inhalte der Glaubenssätze beeinflussen unsere Wahrnehmung, unser Denken, unser Verhalten, unsere Fähigkeiten und unsere Empfindungen.

Grundannahmen des NLP sind Glaubenssätze über die Natur des Menschen. Sie werden auch „Vorannahmen" oder „Präsuppositionen" genannt und bilden die Grundlage jeglicher Arbeit mit NLP. Die Grundannahmen sind nicht die „Wahrheit“, sie bieten jedoch einen praktischen, ethischen und ökologischen Rahmen für die Arbeit mit NLP. Beispiel: „Jedes Verhalten hat eine positive Absicht.“

Gustatorisch heißt den Geschmack betreffend. Dazu gehört alles, was Du mit Deinem Geschmackssinn wahrnehmen kannst (z.B. sauer, süß, scharf, salzig, bitter usw.). Redewendungen, die auf eine gustatorische Wahrnehmung hinweisen und zu gustatorischen Halluzinationen anregen, sind z.B.: Dein Lieblingsessen, Leckerbissen, geschmackvoll, süß, aromatisch ...

Identität ist das Selbstbild oder Selbstkonzept eines Menschen. Es ist Deine Antwort auf die Frage: „Wer bist Du?“

Innerer Zustand ist alles, was sich in Dir abspielt. Dazu gehören Deine Gedanken mit den inneren Bildern und Tönen und Deine Gefühle. Es gibt innere Zustände, die Dich unterstützen und solche, die Dich nicht unterstützen, um ein bestimmtes Ziel zu erreichen. Du kannst gewünschte innere Zustände mit Hilfe Deiner Gedanken, Deiner Körperhaltung/-bewegung und der Atmung herstellen und verändern.

Kalibrieren meint im technischen Sinne, daß ein Meßinstrument „geeicht“ wird. In der Kommunikation „eichst“ Du Deinen „Wahrnehmungsapparat“ auf den Gesprächspartner. Beim „Kalibrieren“ stellst Du fest, welche nonverbalen Signale zu welchen inneren Zuständen der Person gehören und kannst sie jederzeit wiedererkennen.

Kinästhetisch heißt das Fühlen betreffend. Er nimmt „kinästhetisch wahr“ meint, daß er etwas fühlt. In Phantasiereisen werden vor allem Worte wie z.B. fühlen, berührt sein, begreifen, behandeln, weich, warm, fest, glatt, sanft, Ausdruck u.a. genutzt, um das Gefühl anzusprechen.

Kommunikation ist das gesamte Verhalten in einer zwischenmenschlichen Situation (Watzlawick). Nicht nur das, was Du bewußt sagst und wie Du es sagst, gehört zur Kommunikation, sondern auch jede Verhaltensweise (Gestik, Mimik, Körperhaltung u.a.), die Du im Beisein mindestens einer Person tätigst, ist Kommunikation.

Kongruenz ist die Übereinstimmung von Denken, Fühlen und Handeln. Wenn Du kongruent bist, findet ein Zusammenspiel zwischen Deinem Gefühl, Deinem Denken und Deinem Körper statt. Du wirkst dann „authentisch“ und „echt“. Dagegen ist Inkongruenz, wenn jemand z.B. mit leiser Stimme „Ja“ sagt, dabei jedoch mit dem Kopf „Nein“ schüttelt.

Metaphern sind Geschichten, Analogien oder Vergleiche, die zu einer Identifikation anregen können.

Mission ist die verbale Ausgestaltung der Vision.

Modelle sind zum einen meist vereinfachte Darstellungen bzw. Abbildungen von bestimmten Sachverhalten. NLP ist in diesem Sinne ein Modell für die Struktur von subjektiven Erfahrungen. Zum anderen beschreibt das Wort „Modelle" die Personen, die Du als Vorbilder für bestimmte herausragende Leistungen ansiehst und von denen Du lernen kannst.

Modellieren ist das Lernen von erfolgreichen Modellen. Es ist das Herausfinden des „Wie genau tun sie es?". Wie verhalten sich erfolgreiche Menschen und was denken sie? Welche Strategien gebrauchen sie und wie kannst Du sie für Dein Leben und Deine Person nutzen? Du kannst all das modellieren, was andere schon haben und Du in Deinem Leben gerne hättest.

Motivation ist die Anregung und der Erhalt der Lust am Lernen.

Neurolinguistisches Programmieren (NLP) ist ein dem Leben abgeschautes Modell menschlicher Kommunikation und ein praktisches Modell dafür, wie Menschen erfolgreich lernen. NLP bietet einen „bunten Strauß" an Möglichkeiten, wie Du persönliche Fähigkeiten weiterentwickeln kannst.

Olfaktorisch ist den Geruch betreffend. Dazu gehört alles, was Du mit Deinem Geruchssinn wahrnehmen kannst. Worte, die genutzt werden, um eine olfaktorische Wahrnehmung zu fördern, sind z.B.: spezieller Duft, Geruch, Blumenduft usw.

Pacing und Leading heißt wörtlich übersetzt: „einhergehen" und „führend" und beschreibt den Prozeß des „Abholens" und des „Führens" einer Person. „Pacing" meint das Herstellen von Kontakt, indem Du Dich auf die Wahrnehmung, das Denken und das Verhalten des anderen einstellst. „Leading" meint das Verändern, z.B. der Stimme oder der Körperhaltung. Damit führt man dann seinen Gesprächspartner. Grundlage für das Führen ist Vertrauen (Rapport).

Positive Absicht ist der Vorteil oder der Gewinn einer Verhaltensweise. Es ist eine Grundannahme des NLP, daß hinter jeder Verhaltensweise, mag sie noch so problematisch erscheinen, eine positive Absicht für den Problembesitzer steckt.

Quelle ist ein intensiver Seinszustand von vollständigem Aufgehobensein, Geborgensein, in Fluß sein, in Liebe sein ...

Rapport ist eine vertrauensvolle Grundlage für Kontakt und Kommunikation (vgl. Pacing und Leading).

Repräsentationssystem – Wir können Informationen in Form von Bildern, Tönen, Gefühlen, Geruch oder Geschmack wahrnehmen, abspeichern und wieder abrufen. Repräsentationssystem bezeichnet den oder die Sinneskanäle, in denen wir Informationen abspeichern und wieder abrufen. Wir haben fünf Repräsentationssysteme zur Verfügung: Visuell, Auditiv, Kinästhetisch, Olfaktorisch, Gustatorisch (sehen, hören, spüren, riechen, schmecken).

Ressourcen sind all die individuellen Fähigkeiten, Stärken und Talente, die Du in Dir trägst. Ressourcen können Verhaltensweisen, innere Zustände (z.B. Ruhe, Sicherheit, Vertrauen), Strategien, bestimmte Gedanken, höchste Werte, Erfahrungen, die Verbindung zu Deiner inneren „Energie-Quelle" oder Dein Glauben an größere Zusammenhänge sein.

Separator beschreibt die Unterbrechung gegenwärtiger innerer Zustände. Das Wort läßt sich von „to separate" ableiten, was soviel wie „auseinanderbringen, trennen" bedeutet. Durch das Trennen von „innerem Zustand" und der „Situation" kannst Du Dir – gerade in solchen Situationen, in denen Du Dich nicht gerade gut fühlst – wieder Ressourcen zugänglich machen.

Sinn bezieht sich auf ein Gefühl von Sinnhaftigkeit im Leben und das Eingebundensein in einen größeren Zusammenhang.

Strategien sind Gedanken- oder Verhaltenssequenzen, die dazu dienen, ein bestimmtes Ziel zu erreichen. Es gibt Strategien zu allen möglichen Verhaltensweisen, wie z.B. Kreativität, Selbstbewußtsein, Eifersucht, Liebe kreieren, Kontakt beenden, Spitzensportler werden, erfolgreich verkaufen u.a. Besonders erfolgreiche Strategien werden im NLP zum Modellieren genutzt (z.B. Walt Disney-Strategie, Rechtscheibstrategien).

Synergie ist das Zusammenwirken einzelner Organismen mit einem Resultat, das der einzelne nicht erreichen könnte.

Systeme sind Netzwerke von Wechselbeziehungen. Es werden Strukturen, Funktionen, Beziehungen, Regeln von Interaktionen und Veränderungen beschrieben.

Teamentwicklung ist eine Organisationsentwicklungsmaßnahme auf der Gruppenebene, bei der z.B. Probleme innerhalb der Gruppe gelöst, die Kommunikation verbessert oder gemeinsame Fähigkeiten entwickelt werden.

Teams sind mehr als eine Gruppe. Sie verfolgen gemeinsame Ziele und entwickeln aufgrund gemeinsamer Erfahrungen einen ausgeprägten Gemeinschaftsgeist.

Trance ist ein veränderter Bewußtseinszustand, in dem die Aufmerksamkeit nach innen gerichtet ist.

Unbewußt sind Dir all die Dinge, die von Dir – aus welchen Gründen auch immer – gerade in diesem Moment nicht wahrgenommen werden können, die Dir dadurch also nicht bewußt sind. Das Unbewußte unterstützt und beeinflußt unser Verhalten. Manche Menschen behaupten, daß „es" der Sitz unserer Intuition und unserer Kreativität ist.

Untereigenschaften sind die feinen Unterscheidungen unserer Gedanken. Du kannst mit den Untereigenschaften genauer herausfinden, wie Du denkst.
Visuelle Untereigenschaften: Bewegung, Helligkeit, Farbe u.a.
Auditive Untereigenschaften: Lautstärke, Tonhöhe, Entfernung u.a.
Kinästhetische Untereigenschaften: Druck, Temperatur, Intensität u.a.
Du kannst eine Veränderung von Untereigenschaften nutzen, um eine Veränderung des Erlebens zu bewirken.

Vision ist eine Vorstellung von höheren Zielen in einem Unternehmen. Sie sind Ausdruck der menschlichen Schöpfungskraft, geben ein Wir-Gefühl und Sinn für berufliches Engagement.

Visuell heißt das Sehen betreffend. Du nimmst „visuell wahr" meint, daß Du etwas siehst. Worte, die die visuelle Wahrnehmungsebene anregen, sind z.B.: sehen, hell, farbig, klar, Durchblick, Ansicht, Einsehen, Ansehen, Ausblick u.a.

Werte sind Deine grundlegenden Überzeugungen und Einstellungen zum Leben, die Dein Denken und Handeln bestimmen. Es sind die Antworten auf die Fragen: „Was ist Dir in Deinem Leben besonders wichtig?", „Wofür lohnt es sich zu leben?", „Wovon möchtest Du mehr und intensiver erleben?", „Was macht das Leben für Dich lebenswert?" Mögliche Antworten sind z.B.: Lebensfreude, Liebe, Lebendigkeit, Harmonie, Offenheit, Spaß, Selbstverwirklichung, Vertrauen u.a.

Ziele sind gewünschte, konkrete und sinnlich wahrnehmbare Ergebnisse. Mit Zielen formulierst Du, was Du in Deinem Leben erreichen möchtest. Ziele geben die Richtung an, in die Du Dich bewegen möchtest. Wenn Du weißt, wo Du hin möchtest, weißt Du auch, wer und was Dich darin unterstützen kann, Dein Ziel zu erreichen.

Literatur, Musik und Filme

Bücher

Andreas, C. & T.: Der Weg zur inneren Quelle. Junfermann, Paderborn 1995

Argyle, M.: Körpersprache und Kommunikation. Junfermann, Paderborn 1989, 7 1995

Bach, R.: Die Möwe Jonathan. Ullstein, Berlin 1993

Bandler, R.: Veränderung des subjektiven Erlebens. Junfermann, Paderborn 1987, 5 1995

Bandler, R., Grinder, J.: Metasprache und Psychotherapie: Die Struktur der Magie I. Junfermann, Paderborn 1980, 8 1994

Bandler, R., Grinder, J.: Kommunikation und Veränderung: Die Struktur der Magie II. Junfermann, Paderborn 1982, 6 1994

Boerner, M.: Das Tao der Trance. Goldmann, München 1990

de Bono, E.: Laterales Denken. Econ, Düsseldorf 1992

Dilts, R.: Einstein: Geniale Denkstrukturen und NLP. Junfermann, Paderborn 1992, 2 1994

Dilts, R., Bandler, R., Grinder, J.: Strukturen subjektiver Erfahrung: ihre Erforschung und Veränderung durch NLP. Junfermann, Paderborn 1985, 5 1994

Doppler, K., Lauterburg, Ch.: Change Management: den Unternehmenswandel gestalten. Campus, Frankfurt 1995

Erickson, M.H., Rossi, E.L.: Hypnotherapie, Aufbau – Beispiel – Forschungen. Pfeiffer, München 1981

Francis, D., Young, D.: Mehr Erfolg im Team. Windmühle Verlag, Hamburg 1996

Garfield, Ch.: Spitzenmanagement im Team. Ullstein, Berlin 1995

Goleman, D.: Emotionale Intelligenz. Carl Hanser, München 1996

Hegi, F.: Improvisation und Musiktherapie: Möglichkeiten und Wirkungen von freier Musik. Junfermann, Paderborn 1986, 4 1993

Houston, J.: Der mögliche Mensch. Sphinx, Basel 1984

Kline, P., Saunders, B.: 10 Schritte zur Lernenden Organisation. Junfermann, Paderborn 1996

Kutschera, G.: Tanz zwischen Bewußt-sein und Unbewußt-sein: NLP-Arbeits- und Übungsbuch. Junfermann, Paderborn 1994, 2 1995

LeBoeuf, M.: Imagination – Inspiration – Innovation: Kreative Kräfte nutzen. mvg, München 1991

Lumma, K.: Die Teamfibel oder das Einmaleins der Team- & Gruppenqualifizierung im sozialen und betrieblichen Bereich. Ein Lehrbuch zum Lebendigen Lernen. Windmühle Verlag, Hamburg 1994

Luther, M., Maaß, E.: NLP-Spiele-Spectrum: Basisarbeit. Übungen – Spiele – Phantasiereisen. Junfermann, Paderborn 1994, ²1996

Mann, R.: Die Neue Führung: Vom Kampf um Anerkennung zum authentischen Sein. Metropolitan, München 1996

Mann, R.: Das visionäre Unternehmen: Der Weg zur Vision in zwölf Stunden. Gabler, Wiesbaden 1990

Mohl, A.: Der Zauberlehrling. Das NLP Lern- und Übungsbuch. Junfermann, Paderborn 1993, ⁵1996

Mohl, A.: Der Meisterschüler. Der Zauberlehrling II. Das NLP Lern- und Übungsbuch. Junfermann, Paderborn 1996

O'Connor, J., Seymour, J.: Neurolinguistisches Programmieren: Gelungene Kommunikation und persönliche Entfaltung. VAK, Freiburg 1992

O'Connor, J., Seymour, J.: Weiterbildung auf neuem Kurs: NLP für Trainer, Referenten und Dozenten. VAK, Freiburg 1996

Reiners, A.: Praktische Erlebnispädagogik: Neue Sammlung motivierender Interaktionsspiele. Fachhochschulschriften Sandmann, München 1993

Ritschl, K.: Der Geist des NLP, Neurolinguistisches Programmieren zum Kennenlernen. Simon & Leutner, Berlin 1996

Robbins, A.: Grenzenlose Energie – Das Power-Prinzip. Heyne, München 1993

Robbins, A.: Das Robbins-Power-Prinzip: Wie Sie Ihre wahren inneren Kräfte sofort einsetzen. Heyne, München 1994

Scott-Morgan, P., Little, A.D.: Die heimlichen Spielregeln: Die Macht der ungeschriebenen Gesetze im Unternehmen. Campus, Frankfurt 1995

Senge, P.M.: Die fünfte Disziplin. Klett-Cotta, Stuttgart 1996

Simon, F.B.: Meine Psychose, mein Fahrrad und ich. Zur Selbstorganisation der Verrücktheit. Carl Auer-Verlag, Heidelberg ³1993

Wahren, H.-K.: Zwischenmenschliche Kommunikation und Interaktion in Unternehmen: Grundlagen, Probleme und Ansätze zur Lösung. de Gruyter, Berlin 1987

Wahren, H.-K.: Gruppen- und Teamarbeit im Unternehmen. de Gruyter, Berlin 1994

Watzlawick, P.: Anleitung zum Unglücklichsein. Piper, München 1983

Watzlawick P.: Menschliche Kommunikation: Formen, Störungen, Paradoxien. Hans Huber, Bern ⁷1985

Wilber, K.: Das Spektrum des Bewußtseins. Scherz, München 1987

Musik

Deuter, G.: Land of enchantment

Rupesh: Laughing drums

Serano, O.: Minho valley fantasies

Sebnat, J.: Meditation of the four directions

Gneme Zaka: Drums

Karunesh: Sounds of the heart

Patrick Ball: Celtic Harp (Vol. 2)

Kitaro: Silkroad

Filme

Cool runnings:
Die Geschichte einer Bobmannschaft aus Jamaika, die während der Teilnahme an den Olympischen Spielen zu einem Team zusammenwächst.

Das Traum-Team:
Zusammen mit seiner Therapiegruppe unternimmt der Psychiater Dr. Weitzman einen Ausflug nach New York. Alle vier Patienten nehmen es mit der Wirklichkeit nicht so genau – müssen sich allerdings zusammenraufen, als Unvorhergesehenes passiert.

Übungsverzeichnis